地平线丛书
  002

维多利亚女王时代

大英帝国强盛的终点与衰落的起点

[英] 罗伯特·巴尔曼·莫厄特 著
游莹 译

中国·武汉

图书在版编目（CIP）数据

维多利亚女王时代：大英帝国强盛的终点与衰落的起点 /（英）罗伯特·巴尔曼·莫厄特著；游莹译 .—— 武汉：华中科技大学出版社，2023.4
（地平线丛书）
ISBN 978-7-5680-9043-8

Ⅰ.①维… Ⅱ.①罗… ②游… Ⅲ.①英国—历史—1837–1901 Ⅳ.①K561.43

中国版本图书馆 CIP 数据核字 (2022) 第 238945 号

维多利亚女王时代：
大英帝国强盛的终点与衰落的起点　　　　　[英]罗伯特·巴尔曼·莫厄特 著
　　　　　　　　　　　　　　　　　　　　　　　　　　游莹 译
Weiduoliya Nüwang Shidai:
Dayingdiguo Qiangsheng de Zhongdian yu Shuailuo de Qidian

策划编辑：亢博剑
责任编辑：林凤瑶
责任校对：李　琴
责任监印：朱　玢
装帧设计：苍鸾文化传媒（18629596618）
出版发行：华中科技大学出版社（中国·武汉）　　电话：（027）81321913
　　　　　武汉市东湖新技术开发区华工科技园　　邮编：430223
印　　刷：北京兰星球彩色印刷有限公司
开　　本：880mm × 1230mm　1/32
印　　张：11.125
字　　数：258千字
版　　次：2023 年 4 月第 1 版第 1 次印刷
定　　价：79.80 元

　　本书若有印装质量问题，请向出版社营销中心调换
　　全国免费服务热线：400-6679-118　竭诚为您服务
　　版权所有　侵权必究

前 言

记录史实时,历史学家不掺杂个人情感。在撰写史书前言时,历史学家可稍稍逾矩,也可使用史书论述中忌讳的第一人称。

20世纪早期,牛津大学的现代历史学教育颇负盛名。其中,牛津大学贝利奥尔学院的现代历史学系成果突出。时至今日,牛津大学贝利奥尔学院仍一如既往,秉承严谨治学、启迪心智、刚健活泼的作风。牛津大学的现代历史学系曾只顾研究宪政史与政治史。英格兰历史学家乔治·皮博迪·古奇的研究,涵盖了英格兰历史的方方面面。他认为,牛津大学现代历史学系很少有人关注文化史。历史就是生活,因此,历史研究必须囊括生活的各个方面。这意味着,社会文化领域应获得与其他领域历史研究同样多的关注。

我还在美国威斯康星大学任教时,对乔治·皮博迪·古奇提到的现象深有感触。我发现,美国历史学家素来醉心于钻研本国的社会历史。那时,卡尔·罗素·菲什和弗雷德里克·L.帕克森也在威斯康星大学任教。在那个时代,一个人如果没有意识到"历史如果缺乏社会性便毫无意义",那么就根本无法进入威斯康星大学任教。

已故的乔治·G.哈拉普先生无疑是一位十分善良、谦恭的出版商。在他的帮助下,我出版了《18世纪的英格兰》《理性时代》和《浪漫主义时代》等书。在这几本书中,我努力记录了18世纪文化史的某些方面。其中,《理性时代》和《浪漫主义时代》侧重于18世纪的欧洲文化史。然而,运笔至繁荣昌盛的维多利亚女王时代时,我很快便意识到,只有把书写成一部百科全书,才有可能把维多利亚女王时代完整地呈现出来。因此,在写作的过程中,我必须做到详略得当。本书主要着墨于1840年至1870年以及1880年前后的时期。本书某些内容与乔治·马尔科姆·扬的《维多利亚女王时代早期的英格兰》相关。1934年,《维多利亚女王时代早期的英格兰》由牛津大学出版社出版,共两卷,内容详实有趣,但只在英格兰有售。我的这本《维多利亚女王时代》,除了包括欧洲历史相关的史实,还有五章(即第五章至第九章)谈及美国历史。我必须承认,本书增加这五章内容,是出于我对美国历史的浓厚兴趣。毋庸置疑,维多利亚女王时代的美国人民的确曾为人类文化做出杰出贡献。这一点,在《新英格兰的繁荣》中,美国历史学家范·怀克·布鲁克斯就曾详细地记录下来,并且他高度评价了美国人民的文化贡献。此外,美国政治也对旧世界[①]秩序产生了间接、巨大的

---

① 指在美洲新大陆被发现前欧洲所知的世界,包括非洲、亚洲和欧洲。——译者注

影响。

  虽然本书的主题为"维多利亚女王时代的文化与安适生活"，但这并不代表这一时期的英格兰人民文化素养很高，生活很安逸、闲适。伊丽莎白·巴雷特·勃朗宁夫人的诗作《孩子的哭声》、托马斯·胡德的《衬衫之歌》，以及1842年的《劳动人口卫生条件综合报告》，都是英格兰人民依旧生活在水深火热中的最佳例证。当然，维多利亚女王时代社会总体发展趋势向好，社会文化水平提高，文化得以传播，文学界百花齐放、欣欣向荣。当时，英格兰的中产阶级虽然仍是小群体，但中产阶级的人数不断攀升。在英格兰文化的洗礼下，英格兰中产阶级获益匪浅，生活愈发惬意。除了中产阶级，英格兰许多工人阶级家庭也开始过上安适的生活。

  最后，特别感谢约翰·默里先生允许我在本书第十三章中节选《维多利亚女王书信集》的部分内容。对此，本人深表感激。

目 录

001　**第 1 章**
　　　维多利亚女王时代的英格兰政府

015　**第 2 章**
　　　欧洲的政治形势

031　**第 3 章**
　　　思想与文学

047　**第 4 章**
　　　维多利亚女王时代的预言家

065　**第 5 章**
　　　维多利亚女王时代的历史学家

087　**第 6 章**
　　　托马斯·卡莱尔与拉尔夫·沃尔多·爱默生

107　**第 7 章**
　　　托马斯·卡莱尔与拉尔夫·沃尔多·爱默生（续）

121	**第 8 章**	
	新英格兰文艺复兴	

143	**第 9 章**	
	美国共和党的诞生	

153	**第 10 章**	
	罗马作为教皇国首都的最后时光	

199	**第 11 章**	
	帝国即和平	

221	**第 12 章**	
	幽默文学	

241	**第 13 章**	
	钟情书信的维多利亚女王	

267	**第 14 章**	
	长诗风潮	

299	**第 15 章**	
	维多利亚女王时代的英杰	

325	**第 16 章**	
	维多利亚女王时代的欧洲海军、陆军及外交政策	

第 1 章

维多利亚女王时代的英格兰政府

在《民主与自由》一书中,爱尔兰历史学家威廉·爱德华·哈特波尔·莱基曾写道:"我认为,世界上最好的体制,就是英格兰《1832年改革法案》和《1867年改革法案》生效期间的英格兰宪制。"威廉·爱德华·哈特波尔·莱基这番评价涵盖了许多方面。他指出,1832年前后,英格兰中产阶级和法兰西及其他某些欧洲国家的中产阶级一样,开始获得自主权。当时,人们认为,中产阶级政府的执政手段,与政治哲学家提出的理想十分吻合。《1832年改革法案》规定,英格兰各城镇中年收入超过十英镑的户主,以及各地每年付十英镑以上的土地租赁者和自有土地者,皆享有投票权。同时,法案限制了口袋选区①选民的特权,使英格兰选民人数增加了近五十万人。在法兰西国王路易·菲利普一世的统治下,所有直接缴税额超过三百法郎的法兰西人都可获得投票权。即便如此,法兰西仍只有不到二十万人拥有投票

---

① 英国宪章运动前,由个人(家族)操控的选区。——译者注

权。然而,著名的政治家弗朗索瓦·基佐认为,法兰西这一表决体制是非常好的"折中之道"。

自中世纪中期以来,欧洲多国资产阶级循序渐进,逐步推翻了封建阶级。18世纪,在多位专制君主的努力下,欧洲反封建的进程几近功成。直至19世纪上半叶第二次工业革命兴起,欧洲反封建事业才大功告成。

对欧洲统治者来说,他们宁愿被称作"资产阶级",而不是"中产阶级"。所谓"中产阶级",并非也永远不会是处于"高产"或"低产"之间的一个阶级。试想,一个具有统治性质的阶级即便已凌驾于某一阶级之上,也绝不愿屈居于另一阶级之下。因此,具有统治性质的阶层又怎能称得上是"中间阶级"?即便就社会层面而言,统治阶级也不算是"中间阶级"。因为统治阶级成员一旦坐上政府高位,就已拥有与贵族无异的社会特权。上层资产阶级大力推崇平均主义,是因为他们认识到,他们与往日的上层封建阶级拥有同样的政治与社会平等权。

"资产阶级"才是中产阶级的真正内涵,因为中产阶级来自各个城镇,而"资产阶级"一词原本就有城镇居民的含义。中世纪的城镇居民不仅是各国君主的依靠,也是击溃封建制度的急先锋。慢慢地,"资产阶级"一词不再仅仅指代"城镇居民",还涵盖所有抱持某种特定思想的人。法兰西政治家安德烈·西格弗里德曾说,资产阶级是指"有积蓄的人"。有人可能会问,"积蓄"到底指什么?安德烈·西格弗里德说的积蓄,并不单指金钱,或者是其他类型的财产,还包括文化储备。中世纪接近尾声时,资产阶级在脱离天主教派后开始不断积累财富。此外,印刷术的发明与普及,使穷人也能获得文化知识。从此,资产阶级成为欧洲文化发展的主要力量。在文化发展机遇的推动下,资产阶级成绩斐然。无论是伊丽莎白女王时代的文学、路易十四时期的建筑和戏剧、18世纪辉煌的艺术,还是西班牙小说家米格尔·德·塞万提斯、英格兰作家弗朗西斯·培根、法兰西文豪勒内·笛卡尔和法兰西思想家伏尔泰的文学成就,无一不是资产阶级的功勋。19世纪工业时代,资产阶级则拥有了更多机会去寻求新奇的职业、接受高等教育以及得到经济保障。那时,机器并非世界的主宰,而是帮助更多人开创美好生活的工具。19世纪,资产阶级的最终目标是让所有人成为资本家。因此,资产阶级期望能够以文化、思想、艺术和哲学团结全体人民,构建一个无阶级社会。"这就是资产阶级时代的思潮。"[①]

依照资产阶级的理念,政府应该奉行个人主义,成为人们的表率,对人们负责。政府之所以应该奉行个人主义,是因为虽然政府干预对国家来说必不可少,但国家的精神领域和国民的个人性格必须自由发展、不受拘束。与此同时,政府之所以要成为人民的表率,是因为在资产阶级公平、公正的理念要求下,政府尽管不由人们直接管理,但是必须由人们选举产生。最后,政府之所以要对人们负责,要从根本上受人们代表的群体控制,是因为在资产阶级公正思想的要求

---

① 这句话出自德国作家托马斯·曼1937年在《旁观者》上发表的文章——《对欧洲的警告》。他在文章中讽刺了当代思潮,宣称文化、精神、艺术和哲学"19世纪以来已被视为理想主义的垃圾"。——原注

下，任何专制权威都不得随意摆布个人。因此，19世纪中叶的所有政治措施，都有自由主义倾向。从欧洲的角度理解，"自由主义"是指政府受到由多位大臣组成的内阁控制，内阁大臣向议会立法机关负责，该议会立法机关分为两大互相制衡的议院。

这种权力制衡的资产阶级政府管理体制，在美国得到了最佳体现。1830年前后，一位叫亚历克西斯·德·托克维尔的法兰西年轻司法官员接受政府指派，访问美国，调研美国的监狱系统。托克维尔对研究人类社会与政治的哲学史十分感兴趣。在美国游历一番后，他最终完成了名作《论美国的民主》，并且于1835年出版该书。书中的所有观察和反思，无论是对身在1865年还是1835年的美国人来说，都具有同样的参考意义。实际上，詹姆斯·布赖斯也曾在美国度过漫长的游学时光。在1888年写成的《美利坚联邦》一书中，他也得出了和托克维尔几近相同的结论。

在《论美国的民主》中，托克维尔写道："没有任何文明国度，会对哲学毫不关心。"然而，美国人全部表现出一副"拥有属于自己的哲学"的模样。即便美国人有着同样的思想基础，但对各种不同的观念，每个美国人都有其独到的见解。哲学家以个人标准评判一切政治、宗教事件的传统，其实始于法兰西。由于美国社会基督教传统深厚，美国人接纳了法兰西哲学家发起的思想"自由"，但这种自由依旧带有一定的约束与限制。美国人深信，所有公民的文明程度都能不断提高。贵族阶级不相信人类本性会臻于完美，民主与人类本性相反。他们认为"美国人本性的自我完善趋向，比任何国家的人都要强烈"。这就解释了为何美国人从不制造可以长久使用的船和机器，"因为他们希望不断对产品进行改良"。托克维尔曾与一位航海家谈及这一话题。他说：

> 我曾与一位美国航海家交谈，问他为何美国建造的船使用寿命很短。那位航海家不假思索地答道，航海的艺术，在于每日快速行进。所以性能再好的船，下水若干年后，它的性能也会日渐衰退。这些话，不过是某个泛泛之辈随口一说罢了。我却从中听出了那话里体现的系统性思维，这正是一个优秀民族最关切的。

美国人的思想聚焦于实物上，同时他们也会借鉴欧洲的理论：

> 美国与欧洲虽有一洋之隔，但我不愿将美国和欧洲割裂开来。我认为，美国有部分公民，是当初被派往美洲新大陆开荒拓野的英格兰人。其余的美国人生活更加闲适，不为苦差所扰。这部分美国人可能更注重思考，更愿意全方位地拓展思维。[①]

可以说，19世纪中期的欧洲已进入报纸兴旺发展的时

[①] 亚历克西斯·德·托克维尔：《论美国的民主》，1862年，第2卷，第39页。——原注

代。托克维尔于1859年去世，所幸，在有生之年，他目睹了报业的兴起。在《论美国的民主》中，托克维尔写道："美国人的社会平等观念及他们各抒己见的欲望，正是美国报业兴旺发达的原因。"随着第二次工业革命在美国蔓延开来，托克维尔发现，工业贵族阶级已开始在美国崭露头角。这个阶级虽然多生事端，但并不会对社会构成威胁。托克维尔说过一句耐人寻味的话：现代国家的文明体系岌岌可危。和古罗马帝国时代不同的是，现代文明的危机并非缘于野蛮种族之外的因素，而是来自野蛮种族内部。在《论美国的民主》结尾，他这样写道：

> 在我们这个时代，人类生存条件愈发平等，这是一个无法阻挡的趋势。然而，在平等原则下，人类到底会受人奴役还是赢得自由，会获取知识还是变得野蛮，会走向繁荣还是陷入不幸，仍取决于人类自身。①

美国和全世界各个英属殖民地都不存在旧贵族掌权的情况。因此，新兴资产阶级的平等化政治趋势，自然在这些地区体现得尤为明显。在英格兰，资产阶级开始愈发重视自身的权利、能力和未来。本杰明·迪斯雷利步步高升，就很能说明这一现象。本杰明·迪斯雷利是资产阶级保守派的中流

---

① 亚历克西斯·德·托克维尔：《论美国的民主》，1862年，第2卷，第42页。——原注

砥柱，是贵族制度的追随者，掌权后还不断为贵族阶级添砖加瓦。资产阶级保守派向来不赞同采取煽动性举措。因此，身为资产阶级保守派的本杰明·迪斯雷利即便确实有挑起事端的能力，也不会只把自己的才干耗费在煽风点火的小事之上。他要凭借自身的无双才智和勤勉精神，登上英格兰政坛的高位。本杰明·迪斯雷利创作了许多小说，包括1826年的《维维安·格雷》、1844年的《科宁斯比》、1847年的《坦克雷德》及1880年的《恩迪米恩》。这些小说，都是本杰明·迪斯雷利的内心自白。

《维维安·格雷》的男主人翁维维安·格雷外貌出众、心思细腻，是女性心目中的万人迷。接受了虚伪的修道院教育后，维维安·格雷每晚开始沉醉温柔乡。然而，在道德的温室中，维维安·格雷就像一株既柔弱又茁壮的幼苗，成长得异常迅速。尽管维维安·格雷晚上总是花天酒地，但在白天，他仍是个孜孜不倦的学生。此外，他读过的历史典籍不计其数，随后也慢慢迈入世上最让人愉快，但对一个少年来说过于艰险的领域——政治学。

维维安·格雷的父亲也曾是花花公子，但他早已厌恶玩乐的生活，也察觉到当时的贵族制度已僵化得让人无法喘息。因此，在与儿子维维安·格雷沿着伦敦蓓尔美尔街漫步时，他便给维维安·格雷提出逆耳忠言：

> 我希望，人类是一个正在进步的种群。虽然要让人变得完美无缺，不过是个美梦。但我很肯定，我们还有很大的进步空间。你看，联合俱乐部从开

张营业一步步走来，现在生意多么红火！虽然现在厨房里有了蒸汽灶，但我认为，无论是现在我们走在蓓尔美尔街上的这一刻，还是几千年前的古代智者沿伊利索斯河岸漫步时，人的本性还是相差无几。如果人类的道德水平能够随体质改善而提升，那我们就该为可臻完美的人性高呼万岁！

然而，维维安·格雷并不是会被逆耳忠言劝退的人。他认为自己有成为政客的潜质，也确信自己会找到跻身政坛的机会。他对自己说："现在，我要唤醒我内心最真实的灵魂！人类的嗓音就是最美妙的乐器，我可以将它运用自如。"确实，人类的嗓音圆润、洪亮、无比清晰，是无可比拟的特殊乐器。也只有这样特殊的"乐器"，才能在英格兰下议院的偌大议厅中，吸引满堂资产阶级人士的注意力。

在本杰明·迪斯雷利1844年出版的小说《科宁斯比》中，地位崇高的贵族阶级依旧制约着逐渐崛起的资产阶级。在这种情况下，如果一个踌躇满志的年轻人要登上英格兰政坛的最高位，那么他绝对要有贵族背景。在《1832年改革法案》出台以前，作为著名的资产阶级政客，本杰明·迪斯雷利几乎就要登上英格兰首相之位，但他从未获得贵族阶级的倾力扶持。事实上，罗伯特·皮尔也只是在口袋选区的支持下进入英格兰下议院。二度出任英格兰首相期间，罗伯特·皮尔与威灵顿公爵阿瑟·韦尔斯利共掌执政大权。1841年后，罗伯特·皮尔已毫无争议地掌控了英格兰议会。在《乔治·本廷克传》中，本杰明·迪斯雷利曾谈及罗伯特·皮尔掌控英格兰政坛的情景："不光是英格兰议会，就连英格兰国王如今都对他言听计从。1846年1月26日，就废除《谷物法》一事，罗伯特·皮尔曾与众多议员展开激烈的讨论。当时，本应由御马官代替王夫阿尔伯特亲王出席本次讨论，但后来阿尔伯特亲王竟亲临议会现场。"本杰明·迪斯雷利还在书中提到，按照惯例，"没有维多利亚女王的批准，任何大臣不得向上议院或下议院提出任何政治措施"。然而，众所周知，阿尔伯特亲王的言行，一般都代表着维多利亚女王的意见和决定。

因此，人们认为，罗伯特·皮尔是在借阿尔伯特亲王亲临议会的幌子，制造维多利亚女王已同意废除《谷物法》的假象。但无论讨论结果如何，大多数英格兰人都认为，《谷物法》对他们百害而无一利。

身为首相，罗伯特·皮尔依旧轻而易举地控制住了众议院的局面。本杰明·迪斯雷利在书中这样评价罗伯特·皮尔：

> 这个卓尔不凡的男人，私底下与人相处时局促笨拙，每次在会上讲话或者晚餐后做演讲时，总是手足无措、吞吞吐吐。然而，每当面对上议院，他竟能自信满满、口齿伶俐，一张巧嘴妙语连珠。他操控下议院时，就如演奏一把熟悉的小提琴般得心应手。众人都在考虑制定其他更重要的税目时，他却在想着对蜡烛和肥皂征税。宣布降低制鞋皮革税率时，他的语气非常温和，言辞间还有转圜余地。当时，在英格兰的众多邻国里，各处村庄已荒无人

烟，地租节节下滑。因此，一说起要降低进口白兰地和糖的关税，他又十分理直气壮。无论是在自我控制还是在发号施令时，罗伯特·皮尔都态度温和、行事果敢。

贵族基本大公无私，他们踏足政坛既不为养家糊口，也从不抱有丝毫恶意。1846年5月18日，英格兰下议院通过《废除〈谷物法〉法案》。1846年6月25日，该法案在英格兰上议院也获得通过。当初曾支持罗伯特·皮尔废除《谷物法》的辉格党，却打算反对他为保护爱尔兰财产而出台的强制性法案。1846年6月25日，即上议院同意废除《谷物法》当日，英格兰下议院对罗伯特·皮尔保护爱尔兰财产的强制性法案发起投票。辉格党和保守党的保护主义者都投反对票。由于往日的支持者全部站到了反对派一方，罗伯特·皮尔只能指望下议院国务大臣席的诸多成员给予支持。然而，他看到的是下议院国务大臣席中一张张漠然的脸。

面对此情此景，罗伯特·皮尔内心不可能毫无波澜。毕竟，保守党从前一直以追随罗伯特·皮尔为荣，他也一直因引领保守党而备感自豪。保守党人向来锐意进取，他们和该党先驱者心之所向的事业，一直都是罗伯特·皮尔的人生目标与荣耀所在。在罗伯特·皮尔面前，保守党人总是毫不吝啬地表露钦佩之情，这给了罗伯特·皮尔巨大的信心。在最黑暗的时刻，保守党人一直与罗伯特·皮尔站在同一阵线。从他陷入从政生涯低谷，到他位极人臣，保守党人都紧紧跟随。无论保守党的决定正确与否，我们都必须承认，保守党人极重信誉，他们知书达理、慷慨大度，人人都在英格兰占据举足轻重的地位。然而，他们也从不会任由罗伯特·皮尔随意操控国政。保守党人不仅是罗伯特·皮尔的追随者，还是他的挚友。他们时常成群作乐，把酒言欢。在私下欢聚中，保守党众多成员总会把政坛纷扰抛诸脑后。

当曼纳、萨默塞特、本廷克、劳瑟、伦诺克斯五大家族的保守党成员纷纷弃他而去时，他必定会回想起以往他们同舟共济的荣耀时光。这五大家族的成员都有"英格兰绅士"之称。然而，罗伯特·皮尔只能眼看着他们成群结队地走到他的对立面。殊不知，从前这五大家族失意时，罗伯特·皮尔曾屡屡助他们振奋精神。在白厅附近的公园演说前，他也时常征询五大家族的意见。

英格兰保守党政府获得七十三票反对，大比分落败。很快，这个消息在坊间不胫而走。听闻这个荒谬的消息后，马上有下议院国务大臣向罗伯特·皮尔传话。一位内阁要员在罗伯特·皮尔耳边轻声说道："大家都在说，我们败在了七十三个人手里！"然而，罗伯特·皮尔听完，未置一词，甚至连头也没回。

维多利亚女王时代的英格兰政客大都认为，罗伯特·皮尔这位"万人之上的政坛巨人"已经落败。罗伯特·皮尔虽然来自中产阶级，但他恬淡寡欲、鄙弃功名，颇有贵族风骨。然而，这位无比坚毅的贵族翘楚，此刻已濒临崩溃。他并不为失去首相之位而失意，却因输掉党派之争而悲哀。如今，议会的人心都聚拢在痴迷赛马的乔治·本廷克勋爵身上。身为乔治·本廷克勋爵的挚友，本杰明·迪斯雷利曾在书中写道："在光怪陆离、难以撼动的英格兰政坛,乔治·本廷克已成为群龙之首。英格兰政府必须决心坚定,并且保持自身威严。"

1848年革命发生时,英格兰召开了一次史上历时最长的议会会议。当时,在众望所归之下,乔治·本廷克勋爵成为保守党保护关税派的领导人。乔治·本廷克勋爵坚持不懈地履行公职,心无旁骛地投入公务中,后来甚至卖掉了名下所有马匹,其中包括他的爱驹——瑟普利斯。1848年5月24日,瑟普利斯替新主人赢得了当年肯塔基德比赛马比赛[①]的冠军。第二天即1848年5月25日,在下议院藏书室,本杰明·迪斯雷利在遇见乔治·本廷克勋爵时,发现他整个人失魂落魄。本杰明·迪斯雷利如此描述当时的乔治·本廷克勋爵:

> 除了他身上残留的傲气,已经没有任何东西能给予他慰藉,支撑他苟活于世。但在看到我满脸同情的样子后,就连他那身傲气都消失无踪了。乔治·本廷克勋爵重重地叹了口气,嘟囔着说:"我这辈子都想拿个赛马冠军,但牺牲这个冠军梦后,我到底得到了什么?"即便我再三宽慰,也无济于事。

本杰明·迪斯雷利的第一部小说是1826年出版的《维

[①] 肯塔基德比是美国一年一度的赛马比赛,是美国赛马三冠大赛的第一关,通常每年5月于肯塔基州路易斯维尔的丘吉尔园马场举行。参赛马匹均为三岁,须竞逐一又四分之一英里(约合两千零一十二米)。——译者注

维安·格雷》，最后一部则是1880年面世的《恩迪米恩》。当时，本杰明·迪斯雷利已获得比肯斯菲尔德伯爵之衔，不再是泛泛之辈。在大选中大比分落败后，这位政治家心力交瘁，只能瘫坐在他的休恩登庄园书房里，提笔续写他未写完的小说。纷繁记忆涌至笔尖，本杰明·迪斯雷利一气呵成地写完了《恩迪米恩》这部长篇巨著。此书不仅谈到路易·菲利普一世、拿破仑三世，讲述了帕默斯顿子爵亨利·坦普尔、西德尼·赫伯特和理查德·科布登的故事，甚至还涉及年轻的查尔斯·迪尔克勋爵。

在《恩迪米恩》中，本杰明·迪斯雷利曾不断回忆1827年的光景。当年，利物浦伯爵罗伯特·詹金森因中风而卸任首相，而乔治·坎宁接替其位数月后便撒手人寰。

1827年至1880年，英格兰中产阶级已如日中天。和如今英格兰庞大的中产阶级群体相比，当时的中产阶级群体规模较小。那时，虽然英格兰中产阶级人数远少于今日，但其中人人都极具涵养。这些中产阶级大多是坐拥大片土地的贵族，他们将大批在印度发财的欧洲人吸纳进来。因此，这些中产阶级占有着巨额财富。不时会有大银行家和富商慷慨解囊，投入巨额家财为中产阶级购买土地，或者是斥资提高中产阶级在英格兰议会的影响力。这样，往后有需要时，这些银行家和富商便可及时获得中产阶级的庇荫。自此，各路新兴阶级在英格兰社会陆续涌现。这些新兴阶级虽来势汹汹，但如果要大范围渗透英格兰社会，仍为时尚早。因为新兴阶级中的生产商、铁路巨头、承包商和淘金者，仍未在英格兰社会和议会中占得一席之地。

第 2 章

欧洲的政治形势

　　1848年，奥地利帝国首相梅特涅倒台后，著名的"梅特涅体系"随之崩溃。梅特涅于1859年在维也纳辞世前，一直对政治保持着高度的热情。梅特涅逝世时已是86岁高龄。大约70岁时，梅特涅曾说过他对欧洲政局感到"疲惫不堪"，但后来他感觉欧洲已开始春回大地。另外，由于1855年沙皇尼古拉一世驾崩，加之俄罗斯帝国在塞瓦斯托波尔围攻战中落败，俄罗斯帝国的扩张势头因此走向终结。这也导致欧洲列强的霸权美梦顷刻消散。受尽俄罗斯帝国威胁的波兰、意大利、法兰西和西班牙，终于得以喘息。

　　对19世纪的欧洲大陆而言，1848年是个至关重要的年份。那时，人们常引用诗人威廉·沃兹沃思1789年的诗句，抒发心中所感："在黎明里活着是幸福的，但青春年华才是犹如身在天堂的时光。"1848年，日后将成为美国杰出政治家的卡尔·舒尔茨仍在德意志的波恩大学求学。1848年2月26日，卡尔·舒尔茨的朋友突然冲进他的房间，高声对他喊道："路易·菲利普一世已被法兰西人赶下王位，法兰西

路易·菲利普一世被法兰西人赶下王位后逃离巴黎

成立共和国了！"当时，卡尔·舒尔茨正在撰写一部悲剧作品，即《乌尔里希·冯·胡滕①》。当听到友人传来的消息，他立刻停下了手中的笔，此后再未碰触这部未竣的书稿。此时在欧洲，禁锢自由的枷锁纷纷崩裂，繁荣富强的岁月指日可待。然而，即将到来的1848年欧洲革命，与1789年法国大革命大不相同，因为1848年欧洲革命不会再有刀光剑影。自1815年维也纳会议召开以来，欧洲各国资产阶级为了实施变革，一直翘首以盼、奋力拼搏。如今，欧洲人早已自发将资产阶级视为领导者。眼看变革之势锐不可当，除了俄罗斯帝国，欧洲各国君主不由惊恐万分，只得悻然向资产阶

---

① 乌尔里希·冯·胡滕，德国人文主义者，反对堕落的天主教和经院哲学。——译者注

级屈服,同时匆匆发布诏书,纷纷开始选出本国立宪会议成员。

从德国的柏林、德累斯顿,到西班牙的马德里和葡萄牙的里斯本,欧洲各地报业开始不受束缚地蓬勃发展。各国咖啡厅里满是野心勃勃的政客,他们个个吞云吐雾,口若悬河。不过,政客的任务,并不只是抽抽烟、聊聊天那么简单。多数欧洲国家都会召开立宪会议,起草本国宪法。然而,在宪法得到通过和批准之前,各国旧君主政府已趁机重拾信心,恢复实力。普鲁士制宪会议、奥地利帝国和全由德意志人参与的法兰克福国民议会,都面临同样的命运。有了奥利弗·克伦威尔解散英格兰议会、英格兰国王查理一世被迫召开长期议会的先例,普鲁士公国和奥地利帝国依样画葫芦,出动士兵驱散制宪议会成员,封锁会议厅大门。无独有偶,意大利城邦的资产阶级革命,最终也仅仅是确立了更温和的专制制度。法兰西第二共和国堪堪维系了一两年后,再次屈从于拿破仑三世的专制铁蹄。然而,1848年欧洲各国资产阶级革命尽管都未获得胜利,但已成为19世纪政治运动的转折点。资产阶级已成功宣示力量,并且短暂地发挥其影响力。资产阶级虽然一度衰落,但在1848年后的50年里,又逐渐雄起。然而,并非所有人都支持资产阶级发展。1848年,《共产党宣言》在全世界广为流传,其作者卡尔·马克思就是资产阶级的反对者。甚至连并非无产阶级的朱塞佩·马志尼,都不赞成资产阶级发展壮大。朱塞佩·马志尼在书中写道:"进步主义是未来教派的思想萌芽。然而,资产阶级体制遏制了这株萌芽的生长,让人始料未及。"然而,朱塞佩·马志尼此处说的资产阶级，实际是指路易·菲利普一世的统治，以及经路易·菲利普一世批准的中产阶级限制性特权。朱塞佩·马志尼也不得不承认，19世纪下半叶，资产阶级的政治概念并不是一成不变的。

威廉·爱德华·哈特波尔·莱基曾在他的作品中提到："在我们这个时代，政治学即将出现一个关键分支，其研究方向是统治世界到底应该利用世界人民的愚昧，还是借用世界人民的智慧。"所有人都认为，社会应交由智者统治。18世纪的贵族和19世纪的资产阶级却理所当然地认为，他们自己就是智慧的化身。本杰明·迪斯雷利很激进，成功劝服手工业者为保守党投票，并且通过《1867年改革法案》，为手工业者制定特权。1848年，路易·菲利普一世倒台，法兰西上层资产阶级大权旁落。对此，本杰明·迪斯雷利痛惜不已。在《乔治·本廷克勋爵传》中，他写道："奥尔良王朝①的倾覆，是一场巨大的不幸——对法兰西如此，对欧洲亦然……像欧洲人一样的古老群体，必须通过世袭权力或军事力量进行统治。"其后，本杰明·迪斯雷利又语出惊人："英格兰是欧洲唯一一个仍由世袭权力统治的国家。"本杰明·迪斯雷利写下这句话时正值1851年。1851年12月2日，拿破仑三世发动政变，开启了他对法兰西的独裁统治。

意大利哲学家贝内代托·克罗切似乎认为，1852年拿破仑政变后成立的法兰西第二帝国，其实是法兰西第三共和国的"培养皿"：

---

① 奥尔良王朝，也常被称为七月王朝。——译者注

> 自由是神的馈赠，但众神偶尔会将这份馈赠从人类手中取走，然后对人类渴望自由的恳求充耳不闻。因为人类永远都如同孩子般幼稚，所以直到他们再次配得起这份馈赠时，众神才会将自由还到他们手中。①

在贝内代托·克罗切看来，似乎只有在1870年以前，法兰西人才有资格拥有自由。成为法国皇帝的拿破仑三世曾说："从未有一种政治制度能让自由长存，但当时代呼吁统一时，就应以称王的方式寻求自由。"然而，法兰西第二帝国之后的法兰西第三共和国，尽管是依托农民群体建立的，但实际上仍是一个资产阶级国家。

在《民主与自由》中，威廉·爱德华·哈特波尔·莱基提到，"民族"未必是民主概念："不重视内部自由和宪法自由的国家，往往会热烈追求民族个性和民族独立。"然而，朱塞佩·马志尼并不赞同这一见解。一谈到民族，他就必然想到自由。他无法想象，如果民族与自由皆成一纸空文，人民要如何完成一切至关重要的事情。在1861年成书的《自传注记》中，朱塞佩·马志尼曾婉转谈及意大利人："若没有国家，没有自由，也许意大利人中还能出现一些艺术先驱。不过，意大利人钻研的，绝不是关键领域的艺术。"因为照1831年的《青年意大利宣言》所说，意大利人认为，"所有为了解放而付出的努力，终将演化为三股密

---

① 《19世纪欧洲历史》，亨利·弗斯特译，1934年，第203页。——原注

不可分的力量,即统一、自由与独立"。朱塞佩·马志尼认为,民族主义非但不会助长分裂,反倒会推动统一。《青年意大利宣言》宣称:"爱就是人类的宗教信仰。"受到压迫与约束的人民彼此之间可能产生矛盾,但因为自由的国家都是统一、不受拘束的,因此获得外部利益的不二法门就是和睦融洽地合作。在《自传注记》中,朱塞佩·马志尼写道:

> 但我想说的是,我不会受到政治概念的影响,看到一个民族被分裂、贬低和压迫时,我也不会因此产生任何改善他们生活条件的想法。从根本上说,我设身处地为意大利构思政治策略时,其实都是在预想:脱胎换骨的意大利,一定会成为新生活的首倡者和强有力的新整体,成为所有欧洲国家的榜样。

年轻的意大利、德意志、瑞士和其他欧洲国家都会协同努力,铸就一个年轻的欧洲。实际上,正是朱塞佩·马志尼开启了打造年轻欧洲社会的先河。他说:"我已经看到,变革后的意大利一跃成为进步与互助理念的传道者。这种理念,远比以往意大利传播给人类的思想更加广阔、宏大。"

同为意大利统一推动者的加富尔伯爵卡米洛·本索崇尚自由主义,心怀国家、民族。1830年的法国七月革命,建立了以路易·菲利普一世为首、崇尚中庸之道的君主政体。对此,加富尔伯爵卡米洛·本索一直心怀钦佩之情。加富尔伯爵卡米洛·本索向来都是温和的自由派人士。贝内代托·克

加富尔伯爵卡米洛·本索

罗切提到,加富尔伯爵卡米洛·本索曾在日记中写下这样一句话:"天下所有伟人都是自由主义者。"对他来说,不崇尚自由就是文化匮乏的表现。他还曾说:"一个人热爱自由的程度,与他接受道德教育的程度相当。"加富尔伯爵卡米洛·本索多次举行公民投票。1858年,他终于逐步将分崩离析的意大利统一起来。此后,他沿用《阿尔贝蒂诺规约》,并且将该法推广至撒丁王国各个新成立的省。当加富尔伯爵卡米洛·本索仍是撒丁王国的首相时,他就已产生自由观与民族观。

那时，加富尔伯爵卡米洛·本索笃信自由主义与民族主义理念，并且以此为基础，与代表各方需求和汇集各方力量的党派一道，有序地展开议会活动。必要时，各党派还会为共同目的彼此联合。例如，加富尔伯爵卡米洛·本索就曾与乌尔巴诺·皮奥·弗朗切斯科·拉塔齐及其左翼党人联手，成立"康奴比奥党"。意大利上议院与众议院的辩论、议院内的司法与政治活动、加富尔伯爵卡米洛·本索的众多演说、意大利议会各机构的联合及数次危机的解除，都证明了意大利宪制是正确的、卓有成效的。同时，这些事件都已成为意大利其他地区的范例。

可以说，1850年到1870年，撒丁王国确实已成为意大利其他地区的榜样，而意大利也已如早前的法兰西一样，成为欧洲其他国家的榜样。意大利的全国性自由主义运动说明，以1789年法国大革命为代表的欧洲革命运动，完全能够以有序、保守的方式继续推行。

如果我们能像鉴赏艺术作品一样，评析各种巨著中的政治理论，那么意大利争取独立、自由和统一的进程，完全称得上是19世纪自由民族运动的优秀范本。意大利的自由民族运动充分展示了诸多因素共同作用的成果。这些因素包括：对传统与创新的尊重，各路政客睿智审慎的思维，革命人士蓬勃的动力及志愿分子澎湃的热情与温和的举措。

意大利"稳健温和"的革命运动、君主立宪制、议会上下院的良好秩序及稳定的社会结构，都使全欧洲资产阶级信心倍增。尽管革命情绪同样激烈，但俄罗斯帝国仍是唯一一个政治前景不甚明朗的欧洲国家。

俄罗斯也有资产阶级群体，但俄罗斯资产阶级占全国总人口的比重仍低于其他欧洲国家。俄罗斯资产阶级没有明显的阶级意识，因为彼得大帝曾规定，只有在政府机构中担任公职的人员，才能享有一定的社会地位。如国家军队一样，俄罗斯政府机构的公职人员只以官职级别为依据逐级晋升。在俄罗斯政府机构中，有无数公职人员平步青云，从不受制于出身的高低。这种现象对俄罗斯人产生了巨大的影响。此外，俄罗斯缺乏推行全民教育的完善体制，因此俄罗斯的农民依旧目不识丁、愚昧无知，没有任何发言权。费奥多尔·米哈伊洛维奇·陀思妥耶夫斯基曾写下多部描述资产阶级生活的小说，其中包括1866年出版的《罪与罚》和1880年问世的《卡拉马佐夫兄弟》。费奥多尔·米哈伊洛维奇·陀思妥耶夫斯基希望，全俄罗斯人都能成为资产阶级。他曾写下这样一段话：

> 我不明白，为何在十分之一俄罗斯人获得教育的情况下，另外十分之九的人依旧愚昧无知，而且必须为那十分之一的少数人提供物质支持。从今往后，我脑海中只有一个念头：终有一天，我们九百万俄罗斯人及我们的子孙后代，都将成为富有教养、关怀人性的人，都能够过上幸福的生活。我深知且坚信，施行全民教化将有百利而无一害。我也相信，我们的俄罗斯，将比任何地方更早成为思想开明的光辉国度。因为即便是在如今的俄罗斯，让一部分人与另一部分人对立的

思想，早已无人苟同。

19世纪的资产阶级政治思想家秉持着一种信念，他们认为，即便在不牺牲个人事业、自由和财产的情况下，全世界人民都能"成为富有教养、关怀人性的人，过上幸福的生活"。也就是说，资产阶级旨在将所有无产阶级转化为资产阶级。然而，卡尔·马克思的目标恰恰相反，他提倡将所有资产阶级转化为无产阶级。需要指出的是，有人指出资产阶级从来没用过"无产阶级"这个词，它由马克思主义者创造并采用。

俄罗斯政府按等级晋升的制度，让俄罗斯大多数权贵因此发迹。不过，俄罗斯权贵表面上仍保持着资产阶级的面貌和习惯。在沙皇尼古拉一世的统治下，俄罗斯社会"刻板冷酷"，因为这位严苛的独裁者心目中最理想的治国手段，是采用令行禁止的方式维持稳定。禁卫队军官出身的沙皇亚历山大二世虽学识不丰，却意外地思想开明。在亚历山大二世执政期间，俄罗斯受教育阶层开始在农民群体中传播文化。当时，俄罗斯的禁卫队军官及受过良好教育的女性、教授和学生，纷纷与社会各界合力，在乡村建立校舍，为造福俄罗斯百姓群策群力。自然，热血激昂、声名显赫的列夫·托尔斯泰这时已注意到这场轰轰烈烈的群众教育普及运动，但他的思想其实比这场运动的理念更加超前。

列夫·托尔斯泰是一名贵族兼社会主义者，他并不支持资产阶级观念。他曾参与塞瓦斯托波尔之围，对战争了如指掌。战争时期的行伍经历，让列夫·托尔斯泰对俄罗斯农民怀有深切的敬意。他看到，在漫长的冬日里，顽强、坚韧的农民群体默默忍受苦楚，在一次次胜负难定的战斗中献出生命。因此，列夫·托尔斯泰总结说，从长远来看，战争中和政坛上真正至关重要的因素，并非将领政客的抉择，也不是一次次毫无结果的战役与政治会议，而是在沉默中酝酿力量的群众。他们是历史的缔造者，他们身上体现的时代精神，具有无与伦比的影响力。也只有在传达群众观点后，如恺撒大帝、拿破仑·波拿巴和奥托·冯·俾斯麦这样的大人物，才能取得流芳百世的政绩。然而，这些所谓的"大人物"无非是一群利己主义者，只能在浩瀚的时间海洋中激起丝丝涟漪，永远无法掌控时代的洪流。真正的伟人，能够理解沉默的群众，并且能在有意无意间成为传递群众心声的媒介。

　　《战争与和平》里，列夫·托尔斯泰在多个叙事章节中插入了许多评述莫斯科战役的史论。在这些史论中，列夫·托尔斯泰表示，众多俄罗斯帝国的高级将领深信，他们是主导事态发展的主要推手，但他们在决策时失误连连。俄罗斯帝国的军队不应阻止法兰西帝国军队大举进犯俄罗斯，而是应该任由拿破仑·波拿巴率军肆意进攻，从而将法兰西帝国的军队困于俄罗斯的泥沼。拿破仑·波拿巴进攻俄罗斯帝国的策略，便是引诱俄罗斯帝国参战。这样一来，拿破仑·波拿巴领导下的法兰西帝国大军才有机会将俄罗斯帝国军队彻底摧毁，随后迅速做出战略抉择。俄罗斯帝国众多将领一直在给拿破仑·波拿巴创造这样的侵略机会。他们总是乐此不疲地选址择日，准备与法兰西帝国的大军决一死战，最后却一次次任由俄罗斯帝国的兵马被无情屠戮。俄罗斯帝国与法兰西帝国的战争未能改变历史进程，不过是在为人类的悲歌徒增不幸的音符罢了。后来，一位俄罗斯帝国的元帅终于为广大俄罗斯人民发声，为俄罗斯大军在莫斯科扭转战局。与其他将领不同的是，这位元帅一直与群众保持联系。他便是俄罗斯帝国的老将米哈伊尔·伊拉里奥诺维奇·库图佐夫。米哈伊尔·伊拉里奥诺维奇·库图佐夫受命指挥俄罗斯陆军时年事已高，而当时法兰西帝国大军已逼近莫斯科。拖住法兰西帝国大军的攻势后，米哈伊尔·伊拉里奥诺维奇·库图佐夫再次指挥俄罗斯帝国军队在博罗季诺与法兰西帝国军队交战。博罗季诺会战结束后，他却停下了与法兰西帝国军队作战的脚步，让法兰西帝国军队来不及做出进一步的军事决策。俄罗斯帝国军队的将士也摸不透米哈伊尔·伊拉里奥诺维奇·库图佐夫的心思。他会坐在椅子上，目不转睛地盯着军中士兵，一盯就是好几个小时。这是米哈伊尔·伊拉里奥诺维奇·库图佐夫做决定时的惯用姿势，也是他为俄罗斯帝国人民做决策的标准姿态。

1865年面世的《战争与和平》，能够有效地纠正人民崇敬伟人的惯性。毫无疑问，民意向来容易整体往某一方向倾斜。然而，权威者能在人民举棋不定时择路而行，并且发挥推动作用，引导群众群策群力。忽略权威者的影响力，是愚不可及的行为。据奥托·冯·俾斯麦所言，《战争与和平》成书年间，恰逢他"连续参加三次战争"的时期，即1864年的普丹战争、1866年的普奥战争和1870年的普法战争。从1815年到俾斯麦1862年出任普鲁士王国首相前，德意志人一直十分平静，从不鼓吹民族主义，只关注国家内部的政治事务。1870年后，德意志人对本邦和外族的政见与对他国的看法，开始与俾斯麦登上相位前的意见大相径庭。政见改变后，德意志人似乎也发生了翻天覆地的变化。也许俾斯麦身上只体现了德意志人的某些思维和人格趋向，但他也极大地强化了这些思维和人格。不可否认，仅是俾斯麦的个人品格，就足以对德意志历史产生多样的、长久的影响。而且，与世界各国处理国际大事时奉行的"和平共存"原则不同，被奉为军事教条的"俾斯麦主义"，已成为20世纪备受推崇的一种思想狂潮。

然而，在维多利亚女王的统治下，英格兰的俾斯麦主义发育迟缓。德意志以外的国家很少有人赞同俾斯麦主义。1871年，德意志帝国建立。此时，法兰西第三共和国正如旭日东升。虽然1871年法兰西资产阶级在普法战争中惨痛败北，但德意志帝国和法兰西第三共和国的成立，仍是资产

1871年，威廉一世在凡尔赛宫镜厅登基为皇帝，德意志帝国建立

阶级在19世纪的重大胜利。在此前的八十多年里，即从法兰西在1789年5月5日召开三级会议时起，法兰西人民已历经过世界上所有的政体。他们曾历经专制政体的辉煌壮阔与奴役压迫，也曾体会巴黎公社时期的理想主义和腥风血雨。在这两种状态之间，法兰西人民已亲身体验过具有不同程度"代议制"和"责任制"的各种政府体制。而今，法兰西人民选择了介于代议制与责任制之间的一种政体。事实证明，在激进却保守的资产阶级的推动下，法兰西第三共和国已稳如泰山。法兰西第三共和国成立初年（即1870年），共和国总统阿道夫·梯也尔曾说："法兰西第三共和国将保持'保守派本色'[①]，否则它将无法存活。"

1860年到1870年十载光阴的尾声，法兰西第二帝国陷落、法兰西第三共和国成立，法兰西最终采用温和、稳定的资产阶级政体。此外，德意志帝国成立，其政体却只具有部分资产阶级性质。人们也许曾期望，德意志帝国能够逐渐抛却本国政体中的独裁因素，迅速发展民主政治，但事与愿违。德意志帝国政府实行"代议制"，但并无"责任制"。德意志选民可通过德意志帝国国会控制帝国立法活动与经济开支，但无权控制行政机构、帝国宰相和国务大臣。在欧洲中西部资产阶级全面取胜的局面下，德意志帝国成了唯一的例外。

1870年至1871年的普法战争是一段标志性时期的终结，也是另一新时期的开始。维多利亚女王时代晚期，欧洲各方

---

① 并不等同于"保守"。——原注

面的发展都成绩斐然,但其间仍有波澜涌动——各国提高关税,掀起军备竞赛,抢占殖民地,致使危机四伏。相较之下,1860年至1870年的欧洲局势比较稳定。贝内代托·克罗切将意大利统一称为"19世纪民族自由主义运动之壮举"。自1860年英法两国签订《科布登-舍瓦利耶条约》起,1860年至1870年欧洲各国关税持续走低。即便在欧洲强国中,民族问题似乎也得到了解决:意大利、德意志陆续统一,奥匈帝国妥协退让,俄罗斯农奴获得解放。1867年,欧洲各国纷纷参加巴黎世界博览会。在博览会上,人们得以一览世界各国精品。无论是雅克·奥芬巴赫应时而作的剧作《格罗什坦公爵夫人》,还是巴黎时尚尖货,或者是德意志或英格兰的钢铸件,总之,所有展品无论产自何地,都获得了欧洲各国的嘉赏。

1860年至1870年十年间,欧洲整体进步意识觉醒,人们对历史解释形成了统一观念,即最终必然走上坦途。人们也意识到,人类如今能够掌控万物,更能掌握自身命运。因此,人们不会再轻易言弃,也不再迷茫,从此将在自强之路上矢志不渝。

1870年以前,节奏舒缓、稳定的社会进步就是欧洲资产阶级的信仰基石。而今,这一信仰根基已被动摇。维多利亚女王时代早期,社会物质与精神文化水平均有提高。在科学发明与工业领域,人类开始愈发得心应手地运用物质资源。在精神层面上,政治自由度与包容度得到提升。"帝国"往往是消极政权特性的代名词。例如,奥地利帝国腐朽不堪,俄罗斯帝国则野蛮落后。然而,1870年至1871年的各个事件，让欧洲自由资产阶级开始质疑自身的信仰。因为当时，以王权为基、百姓盲从君主的普鲁士王国，竟"如此所向披靡，导致其他欧洲国家既无能力、亦无胆识与之叫板"。普鲁士王国百姓非但不粗鄙，反倒精通文学、乐理和艺术，"是世界上最具教养和学识的民族"。如贝内代托·克罗切所言，普鲁士王国的功绩毋庸置疑。同时，爱德华·吉本也早有名言，表示事实就是"不容改变的道理"。然而，普鲁士王国"不容改变的"功绩，并不意味着资产阶级的信仰无合理之处。这些功绩也许能够说明，资产阶级思想家低估了权力在世界事务中的重要作用。

贝内代托·克罗切认为，1870年至1871年之所以如此关键，并非因为普鲁士王国取得了胜利，而是因为人们对哲学与历史的兴趣已经衰减，转而密切关注自然科学。无论是在大不列颠，还是在欧洲大陆或美洲大陆，维多利亚女王时代早期的辉煌，都已尽述于众多才华横溢的演说家之口，也已在名家笔下永传于世。

第 3 章

思想与文学

20世纪早期,牛津大学一直保持着举办晚宴的传统。维多利亚女王时代的某一天傍晚,在漫天云霞之中,牛津大学照常设宴。席间,众人纷纷开始探讨各学科的重要性。其中有一位著名科学家,他对力学与热学的研究已被运用到采矿与工程学领域,成果十分显著。晚宴上有人问这位科学家,他会如何看待像牛津大学哲学教师那样,为纯粹的思想研究而奉献一生的人。闻言,这位科学家一丝不苟地缓缓回应:"如果我的人生还能重来,那么我认为,用毕生时间从事思想研究非常值得。"这番话让与他同桌进餐的一位年轻的大学历史老师深受触动,因为说这番话的科学家是当时应用科学界的巨擘。据这位历史老师回忆,这位科学家其实是研究古代经典学说出身的。

这个小小的插曲,也许说明了两点:第一,哲学或形而上学中"无用、缥缈"的猜想,即便内容抽象,但对于人类生活来说,这些猜想可能和科学、艺术、工艺等学科同样重要;第二,哲学式微及哲学在现代社会中占比下降,或许是由于"无用、缥缈"的古代经典学说正在衰落。研究已经死亡的语言是不切实际的。希腊文字、拉丁语诗句、荷马的《伊利亚特》和西塞罗的各类演讲，都与当今许多社会问题没有明显关联。因此，人们为增加专业知识而将古代经典学说弃若敝屣，忽视了抽象思维的力量。事实上，维多利亚女王时代拉开序幕前，一代哲学盛世已然落幕。1804年，德国哲学家康德逝世，哲学家黑格尔也在1831年与世长辞。尽管伟人已逝，但他们的思想成果仍在维系新时代的运转。而且，新时代也不乏杰出的思想家代表：维克托·库赞一生钻研哲学研究，直至1867年辞世；威廉·汉密尔顿爵士直至1856年谢世前，一直致力于逻辑学与形而上学的研究。毋庸置疑的是，康德和黑格尔即便早已作古，但他们对后人的影响仍十分深远。

维克托·库赞出生于1792年，与黑格尔生活在同一时代，后来也成为康德哲学优秀的阐释者。拿破仑·波拿巴执政时期，库赞曾就读于巴黎的查理曼中学和巴黎高等师范学院。1815年，在皮埃尔·保罗·罗耶-科拉德的指导下，库赞担任了助理教授。除了研究哲学，皮埃尔·保罗·罗耶-科拉德还是一名政客，也一直是法兰西督政府机构下五百人院的活跃分子。他对法兰西哲学影响很大，他扭转了18世纪后期的怀疑主义、感觉主义与物质主义哲学倾向，为法兰西哲学打下了理想主义的烙印。皮埃尔·保罗·罗耶-科拉德的哲学观点，源自"苏格兰派"形而上学者。其中，格拉斯哥大学道德哲学教授托马斯·里德18世纪后期的作品，对皮埃尔·保罗·罗耶-科拉德影响很深。

皮埃尔·保罗·罗耶-科拉德

维克托·库赞完美地阐释了许多苏格兰派学者的观点，这其中包括弗朗西斯·哈奇森、亚当·斯密、托马斯·里德、詹姆斯·比蒂、亚当·弗格森和杜格尔·斯图尔特等。谈到托马斯·里德时，维克托·库赞还特别评价道："在我们眼中，他就是个神明。"1817年，维克托·库赞前往德意志游学，亲身体验"议会制时期"德意志社会的政治与思想潮流。从德意志返回法兰西后，他对康德派哲学产生了浓厚的兴趣，继而在课堂上时常讲述自己对康德派哲学的见解。

维克托·库赞十分钦佩苏格兰派哲学家。他认为，苏格兰派"涵盖合理的形而上学思想，并且有严密的心理学理论作支撑"，极大地纠正了18世纪主流的感觉主义哲学的错误倾向，也建立了健全的道德政治体系。维克托·库赞曾就哲学流派召开了一系列讲座，讲座内容于1857年被出版成册。1842年，该系列讲座的核心内容被刊载于《康德哲学之旅》上。1854年，《康德哲学之旅》被译成英文，收录于约翰·查普曼出版社的季刊上，并且在英格兰出版。维克托·库赞最优秀的著作《真善美》于1854年出版，其后二十年中曾再版二十余次。

维克托·库赞

1830年的法国七月革命过后，饱读诗书的法兰西资产阶级似乎已迈入一片精神"乐土"。从前柏拉图让哲学家或政客称王的愿景，此刻似乎已近在眼前。1828年，维克托·库赞的导师皮埃尔·保罗·罗耶-科拉德担任法兰西政府众议院议长，自此到1842年，皮埃尔·保罗·罗耶-科拉德一直活跃于政坛。1832年，维克托·库赞被举荐入仕，从此进入路易·菲利普一世执政时期的法兰西上议院。弗朗索瓦·基佐既是一位通晓哲学的历史学家，也是巴黎大学杰出的讲师之一，1840年至1847年，他与尼古拉·让·德·迪厄·苏尔特共掌法兰西内阁大权，期间曾出任法兰西外交大臣。1847年至1848年，弗朗索瓦·基佐出任法兰西首相。1839年至1851年，在法兰西学院，朱尔·巴泰勒米·圣伊莱尔出任希腊语罗马哲学系教授，也曾针对亚里士多德的学术研究撰写多部大作。1848年至1851年，他是法兰西第二共和国国民大会的固定成员。1851年，拿破仑三世发动政变，圣伊莱尔被囚。不过，在法兰西第二帝国时期，他依然对亚里士多德学说与梵文研究保持热忱。1871年，圣伊莱尔成为波尔多国民大会成员。借此机会，他重回政坛。1880年至1881年，朱尔·费里执掌法兰西内阁期间，圣伊莱尔出任外交大臣，从此攀上仕途巅峰。1840年，阿道夫·梯也尔任法兰西外交大臣期间，雷米萨伯爵查尔斯·弗朗索瓦·马里任法兰西内政部部长。此外，雷米萨伯爵曾多次出书，阐述切尔伯里男爵爱德华·赫伯特、弗朗索瓦·培根、约翰·洛克等英格兰哲学家的思想。后来，雷米萨伯爵再次应阿道夫·梯也尔之召，于1871年至1873年出任法兰西第三共和国外交部部长。

和圣伊莱尔与雷米萨伯爵一样，阿贝尔-弗朗索瓦·维尔曼也是维克托·库赞的学生。在索邦大学，阿贝尔-弗朗索瓦·维尔曼担任雄辩学教授，著有《18世纪法兰西文学》一书。起初，他是法兰西下议院议员，后在路易·菲利普一世时期晋升为法兰西贵族，并且于1839年至1844年担任法兰西教育部部长。维克托·库赞的另一位学生朱尔·西蒙也是索邦大学的哲学教授，他于1848年进入法兰西第二共和国下议院，同时成为法兰西第二共和国国民大会的成员。朱尔·西蒙是法兰西第二共和国议会反对派首席雄辩家之一。在法兰西第三共和国成立期间，他也曾担任多个政府要职。1876年至1877年，朱尔·西蒙出任法兰西总理。众所周知，朱尔·西蒙任总理期间，曾与时任法兰西总统的帕特里斯·麦克马洪针锋相对。

以上这份哲学伟人选出的政坛名录，只有在法兰西才得以一见。后来，从政的法兰西哲学家甚至名气更大。在其他任何国家，都不可能有哲学家在政坛获得如此高位，因为在大部分国家，执掌政务的大都是贵族或职业官僚。然而，德意志政坛也曾出现许多出色的学者，约翰·古斯塔夫·德罗伊森便是一例。他曾在德意志基尔大学、耶拿大学和柏林大学担任普鲁士历史学教授。1848年法兰西自由运动期间，德罗伊森是荷尔斯泰因和法兰克福革命议会运动的领头人之一。柯尼斯堡大学法学教授爱德华·西姆森也是1848年法兰西自由运动的倡导者。1848年，爱德华·西姆森担任法兰克福革命议会议长。以他为首的法兰克福革命议会抗争无果，最终将德意志王位拱手让与腓特烈·威廉四世。

1842年至1848年，"历史法学派"创始人弗里德里希·卡尔·冯·萨维尼出任普鲁士王国立法部部长。1829年至1848年，莫里茨·奥古斯特·冯·贝斯曼-霍维格在波恩大学担任法学教授，1852年至1855年担任普鲁士王国议会议员，1858年至1862年担任普鲁士文化部部长。中世纪时期，英格兰也曾有学者入仕，但其中除了约翰·斯图尔特·穆勒，没人能够被称为真正的哲学家。直到中世纪后期，约翰·莫利和阿瑟·詹姆斯·鲍尔弗入仕，才为英格兰政坛的哲学派增添了些许分量，但这二人也并不以哲学研究为主业。扬·托尔贝克被誉为尼德兰杰出的政治家，他是莱顿大学法律与政治科学教授，1849年至1853年、1862年至1866年、1871年至1872年曾三度出任尼德兰首相。约翰·尼古拉·麦德维或许是19世纪最有名的拉丁文学者。1848年至1851年，约翰·尼古拉·麦德维出任丹麦国务大臣，1855年当选为丹麦议会主席，连任此职多年。不过，他的学术兴趣不在哲学，而在文本批评。必须承认，在将抽象哲学思维与政治事务互相联系这方面，法兰西人确实更胜一筹。

和法兰西一样，在大不列颠，哲学对人民生活的影响并不体现在哲学家的政治活跃度上，而在于人们对哲学著作与哲学"理论系统"的关注度上。杰里米·边沁推动了科学立法理论与实践的发展，他虽于1832年逝世，但仍对该领域影响颇深。中世纪时期，人们认为功利主义的宗旨是为绝大多数人谋最多的利益。这种轻率的看法显然不能完全代表功利主义者的观点。即便如此也没有人会否认，功利主义确实存在，并且对立法活动影响巨大。在政治概念中，功利主义者又被称为"哲学激进分子",但他们其实从不过分狂热。功利主义者的宗旨是,无论是处理私事还是公事,都要遵循理性与判断力的指引,不得带有一丝谬论和偏见。维克托·库赞曾在书中写道,判断力是苏格兰派哲学家思想最明显的特征。在回忆最后一位苏格兰派哲学家威廉·汉密尔顿爵士时,维克托·库赞说:

> 威廉·汉密尔顿爵士离世后,悲痛的情绪漫出英格兰国境,天下同哀。那些艰苦跋涉,将一生奉献给哲学与哲学史研究的人,将长久地为威廉·汉密尔顿爵士的离去而痛彻心扉。因此,爱丁堡大学立刻委任威廉·汉密尔顿的得意门生亚历山大·坎贝尔·弗雷泽接替其教职。这为正处哀痛的人们送来了一线希望与慰藉。毫无疑问,弗雷泽将秉承先师遗志,虔敬执教,在欧洲人民面前展露苏格兰派哲学的优良风骨。苏格兰派哲学理念之所以独树一帜,让人兴趣盎然,是因为其中体现出的理智思维。正是苏格兰派哲学家刻苦钻研人性,以及许多高阶层人士对心理学的积极贡献,才使得苏格兰派的理智思维不断获得滋养与更新。

1865年,约翰·斯图尔特·穆勒出版了《威廉·汉密尔顿爵士哲学考察》一书。穆勒在书中虽然对威廉·汉密尔顿这位哲学大师的批判略带敌意,但可以说,那是因为其受到成熟哲学体系的影响。1863年1月7日,穆勒向阿伯丁大学

约翰·斯图尔特·穆勒

的亚历山大·贝恩教授致信,他写道:"我一直以来都打算研究威廉·汉密尔顿的所有著作,把我对著作中的每一点见解,用笔记的形式大致记录下来。"作为一名哲学家,穆勒对他所在的时代产生了直接的影响。他于1843年出版的著作《逻辑学体系》和于1848年出版的《政治经济学原理》,对当时的世界而言意义非凡。他最重要的作品,也许要数1859年出版的《论自由》和1861年出版的《论代议制政府》。

毋庸置疑,维多利亚女王时代是哲学发展的又一黄金年代。1842年，奥古斯特·孔特完成了六卷本《实证哲学教程》。1852年，《实证政治体系》成书。1851年，在巴黎王子街10号，奥古斯特·孔特写下《实证政治体系》第一卷。在第一卷的前言中，他解释了自己如何将实证主义、人性宗教、社会学融入自己的政治思想体系。《实证政治体系》问世的二十五年前，经过长期学习训练的奥古斯特·孔特就已开始筹划此书的写作：

> 按我个人对科学层级的理解，社会哲学如果不能像过去三个世纪一样，以自然哲学的一般性研究结果为基础，那么社会哲学就根本无法体现其本质，也无法让世人感知其完整的价值。直接重构精神力量的问题，让我产生了绵绵不绝的想法。思索了整整八十个小时后，我才终于想到，应该构建完整的实证哲学体系，以此作为重构精神力量的必要前提。……我得出了如何处理思维危机的结论后，大脑机能就产生了严重的问题。

奥古斯特·孔特的言下之意是，他得了严重的精神疾病，但很快就痊愈了。康复后不久，他就继续为脑海中"完美无瑕的哲学体系"添砖加瓦了。在这一体系里，"爱是放之四海而皆准的天然原则"。1851年，奥古斯特·孔特还曾写道：

> 十年前，我曾在《实证哲学教程》第五卷里坦

陈,实证学派的队伍本来只有我一人。从那以后,实证主义的地位就发生了翻天覆地的变化。尽管欧洲出版界一直在极力打压实证主义,但这一思想仍脍炙人口。整个西欧范围内,人们的思想情感愈发被实证主义占据。

18世纪的理性主义思想颠覆了实证主义原则。然而,新生的人道教教旨作为实证主义的基础,又将为实证主义正名。人道教"从一种自我吸收的嵌合体,被实证主义净化为文化的核心"[①],是实证主义对天启教的压制。1850年,作为人道教教士,奥古斯特·孔特界定了与出生、婚姻、死亡相关的社会发展三阶段。奥古斯特·孔特虽然最终是以所有阶级为考量,但希望在未来很长一段时间内,他的新教条能够在哲学家和工人群体中吸引更多的拥护者。实证哲学的宗旨是"爱、秩序与进步"。实证主义哲学的"体系",大致来说就是科学的分类分级,其中社会学地位最高,也是发展最晚的科学。法兰西第二共和国存在于1848年至1851年[②],它代表着实证主义的宗旨,即爱、秩序与进步。共和体制将政治置于道德之下。奥古斯特·孔特则认为,人们爱与尊重的最为崇高的对象并非神性,而是人性、过去、现在与未来。

因编撰《法语词典》而声名鹊起的埃米尔·利特雷,

---

① 本段及上面的引文摘自奥古斯特·孔特的著作《实证政治体系》的前言。J.H.布里奇斯1875年译本,第1卷,第9页到第25页。——原注
② 即奥古斯特·孔特出版《实证政治体系》的年份。——原注

是奥古斯特·孔特最早的支持者之一。1851年，在《实证政治体系》中，奥古斯特·孔特曾提及埃米尔·利特雷，而埃米尔·利特雷的多部名著也曾对奥古斯特·孔特和实证主义有所着墨。英格兰的约翰·斯图尔特·穆勒也深深着迷于奥古斯特·孔特的理念，却独独不同意他提倡的宗教礼节。乔治·艾略特、赫伯特·斯宾塞、约翰·莫利、爱德华·斯宾塞·比斯利和弗雷德里克·哈里森都曾公开赞成实证主义。在1853年出版的《从泰勒斯到孔特的哲学历史》中，作者乔治·亨利·刘易斯将奥古斯特·孔特誉为现代最有名的思想家。巴黎实证主义学派成立于1848年。这也让大不列颠与西欧国家大部分主要城市的实证主义学派得以彼此联合。整个19世纪，奥古斯特·孔特都直接影响着道德要求严苛、思想十分严谨的群体。

维多利亚女王时代，各国读者都对哲学颇感兴趣。赫伯特·斯宾塞分别于1850年、1855年和1862年发表《社会静力学》《心理学原理》和《第一原理》。他笔下的哲学巨著语言朴素、论证严密，他也因著作出版而获得不菲的收入。很快，上述三本书就已出现多个欧洲语言译本。查尔斯·达尔文的《物种起源》于1859年首次出版，到1861年已出版发行至第三版，销量达七千本。对于科学与哲学思想作品来说，这个销量即便不算畅销，也已是十分不俗的成绩。

伊波利特·泰纳素来被誉为19世纪的著名思想家。他并非最具抽象思维的思想家，但他的作品通常涵盖人类生活的诸多方面。19世纪的读者群体对他的爱戴之情，或许比对当时其他思想家的崇敬之情更加浓烈。伊波利特·泰纳无比耐心、孜孜以求、坚持不懈的性格，为他在文学界赢得了很高的声誉。他当时的地位，与伏尔泰在18世纪文坛的地位不相上下。

因此，19世纪的历史学家都很尊崇伊波利特·泰纳的文学造诣，文坛人士纷纷赞颂他的哲学成就，众多哲学家也对他的历史作品爱不释手。尽管如此，伊波利特·泰纳仍在反反复复、一刻不停地思考。每次思考过后，他都能得出非比寻常的结论。

和许多法兰西教师、文人和官员一样，伊波利特·泰纳毕业于巴黎高等师范学院。法兰西第二共和国时期，伊波利特·泰纳曾在一所省级公立中学教书。他由于直言不讳地反对拿破仑三世的独裁统治，后来只得辞去公立中学的教职。1853年，考虑到自己在巴黎文坛的声望，伊波利特·泰纳毅然决定依靠撰写学术著作谋生。当时，写书谋生是非常吃香的行当。他先后游历意大利、西班牙和英格兰，接着就如伏尔泰在莱芒湖别墅定居一样，在法兰西阿讷西买下一幢别墅。在别墅里，他与友人畅谈、埋头苦学，释放他洋溢的文学热情。伊波利特·泰纳既有18世纪文人的广博学识，又有19世纪中期学者的敏锐直觉与雄心壮志，能够以整体的视角看待自身的哲学研究，架设完整的哲学系统。因此，伊波利特·泰纳曾写下多本著作，期望能完整地描述、解释或批判英格兰文学、旧制度与大革命时期的法兰西及当代法兰西哲学。这些著作毫无迂腐之气，语言妙趣横生，独树一帜。同期的文人中，只有学识广博、文笔优雅的恩斯特·勒南能与伊波利特·泰纳媲美。伊波利特·泰纳深深影响着一大批杰出的批评家和文学家。斐迪南·布吕内蒂埃、奥古斯特·埃米尔·法盖、阿纳托尔·弗朗斯、莫里斯·巴雷斯、保罗·布尔热和欧仁-梅尔基奥尔·德·沃居埃等人,都将伊波利特·泰纳奉为学界巨匠。

伊波利特·泰纳的著作有《当代法兰西的起源》和《英格兰文学史》。法兰西作家沙尔-奥古斯丁·圣伯夫表示,《英格兰文学史》应被称为"阐述英格兰种族与文明史的文学巨著"。每逢休假时间,伊波利特·泰纳虽会暂停深入钻研的脚步,但还是会不断细致地进行观察、深刻反思、认真记录。因此,在游记集中,他对各个地域与人民的描绘总是格外翔实。伊波利特·泰纳的思想向来极具社会性。因此,他笔下的游记主要记载各地人文概况或者是受到人民影响的地区特征。伊波利特·泰纳曾于1861年、1862年与1871年三度前往英格兰,期间写成《英格兰游记》。此书出版于1872年,是装帧简朴的八开本。伊波利特·泰纳曾多次重访英格兰,因此,他有机会检验、调整自己最初对英格兰的观察与反思。最终,1860年至1870年这十年,伊波利特·泰纳绘出了呈现英格兰及其人民全貌的绚烂图景。这幅图景以法兰西与法兰西人民作参照,内容严谨、思想深刻,体现出笔者缜密的思维。在维多利亚女王时代,无论是以文学性、学术性还是以哲学性为主的游记作品,都脍炙人口。许多游记作品的作者是英格兰人、法兰西人或美国人。因此,这类作品大多以英格兰、法兰西或美国为主题。

后来,一本集大成之作将游记创作推向巅峰。这本巨著超越游记性质,对历史、法律与社会分析极其透彻。它便是詹姆斯·布赖斯1888年首次出版的《美利坚合众国》。

19世纪六七十年代，《衣裳哲学》《社会与孤独》《指环与书》等作品风靡一时，可见当时的百姓对哲学的兴趣十分浓厚。《哈姆雷特》是首屈一指的哲学戏剧。其后，北欧剧作家亨里克·易卜生的作品再次让哲学戏剧焕然一新。亨里克·易卜生创作的戏剧，从不以讽刺社会风俗为基调。多年浮沉岁月里，亨里克·易卜生做过药剂师助理，曾在克里斯蒂安尼亚①读大学，他当过记者，曾在1852年成为卑尔根某剧院戏剧编导，后来又于1857年担任挪威国家剧院编导。经历此般种种之后，亨里克·易卜生创作戏剧时以形而上学为核心，意在探寻"究竟真实法"的真谛。在处理丹麦与德意志的纠纷时，挪威未能坚定地站在丹麦一方。因此，七年后，亨里克·易卜生只好灰心丧气地离开挪威。1864年4月，普丹战争打响后不久，亨里克·易卜生客居异乡的生活拉开了序幕。从此，亨里克·易卜生未再娶妻，先后在德累斯顿、慕尼黑和罗马这几个艺术与文学中心独居。后来，亨里克·易卜生的多部戏剧接连问世，如1866年的《火灾》、1867年的《培尔·金特》、1873年的《皇帝与加利利人》、1877年的《社会支柱》、1879年的《玩偶之家》、1881年的《群鬼》和1890年的《海达·高布乐》。亨里克·易卜生创作上述戏剧时均使用挪威语。这些作品问世后，很快便出现了德语、法语和英语译本。

亨里克·易卜生本人并不是反社会分子，甚至算不上讽

---

① 即今天的挪威首都奥斯陆。——原注

剧作家。和威廉·莎士比亚一样，他通常在剧作中融入随处可见的生活场景。通过简单描摹简短对话与稀奇事件，让人物情感层层积累，从而在观众眼前与脑海中真实地呈现深刻的人性问题。

第 4 章

维多利亚女王时代的预言家

1847年，诺亚·韦伯斯特的《英语辞典》修订版问世。该辞典将"预言家"一词定义为"为他人发言者、阐释者"。后来，这个词普遍用来称呼宣扬终极真理的人，用宗教语言来解释就是"揭示上帝意志的人"。当然，在维多利亚女王时代的人们心中，被称为"预言家"的一类人不是真正意义上的预言家。只要经过检验，世上所谓的预言大概多多少少都会出现纰缪。人们之所以相信预言家的话，不过是心中信仰使然。在生活在维多利亚女王时代的人及后来的学者眼中，阐述永恒真理的人，理应被视为预言家。然而，并不是每个时代都有人揭示真理，预言家的思想也并非在每个时代都能获得认可。维多利亚女王时代，世界各地的人都格外尊崇预言，翘首以待预言家的出现。当预言家携启示而来，人们都会虔心聆听其宣扬的思想。在欧洲与美国社会，这种关注预言家启示的现象尤为突出。尊崇基督教思想或期盼伊斯兰教复兴的非洲人，也十分重视预言家的启示。在印度，拉姆·莫汉·罗伊成立了梵社。因此，印度人同样笃信预言家。甚至在中国和日本这样封闭的帝国,也在等待、铆劲,盼着预言家出现。

英格兰曾出现不少预言家,其中包括托马斯·卡莱尔、约翰·拉斯金、艾尔弗雷德·坦尼森、乔纳森·布朗宁、查尔斯·金斯利等。维多利亚女王时代理想主义盛行,一旦预言家的启示思想燃起星点火花,英格兰人民马上就会依照预言家的思想指示行动。美国的拉尔夫·沃尔多·爱默生、沃尔特·惠特曼和亚伯拉罕·林肯,也受到英格兰人的大力推崇。除了英格兰和美国,其他国家的知名预言家有法兰西的恩斯特·勒南、俄罗斯的列夫·托尔斯泰及意大利的朱塞佩·马志尼。然而,在德意志,预言家让-保罗·里希特与约翰·沃尔夫冈·冯·歌德先后于1825年与1832年离世,从此该国的预言家时代一去不复返。

在预言家辈出的时代,部分启示思想会被人们接受,受到广泛讨论。维多利亚女王时代早期的英格兰家庭,都会阅览并讨论托马斯·卡莱尔的新刊文册、约翰·拉斯金的最新艺术评论作品及艾尔弗雷德·坦尼森和乔纳森·布朗宁的最新诗作。英格兰人民通常很快就会忘记读过的文章内容,但只要读过拉尔夫·沃尔多·爱默生的文章,即便过了很长时间,也依然感受颇深。

1840年至1880年,托马斯·卡莱尔和约翰·拉斯金是英格兰首屈一指的预言家。实际上,约翰·拉斯金影响英格兰人的时间,比托马斯·卡莱尔还要稍多几年。1840年年末,托马斯·卡莱尔终于结束了旷日持久的思想挣扎。很久以前,他就坚信存在"永恒的正确"和"永恒的错误"。1834

托马斯·卡莱尔

年,托马斯·卡莱尔携夫人简·韦尔什·卡莱尔迁居到切尔西切恩街五号。1837年,他的著作《法国大革命》第一卷面世,《衣裳哲学》也在1838年成书出版。紧接着在1840年,托马斯·卡莱尔发表了以"论英雄与英雄崇拜"为主题的演说。此时,托马斯·卡莱尔已步入预言家生涯中功成名就的阶段。他终于开始相信自己拥有一种了不起的力量,也开始相信心中那股催他前进的信念。那股信念,来自他身上肩负的使命。人都需要友人相助。因此,在履行预言家使命的过程中,托马斯·卡莱尔无疑也曾得到他人的扶持。《衣裳哲学》被刊载于《弗雷泽杂志》后,托马斯·卡莱尔仍在为《法国大革命》的后续书稿辛勤笔耕。此时,好友拉尔夫·沃尔多·爱默生写下《康科德之歌》来鼓励他:

> 当你疲于写作时,请相信,你辛苦写下的文字让正直青年备受鼓舞,绝不会付诸东流。在必将到来的未来里,不管发生什么事情,都无法与唤醒美感、激励勇者相提并论!

预言家未必只秉持一种启示思想。他可能同时传播多种启示思想,而且每种思想的内容未必一致。不过,预言家必须坚信自己所有的启示思想,并且努力凭借这些思想获得他人的关注。托马斯·卡莱尔有三大主要启示思想:蔑视谎言、崇敬英雄、质疑民主。具体来说,他质疑的是极端的民主制度,因为他本人是位正派的资产阶级民主人士。

托马斯·卡莱尔抨击谎言的思想,主要体现在《法国大革命》第一卷前四章。法兰西奉行君主制时期,一度将国王称为"Kön-ning"或"Canning",两个词均意为"有才能的人"。因为在法兰西国王克洛维一世至路易十四统治时期,法兰西国民一直认为国王是名副其实的能人。据托马斯·卡莱尔所言,路易十五奄奄一息时,法兰西国民开始认为,王权不过是骗人的把戏:

当信仰与忠诚都已消逝，徒留伪善言辞与假仁假义，当一切庄严礼制演变为华丽排场，当掌权者的信条沦为愚钝言行与马基雅维利主义，在这样的衰颓岁月中，难道还会有任何理想能够蓬勃发展吗？可叹啊！世界历史上类似的黑暗岁月，都无法引起人们的警惕。人们对这些黑暗岁月讳莫如深，最终将它们尘封于人类史册之中，将它们如同谎言一般彻底遗忘。这些黑暗时期，的确充满骗人的把戏。那些都是多么不幸的岁月，任何生于这些混沌时代的人，都生不逢时。他们出生后所见的一切传说和事件都只能说明：上帝创造出了邪恶、虚伪的宇宙，他是最大的骗子，是主宰人类的昏君！①

托马斯·卡莱尔之所以崇拜英雄人物，是因为英雄都是真实的人，也是能够看穿并戳破一切谎言与空话的人：

> 对于优秀传道者与精神领袖而言，信仰等同于忠诚。那么忠诚究竟是什么？它是一切社会运转的动力，是对英雄崇拜之情的体现，也是对真正伟人的无上敬重。社会就是建立在英雄崇拜之上的。②

托马斯·卡莱尔认为，英雄并不会仅仅因为被人需要，

---

① 托马斯·卡莱尔：《法国大革命》，1898年，第1卷，第10页—11页。——原注
② 托马斯·卡莱尔：《论英雄与英雄崇拜》，1898年，第12页。——原注

就立刻现身:

是啊,我们都知道,时代会呼唤伟人出现,但我们从不会立刻寻得伟人的踪迹!上帝并未派遣英雄人物降临人间。因为不管人们呼唤英雄的声音多么响亮,也只能在一片残破、混沌中不断等待,因为英雄并不会循召唤而至。

细想一下,如果有这样一个睿智、高尚的人,他有洞悉时代需求的智慧,也有引领人们步入正轨的勇气。如果此人出现在任何一个时代,那么任何时代都不会走向毁灭。因为他的种种美德,都是救任何时代于水火的良方。[①]

托马斯·卡莱尔的观点和列夫·托尔斯泰的观点截然相反。托马斯·卡莱尔不认为历史是由普通人创造的,也不相信普罗大众的行为倾向和好恶判断能够左右历史进程。他曾宣称:"我已经说过,世界历史就是伟人的传记。"显然,没有普通人的帮助,伟人同样无法成事。真正了不起的思想家和预言家,能够唤醒人们未被激活的思维能力。这一点,恰好体现在诸多大思想家兼精神领袖身上。他们说的话,很快就会被所有人口耳相传、津津乐道。

归根结底,维多利亚女王时代的发展与当时民众的进步,都与英雄的功绩和成长有莫大的关系。一个历史纪元迎

[①] 托马斯·卡莱尔:《论英雄与英雄崇拜》,1898年,第21页。——原注

接伟人到来的方式,就是这个时期最重要的特征。一个时代永远不会欢迎欺世盗名者,至少人们无法长期忍受欺世盗名者的存在。托马斯·卡莱尔曾写道:

> 虚伪的人能创立一个宗教吗?当然不可能,因为虚伪的人连一栋砖房都修不起来!……人必须遵从自然规律,通晓自然机理和事实真相,否则大自然就会回答他说:"不,你根本无法成事!"徒有其表的事物都华而不实。上帝啊,众多卡廖斯特罗①,还有世界上有名的领军人物,都是靠骗术一朝得志。花言巧语就像假钞一样,被昏庸者不断传递。然而,受到惩罚的不是昏庸者,而是其他无辜的人。通过火灾、法国大革命等,大自然斩钉截铁地告诉世人,假钞终归只是赝品。

拿破仑·波拿巴在某段时间内曾是位英雄,但在那之后,他就成了个假仁假义的骗子。拿破仑·波拿巴的第一项功绩,就是建立民主政治,宣扬"有才华者必将前途无量"的思想。这些举措都受人称道。

可以说,拿破仑·波拿巴早期确实在真心实意地拥护民主政体。在整个建功立业的过程中,他都

---

① 卡廖斯特罗,此处应指意大利江湖骗子、魔术师兼冒险家,在欧洲各地卖假药、行骗,后被判无期徒刑。——译者注

无比笃信民主制度，憎恶无政府状态。在法国大革命战争的意大利战场上，他胜绩连连。随后，他还签订了《莱奥本条约》。看到他的这些成就，或许我们会说，拿破仑·波拿巴前进的动力是"在法国大革命中取胜，并且战胜奥地利这一对手，不让对手存在获胜的幻想！"……拿破仑·波拿巴想要在来势汹汹的法国大革命中把控大局。……从奥地利的瓦格拉姆到奥斯特利茨，他攻下一城又一城，一路奏响凯歌。

  不过，我认为，这时拿破仑·波拿巴已经开始露出骗子的可怕面目。他不再像从前一样相信事实，而是开始迷信幻象。从前，他很清楚，奥地利的各个王朝、历任罗马教皇与古老的封建思想都虚无缥缈。如今，他却不遗余力地与这些虚无缥缈之事建立联系。他要建立自己的王朝，还认为这就是法国大革命的唯一意义！拿破仑·波拿巴已完全沦陷于幻象中。他生而为人，竟信奉神明。[①]

  萨克森-魏玛-艾森纳赫大公卡尔·弗里德里希一直认为，拿破仑·波拿巴的专制统治不会长久，因为"这个制度不公、不义，且充满虚伪"。维多利亚女王时代早期的人们相信，荒谬、虚伪的事物必定会走向毁灭，真理终将胜利。因此，他们想听听托马斯·卡莱尔这位预言家的说法。后

[①] 托马斯·卡莱尔：《论英雄与英雄崇拜》，1898年，第241页。——原注

来，托马斯·卡莱尔表态："我说过，伟人就像劈裂苍穹的一道惊雷，其他人都在等待他的出现，希望他能给予大众前行的动力。一旦出现，大众会同伟人一样热情澎湃。"1840年5月，在伦敦梅费尔的阿尔伯马尔街，托马斯·卡莱尔进行了第六场，也就是最后一场演讲。他说道："在场的诸位都是英格兰出类拔萃的人物，功成名就者有之，美貌出众者有之，才智过人者亦有之。感谢如此优秀的你们仍能耐心聆听我的粗鄙之言。"事实上，聆听托马斯·卡莱尔演讲的听众，并不都是民主论者。

写完《论英雄与英雄崇拜》后，托马斯·卡莱尔开始陆续发表与民主有关的短篇著作。然而，撰写《论英雄与英雄崇拜》前，托马斯·卡莱尔早已在《衣裳哲学》中声明，他赞同普通百姓的观点。在他心目中，百姓的地位仅次于劳动者与思想家：

> 我只敬佩两种人，第一种是鞠躬尽瘁的体力劳动者，他们利用大地万物，辛勤劳作，成功征服地球，让地球成为人类的居所，……他们是多么自觉勤恳的兄弟！为了我们，他们驼了背；为了我们，他们原本直挺的四肢和手指已弯曲畸形。他们应我们的召唤而来，背负人类的使命，为人类斗争后遍体鳞伤。第二种让我更加敬佩不已的，是那些为人类精神必需品而辛勤创作的人。[①]

[①] 托马斯·卡莱尔：《衣裳哲学》，1897年，第181页。——原注

托马斯·卡莱尔在书中进行了更深层的论证，似乎要将所有体力劳动者和思想家置于最高地位：

> 然而，看到这两类人联合在一起，我受到的触动简直难以言表。……我只知道，这世上没有人能比务农的圣人更加高尚。如今，务农的圣人实属罕见。然而，也只有这样的圣人，才能将人类带回耶稣诞生的圣地。①

19世纪早期，在各类激烈的政治斗争中，英格兰裁缝与鞋匠发挥了巨大的作用。回想起查令十字街马裤裁缝弗朗西斯·普雷斯的思想，托马斯·卡莱尔写道：

> 在爱丁堡苏格兰小镇的小道转角处，我看到一个指示牌，上面写着"国王陛下的马裤裁缝"，旁边还有一座彩色的皮裤雕像，皮裤两膝之间刻着一句名言："人由此处走向永生。"这难道不是那位被拘禁的裁缝在狱中抒发的豪言壮语吗？他难道不是在为求释放而兴叹，为未来美好生活而疾呼吗？②

托马斯·卡莱尔指出，没有任何团体能够脱离贵族和传

---

① 托马斯·卡莱尔：《衣裳哲学》，1897年，第182页。——原注
② 托马斯·卡莱尔：《衣裳哲学》，1897年，第232页。——原注

道阶层而存在。1843年,在《过去与现在》中,托马斯·卡莱尔写道:

> 过去五十年迭起的纷争,都说明了一件事:欧洲需要真正的贵族制度与教士制,否则欧洲将难以为继……
>
> 法国大革命、拿破仑·波拿巴专制统治、顽固的保守主义及在光荣三日后建立法兰西共和国的成果,最后都终结于路易·菲利普一世的统治。这一切都应该警醒世人!我们也许已从中领悟到,即便虚假的贵族制度让人难以忍受,但贵族制度、自由和平等仍必不可少。不过,真正的贵族制度其实很难实现。

就在这段文字面世五年后即1848年,路易·菲利普一世便匆匆下台,其掌权期十分短暂。可见,托马斯·卡莱尔的预言无比准确。谈到理想中的贵族制度时,托马斯·卡莱尔坚称理想的贵族制度必须以工人阶级为基础。拥有大片土地、维护"疯狂《谷物法》"的英格兰贵族,其收入往往远高于萨克森-魏玛-艾森纳赫大公卡尔·弗里德里希的租金与税收。这一类英格兰贵族往往一事无成。然而,托马斯·卡莱尔曾说:

> 收入可观的萨克森-魏玛-艾森纳赫大公卡尔·弗里德里希,必须管治人民、裁决案件、保卫

财产，以各种方式管理他的领地。他不仅和少数公爵一样履行了管理职能，还不断改善领地条件，修筑河堤、整顿士兵、发展高等院校。萨克森-魏玛-艾森纳赫大公卡尔·弗里德里希麾下还有四位赫赫有名的人物，他们是：克里斯托弗·马丁·维兰德、约翰·哥特弗雷德·赫尔德、约翰·克里斯托弗·弗里德里希·冯·席勒和约翰·沃尔夫冈·冯·歌德。①

托马斯·卡莱尔认为，1758年到1828年萨克森-魏玛-艾森纳赫大公卡尔·弗里德里希执政期间，"他为英格兰文化做的贡献，比当今任何英格兰公爵与领袖都要多"。托马斯·卡莱尔并不希望废除英格兰贵族制度，而是希望引导英格兰贵族更加热爱工作。他说："真正的贵族如果能够起用'最有才能和胆识的人'，我们该多么庆幸！但如果贵族无法做到这一点，我们定会听到上帝的斥责声。"

这一切说法都指向一种民主的贵族制度。自由，一个人真正的自由，是在于能够找到合适的、可以毕生为之奋斗的事业。自由不是民主，"民主意味着人们寻求英雄统治未果，只能默默忍受英雄缺席的局面"。托马斯·卡莱尔并不相信普选权，他表示：

某些人认为，人类的自由在于为拉锯式的选

---

① 托马斯·卡莱尔：《过去与现在》，第284页。——原注

举投票，在于能够说一声："瞧，我现在也是第两万名可以参与国家即席会议的发言人了！众神难道不会善待我吗？"这样的想法，真是惹人发笑！所有人都会为这种自由制度欣喜若狂。然而，对缺衣少食的数百万工薪阶层来说，这种自由在显现成效前，都将如昙花一现。对成百上千游手好闲的人而言，这样的自由无比致命。因为在这个由上帝支配的世界里，他们将完全无所事事。①

《过去与现在》里的一段文字体现出托马斯·卡莱尔格外焦躁的情绪。在这段文字中，托马斯·卡莱尔将英格兰议会参会人员比作一群喋喋不休的猩猩。提到社会的"大问题"，即难以"通过真正优秀的人发现政府价值"时，他写道："这群猩猩总是在死海旁的树枝上喋喋不休，却一点都不开窍。"②

众所周知，英格兰宪章派有"六大诉求"，即普选权、议员薪酬、投票表决、召开年度会议、废除议会候选人财产资格限制和平均分配选区。在托马斯·卡莱尔看来，这六大诉求，不过是在强烈呼吁社会关注"工人阶级的生存状况"。他认为，1834年英格兰的《济贫法修正案》具有一定的价值，"因为该法对高阶层人士向低阶层人士收取管理费做了铺垫"。解决"英格兰状况"的良方，并非选票和表决

---

① 托马斯·卡莱尔：《过去与现在》，第284页。——原注
② 根据穆斯林寓言，从前死海边有一群居民因打破安息日不工作的传统而变为猩猩。——译者注

第4章 维多利亚女王时代的预言家 059

箱,亦非自由放任政策。托马斯·卡莱尔已预见到,如果英格兰各行各业长期处于自由放任状态,将造成多种社会危害,助长各种恶习。"英格兰状况"的解决方法是:贵族应履行职责,不应认为他们和黎民百姓只有经济关系。让人惊讶的是,在《宪章主义》的终章,托马斯·卡莱尔提及了一个计划。在今天看来,这是一个宏大的帝国主义计划。据此,当代某些智者已发现托马斯·卡莱尔有帝国主义倾向。托马斯·卡莱尔这样写道:

> 我斗胆预言,在世界历史中,英格兰人民将肩负两大使命……其一是完成著名的工业使命,占领这颗被海水与大陆覆盖的星球,让它为人类所用;其二是完成制宪使命,即以温和、持久的方式,分享征服地球的成果,并且向所有人展示应如何征服地球。

托马斯·卡莱尔总结道:

> 在加拿大,广阔的森林从未消逝。在人们的辛勤劳作下,加拿大辽阔无垠的平原与草地依旧绵延不绝。虽然加拿大西部与东部种植玉米,但沙地植物带从不会被农田覆盖。虽然欧洲西部有小片区域已人口过载,但地球上仍有十分之九的空旷游牧区域,依旧在呐喊道:"来征服我吧,到我的土地上收割吧!"在物产丰饶、交通便利的英格兰,像加

拿大这样的情况前所未有。①

1867年，本杰明·迪斯雷利的《人民代表法案》正在经由英格兰议会审批。此时，在《麦克米伦杂志》上，托马斯·卡莱尔发表了一篇叫《在尼亚加拉狩猎，然后呢？》的长篇警示。《人民代表法案》中的措施非常温和。《1832年改革法案》规定："每年纳济贫税不少于十英镑的房主"拥有议会选举权。该法案生效后，议会选举权范围许久未曾变动。《人民代表法案》规定："每年支付不少于十英镑房租的房客"也拥有选举权。《人民代表法案》由本杰明·迪斯雷利首先提出。他认为该法案是黑暗中的一次飞跃。不过，在托马斯·卡莱尔看来，通过《人民代表法案》无异于在"尼亚加拉狩猎"，充满了未知之数。法案生效后，将会发生什么？托马斯·卡莱尔接着做出了一次大胆的预言。实际上，他的预言有三条：

> 众神与人类似乎都已对三件事达成共识，至少英格兰人与众神意见一致。这三件事必然发生，即便是现在，它们的发展过程都显而易见：
>
> 一是民主将自始至终趋于完善，行无止境，直到我们看清民主将带领我们去向何方，是否有可能选择回头。
>
> 二是在有限的时间内如五十年内，宗教信仰自

---

① 托马斯·卡莱尔：《宪章主义》，1839年。——原注

由、观念进步、智力发展、慈善活动等流动因素，将融入天主教①和基督教本身。这些因素将消除其低劣、恶俗的特性，像水洒地面一样，落地后便不再烦扰他人，随风蒸发。

三是社会将竭力实行全方位的、不受限制的自由贸易。某些人认为，自由贸易将意味着"低劣生产行业不限速地自由赛跑"。

托马斯·卡莱尔预言的五十年变化，早已过去。这些预言是否成真？

一是完全的民主制，即"建立神圣政廷，以人数多少为依据裁决所有问题"，最终并未实现。因为无论何处的民主制都需要制衡，而且需要由某个统治阶级运行。

二是教会和基督教未能在宗教兼容政策下相融。

三是自由贸易未能全面施行。在自由贸易程度最低、经济自给自足的国家，货物价格甚高，质量却极低。因为这些国家的国民必须以"替代品"为生，但他们接受自由贸易条款后，即便手上的舶来品来自风土宜人的异国，他们也无法真正获得满足。

然而，即便上述预言并未成真，我们也无须过分苛责托马斯·卡莱尔。大事的走向并非所谓的"上天注定"，预言家也不是绝无谬误的。能够改变历史进程的重要因素在于，得到启示的人都应表达内心真实的想法，针对启示进行

---

① 包括正式与非正式天主教派。——原注

讨论、思考和评判。维多利亚女王时代早期之所以如此辉煌，正是因为当时预言家辈出，而且人们并不漠视预言家。因此，维多利亚女王时代本身就有涌流不息的进步动力。托马斯·卡莱尔虽然坚信自己的论断，但仍对贵族制度抱有希望。他认为，贵族分为由"勇敢的男人和美丽、知书达礼的女人"组成的名义贵族及善于投机、注重实际的天生贵族，并且天生贵族更让人感兴趣。天生贵族一直存在——自从这一点得到确认后，民主制度就一直生机勃勃、运行和谐。托马斯·卡莱尔也坚信，正是因为天生贵族一直存在，人类才有了指引。未来的引路人应该包括传统的统治阶层，即名义贵族；而名义贵族应该联合"同行的天生贵族"，即善于投机、注重实际的天才。"无论从本质上看，还是从地位上看，他们都具有君主之才。"

第 5 章

维多利亚女王时代的历史学家

在写给拉尔夫·沃尔多·爱默生的第一封信中，托马斯·卡莱尔写道："我深信，只有诗歌才是历史，只有诗歌才能正确反映历史。"相比来说，贝内代托·克罗切的观点虽没有那么绝对，但他也将历史称为"永恒的诗篇"。

值得注意的是，19世纪40年代以前，全世界的诗歌数量依然不算可观。17世纪，受过良好教育的贵族都会阅读蒂托·李维、盖乌斯·尤利乌斯·恺撒、色诺芬和普鲁塔克的原著或译本。约翰·斯托或拉斐尔·霍林斯赫德的编年史是上流人士了解英格兰历史的窗口，也是威廉·莎士比亚历史剧的取材之处。18世纪，贵族喜欢通过经典名著了解历史。饱受当时贵族喜爱的经典名著有克拉伦登伯爵爱德华·海德的《英格兰叛乱与内战史》、吉尔伯特·伯内特的《我所处时代的历史》，还有伏尔泰的《查理十二》和《路易十四时代》。众多学者或者是像爱德华·吉本一样年轻有为的学生，都能在尘封的古旧手卷中找到文艺复兴时期历史学家编撰的资料，从中习读希腊、罗马和基督教世界的

大卫·休谟

各类早期条约与文集。18世纪还有著名的"史学四杰",即关注英格兰历史的大卫·休谟,专心研究查理五世的威廉·罗伯逊,书写印度史的罗伯特·奥姆,以及备受推崇的爱德华·吉本。爱德华·吉本的作品一经出版,便立刻被翻译为法语、德语与意大利语。19世纪早期,阿奇博尔德·艾利森的《欧洲史》面世。该书涵盖了法国大革命至波旁王朝复辟期间的历史事件。1833年至1842年,《欧洲史》共出版十卷。本杰明·迪斯雷利称,《欧洲史》可以证明,上帝与英格兰保守党站在同一阵线。如今,很少有人会阅读阿奇博尔德·艾利森的著作。威廉·纳皮尔是当代杰出的历史学家，他描绘战争历史的功力十分深厚。因曾在半岛战争期间从军，威廉·纳皮尔后来便动笔记述半岛战争史，并且于1828年至1840年出版了相关书籍。沃尔特·司各特于1827年与1828年分别出版了《拿破仑·波拿巴传》和《祖父的故事》。威廉·哈兹里特的《拿破仑·波拿巴传》成书于1828年。约翰·吉布森·洛克哈特的《拿破仑·波拿巴历史》出版于1829年。乔治·班克罗夫特的《美国历史》第一卷出版于1834年，其地位虽然后来已被其他作品取代，但该书如今依旧值得一读。从大卫·休谟到约翰·吉布森·洛克哈特时期，所有有关拿破仑·波拿巴生平的史书中，只有爱德华·吉本的著作如今依旧有人传阅。另外，亨利·哈勒姆的《英格兰宪政史》虽值得学者与读者关注，但传阅度依旧不高。

18世纪40年代后，英格兰史学创作呈现一派与往昔截然不同的繁盛景象。1837年，托马斯·卡莱尔因出版了《法国大革命》，而成为19世纪史坛先驱。这让杰出的历史学者的时代到来的时间比预想中更早。阿道夫·梯也尔的《执政府和帝国的历史》于1845年面世。利奥波德·冯·兰克的《宗教改革时期的德国历史》于1839年至1847年成书。他的《教皇史》出版于1834年至1837年，此书史学价值仍然很高，值得一读。1841年，海因里希·冯·西贝尔出版了《第一次十字军东征史》。此书篇幅虽短，但内容十分出彩。1859年，海因里希·冯·西贝尔创办季刊《历史杂志》，并且于同年发行该杂志首刊。弗兰蒂泽克·帕拉茨基直到1867年才完成

《波希米亚人历史》全书的创作，但该书早在1836年便已出版，且有捷克语与德语版本。托马斯·巴宾顿·麦考利男爵于1848年出版《英格兰历史》前两卷。该书是自爱德华·吉本以来最出色的文学与学术著作，在当时的英格兰文学界独领风骚。托马斯·卡莱尔于1858年至1865年陆续出版六卷《腓特烈大帝史》。1851年，弗朗西斯·帕克曼出版《庞蒂亚克阴谋史》，自此开启了撰写北美英格兰人与法兰西人记载历史的笔耕之路。亚历山大·威廉·金莱克从1863年开始陆续出版《克里米亚战争史》各卷。1856年至1870年，詹姆斯·安东尼·弗劳德出版了《英格兰史：从枢机主教托马斯·沃尔西倒台到西班牙无敌舰队战败》十二卷。此后，杰出文豪撰写历史的时代一去不复返，但后来英格兰依旧出现过写史的文豪。1874年，约翰·理查德·格林出版了《英吉利人民简史》，在书中尽显才学魅力与学术智慧。其后，海因里希·冯·特赖奇克、阿尔伯特·索雷尔、温斯顿·丘吉尔和乔治·麦考利·特里维廉撰写史书时，都遵循"宏大风格"的传统写作方式。19世纪30年代到19世纪70年代早期，历史创作以托马斯·卡莱尔的《法国大革命》为序，以詹姆斯·安东尼·弗劳德的《英格兰史》作结，令人拍案叫绝。当时，无论是在英格兰还是在整个欧洲文坛，都呈现着前所未有的壮阔景象。19世纪中期的史学家，都是清一色的天才学者和杰出文人，他们的作品均广为传颂。这批史学家的著述分量十足、卷帙浩繁，每一本都脍炙人口。相较之下，学识渊博的历史学家约翰·阿克顿①却特立独行。他只于1877年之前在杂志《漫步者》上发表过若干文章，除此之外，一生从未大量出版著述。

1835年至1870年的35年里，历史作品不仅体量庞大，数量也很可观。到底是什么原因，导致当时历史作品出现井喷式发展？我们无法说明杰出文学作品产生的缘由，但或许可以解释，为什么众多文坛巨匠会将视线转向历史，并且愿意带着想象力钻研史实。1814年，"北境鬼才"沃尔特·司各特出版《威弗利》。从此，欧洲人与全体美国人的历史意识被唤醒。此后，人们开始意识到：历史不再是对枯燥事件的简单记录，而是开始被视作人物传奇人生的精彩叙述，即全球人类的"永恒诗篇"。

18世纪晚期与19世纪早期，历史浪漫主义浪潮兴起，沃尔特·司各特成为个中翘楚。与此同时，康德与黑格尔的学说盛行，哲学迎来大规模复兴。哲学这门"爱智学科"，是追寻现实、探求真理的学科。历史同样也是探求现实、追寻真理的学科。历史，是人类在世世代代生活中探求现实、追寻真理的哲学。如果没有1776年爱德华·吉本的《罗马帝国衰亡史》、1781年康德的《纯粹理性批判》和1814年沃尔特·司各特的《威弗利》，"辉煌的史学家时代"②根本无法到来。上述伟人的史学热情，催生了浩如烟海的史学文献资料，其中包括乔治·海因里希·佩尔茨的《日耳曼历史文

---

① 约翰·阿克顿1869年获封贵族，得阿克顿爵士之衔。——原注
② 即1835年到1870年。——原注

献汇编》、弗朗索瓦·基佐1823年的《关于法兰西历史的回忆录集》和1858年的《大不列颠史卷丛书》。

正如托马斯·巴宾顿·麦考利男爵评价约翰·弥尔顿诗作时所说的那样，在历史学家笔下，遥远的过往变成近在眼前的景象，古老的事物更加触手可及。确实，在历史学家眼中，过去与现在并无本质差异。或者说，历史学家研究的一切都是过往——区别在于到底是"新近的过往"，还是"遥远的过往"。从历史学家动笔书写的那刻起，"现在"已变成"新近的过往"。对他来说，新近过往比遥远过往更加生动鲜活，因为关于"现在"的文档资料质量更佳。历史学家本身就生活在"新近的过往"中，亲历其中的一切。因此，他们会感觉"新近过往"就是"现在"。然而，他如果找到关于"遥远过往"的充足资料，投入足够的时间钻研，那么"遥远的过往"同样能变成"现在"。爱德华·吉本眼中的意大利安敦尼统治时期或罗慕路斯·奥古斯都路斯统治时期，和阿道夫·梯也尔眼中的法兰西执政府与法兰西帝国时期一样，都是"现在"。读过托马斯·巴宾顿·麦考利男爵《英格兰史》第三章的人都会意识到，查理二世时期的英格兰社会，与托马斯·克里维笔下的威廉四世时期和查尔斯·格雷维尔描绘的维多利亚女王时代英格兰社会一样，都是"现在"。贝奈戴托·克罗齐解释说：

如果更近距离的观察，我们就会发现，如果已成形的历史①，真算得上一段历史②，那么这段历史也是当代的，而且从各个方面来说，这段历史都与当代历史没有区别。因为"非当代历史"存在的条件是，历史学家叙述这段历史时，心灵必须受到震动，而且与这段历史相关的文献，内容必须通俗易懂，并且在历史学家出生前就已存在。文献中掺杂的单篇或一系列事实描述只能说明，佐证非当代史实的证据已足够充分，但并不能说明非当代历史已失去成为"现在"的资质。③

杰出的历史学家沃尔特·司各特，曾在笔下的历史小说中引用当代或稍久远的苏格兰史实。他发现，有了想象力的加持，他笔下的史实变得更加丰满、浪漫。之所以能有这样的效果，是因为沃尔特·司各特深入钻研了苏格兰的历史资料。他对过去产生了生动的体悟，仿佛身临其境。各类史实让他的心灵颇受震动。因此，在他眼中，过去变成了现在，遥远的事件愈发贴近眼前。身为小说家的沃尔特·司各特，在作品中涵盖了许多公开的史实记录和各种隐晦的史实，并且在作品里虚构了许多内容。然而，托马斯·卡莱尔、阿道夫·梯也尔、托马斯·巴宾顿·麦考利男爵等后浪漫主义时代的杰出史学家，都不必为了让故事更加丰满而在著作中捏

---

① 即我们口中"非当代"或"过去的"历史。——原注
② 即有一定的重要性，并非空穴来风的历史。——原注
③ 贝奈戴托·克罗齐：《历史学的理论和历史》，道格拉斯·安斯利译，1921年，第12页。——原注

造史实。因为他们在研究史料时,"过去"已经更加接近"现在"。他们会用浪漫写意、富有哲学色彩的思维,筛选、重塑、解释人们过去的生活。这也正是他们研究历史的初衷。因此,19世纪中期的人们阅读托马斯·卡莱尔、阿道夫·梯也尔或托马斯·巴宾顿·麦考利男爵的历史巨著时的体验与上一代人阅读沃尔特·司各特的历史小说时并无差别。不过,比起只能阅读小说的上一代人,19世纪中期的人们阅读历史作品时,思考会更加贴近现实、贴近生活本身,因为历史就是生活:

> 生活与历史思维之间牢不可破的联系一旦被动摇,对历史必然性和实用性的质疑便会顷刻消失。我们的精神在当下的产物,怎会缥缈?能够解决生活问题的知识,又怎会无用?①

除了爱德华·吉本的《罗马帝国衰亡史》,托马斯·卡莱尔的《法国大革命》可算是英格兰首部真正具有想象力②的历史著作。《法国大革命》出版于1837年,问世后不久便风靡民间。当时,仍健在的法国大革命艰苦岁月的亲历者,的确能在托马斯·卡莱尔的作品中感受到震撼人心的历史现实。从此,当时的读者开始像痴迷沃尔特·司各特小说的上一代人一样,逐渐对品读历史着迷不已。托马斯·巴宾

---

① 贝奈戴托·克罗齐:《历史学的理论和历史》,道格拉斯·安斯利译,1921年,第15页。——原注
② 即真正有生命力。——原注

顿·麦考利男爵的《自詹姆斯二世即位以来的英格兰史》早在1848年12月就已面世。此书书名虽为《自詹姆斯二世即位以来的英格兰史》，但其实记载了自查理二世即位以来的英格兰历史。当时，书商将《自詹姆斯二世即位以来的英格兰史》第一版印出三千册。此后六个月内，此书已再版至第五版。据说，《自詹姆斯二世即位以来的英格兰史》出版一年内，美国境内已售出二十万册盗印本。盗印本售出，作者本人不会获得任何利润，但此书英格兰版本的销量已非常可观。1856年3月，出版商托马斯·朗曼给托马斯·巴宾顿·麦考利男爵寄去两万英镑，作为《自詹姆斯二世即位以来的英格兰史》第三版、第四版的版税。据说，这笔钱比当时任何作者收到的单笔费用都高。《自詹姆斯二世即位以来的英格兰史》内容通俗易懂，但绝不流于浅薄。因此，有人如此描述托马斯·巴宾顿·麦考利男爵的历史研究方式：

> 为了写出书中每一段文字，他兴许阅览了无数书籍。为收集无法从书本上寻获的信息，他曾与众多史实与历史数据研究者通信，包括外国古董商、手稿保管者和生卒信息记录人。此外，他还时常独自出行，探访自己正在下笔描述的偏远地区。我们都知道，他曾历尽艰辛爬上基利克兰基山坡，就是为了亲自验证英格兰王国军队爬过山坡需要耗费多长时间，也知道他曾在伦敦德里挨家挨户敲门，向年迈的居民打听他们祖辈流传的伦敦德里围攻战的往事，他一边倾听，一边在他写得满满当当的笔记

本上做记录。我们脑海中更容易浮现的场景是，在奥尔巴尼那间堆满书卷的房间里，他从早晨七点工作到晚上七点，又或者是他在大英博物馆王室图书馆成摞的书册中埋头苦读。①

奇怪的是，托马斯·卡莱尔并不像普罗大众一般，对《自詹姆斯二世即位以来的英格兰史》有如此高的赞誉。读完此书第一、第二卷后，在给阿什伯顿男爵夫人哈丽雅特·玛丽的信中，托马斯·卡莱尔写道：

> 老实说，我有些失望。除了讲述英格兰古老国度的那一章，这本书的内容几乎都不孚众望。然而，此书雅致通俗，言简意赅，但其内容毫无重点，文字缺乏格调，就如俄罗斯草原般平整枯燥。书中的语言如同柔软、舒适的草原，任你驰骋。不过，草原上没有溪流、山脉，没有任何特色，穷极视野都只有满眼的草地。此书内容细致深入，但除了一位辉格党传教士的经历，全书竟未讲述其他人物的经历！我并不后悔读完这本书，但没有欲望从头再读一遍了！依我拙见，在詹姆斯二世执政以来的这段天怒人怨的岁月里，真正的"英格兰历史"实际上非常短暂，甚至比此书的内容还要简短许

---

① 阿瑟·布莱恩特：《托马斯·巴宾顿·麦考利》，1932年，第95页。——原注

多。因此，我认为，托马斯·巴宾顿·麦考利男爵永远无法发现、也不会去探寻这段短暂的历史。人们可曾真正了解书中这一个个只有空壳的人物？我觉得，书中的描述与人物本来的面貌相去甚远。

虽然信中措辞非常尖锐，但托马斯·卡莱尔并未对《自詹姆斯二世即位以来的英格兰史》第三章作出任何负面评价。这一章内容为读者重现了1685年的英格兰面貌，也就是托马斯·卡莱尔口中"讲述英格兰古老国度"的章节。

托马斯·巴宾顿·麦考利男爵是辉格党人。他笔下颇具人气的四卷本《自詹姆斯二世即位以来的英格兰史》，让英格兰资产阶级与英格兰议会政府的联系更加紧密，也让英格兰资产阶级对1688年《权利法案》催生的君主立宪制更加忠诚。托马斯·卡莱尔并非辉格党成员，他对罗伯特·皮尔爵士满怀信心。托马斯·卡莱尔同时奉行保守主义和激进主义。这种政治立场虽然十分特殊，但并不罕有。与他相似的就有同时支持领地贵族与工人贵族的埃德蒙·伯克。在《腓特烈大帝史》中，托马斯·卡莱尔常称腓特烈大帝为"弗里德里希"或"弗雷德里克"。在这部作品里，托马斯·卡莱尔试图以伟人传记的形式，呈现自身的历史信条。这就有别于许多假冒伪劣史书及埃德蒙·伯克口中"一本正经的说教"。1858年，《腓特烈大帝史》前两卷问世。这让英格兰人与德意志人手不释卷。通过此书，英格兰人对普鲁士王国有了更多的了解，并且对普鲁士人产生了前所未有的怜悯之情。不过，这种怜悯价值并不大，充其量只是19世纪的一段插曲。

托马斯·卡莱尔花了整整十三年的时间撰写《腓特烈大帝史》。他从1851年着手研究腓特烈大帝，在接下来的三年里，从约翰·大卫·埃德曼·普罗伊斯的五卷本《腓特烈大帝生平》开始，埋首通读18世纪史学家大量枯燥的著述。1851年11月14日，托马斯·卡莱尔致信阿什伯顿男爵夫人哈丽雅特·玛丽称："对腓特烈大帝了解越多，我对他就越是欣赏。这个男人，或者说这位帝王，天生就对现实世界爱得深沉。……我认为，在他以后再无人能担帝王之称。"十三年里，托马斯·卡莱尔遍读约翰·大卫·埃德曼·普罗伊斯、弗里德里希·克里斯托弗·施洛瑟、彼得·海因里希·冯·波德维尔斯、约翰·威廉·阿兴霍尔茨及其他德意志历史学家的著作。这是多么浩大的工程！1853年，托马斯·卡莱尔对拉尔夫·沃尔多·爱默生坦言：

> 现在，我坐在自家阁楼里，为完成一项不可能的任务，艰苦卓绝地曲折前行、奋力挣扎。这似乎很不值得，但我必须完成。这可真是一项苦差事啊。此生，我从未如此费神。在我看来，腓特烈大帝不过是个渺小的人类。虽然他诚实、勇敢，在他的小世界里战无不胜，但我从不认为他至高无上，也从不因他而感到心潮澎湃。记载腓特烈大帝时期历史的枯燥典籍不计其数，都是些迄今为止内容错杂含混、陈旧空洞，观点极其低劣、粗糙的现代作品。没有一个天才会认真读这些书，只有孔

德·德·米拉博翻过两次，每次就看半个小时。这些恼人的著作没有索引，细节描述毫不精确，让我总是与德意志历史相隔千里，无法获得准确的信息。总而言之，前段时间，我被这桩苦差事折磨得不成人形，最后也只能妥协。且看我入土前能不能把这本书写完吧。①

在给拉尔夫·沃尔多·爱默生的信中，托马斯·卡莱尔还说，腓特烈大帝和伏尔泰都是18世纪的圣贤。1855年，阿什伯顿男爵夫妇将艾迪斯科姆农场交给托马斯·卡莱尔全权管理。后来，在艾迪斯科姆农场，托马斯·卡莱尔发现了伏尔泰完整的六十卷本著作，此后便满心欢喜地待在农场里，在漫长的品读时光里，他全身心沉浸在伏尔泰那绽放着智慧光华的作品中。阅读伏尔泰的文字，让托马斯·卡莱尔在弗里茨战役混乱不堪的历史研究中得以喘息。对他来说，艾迪斯科姆农场里的伏尔泰作品就如同无底洞，让他深陷其中，不能自拔。托马斯·卡莱尔的夫人简·韦尔什·卡莱尔一直待在他们切恩街的宅邸，偶尔到艾迪斯科姆农场看看丈夫的状况。每当简·韦尔什·卡莱尔叫托马斯·卡莱尔回家，与乔纳森·布朗宁或阿瑟·休·克拉夫共进午餐或晚餐时，托马斯·卡莱尔才会骑着老马打道回府。《腓特烈大帝史》中描写伏尔泰的部分，是书中生机迸发、最具浪漫色彩

---

① 《托马斯·卡莱尔与拉尔夫·沃尔多·爱默生通信集》，第2卷，第246页至第247页。——原注

的内容。对托马斯·卡莱尔来说，其余部分的撰写工作似乎都是漫长、难耐的煎熬。写完《腓特烈大帝史》两年后，托马斯·卡莱尔于1867年1月27日致信拉尔夫·沃尔多·爱默生："说真的，我差点没被那本写腓特烈大帝的破书折磨死。"《腓特烈大帝史》一卷又一卷地问世，出版非常顺利。托马斯·卡莱尔也陆续给拉尔夫·沃尔多·爱默生寄去样书。在信中，拉尔夫·沃尔多·爱默生说：

你的文字照亮了昏暗的世界。你偶尔在信中提到的那些障碍，都被你巧妙地用高级的意大利文风清扫得一干二净，你笔下的所有场景都被丝丝阳光和纯净的空气包裹着。

接着，拉尔夫·沃尔多·爱默生在信中的口吻更加热情洋溢：

与人类权利义务相关的法案及触及王权的智者宣言，都正义凛然地宣布：从此以后，世界将永远如从前一般，由判断力与道德法则主宰，否则世界将走向毁灭。

后来，托马斯·卡莱尔撰写《腓特烈大帝史》的过程十分顺利。1853年，托马斯·卡莱尔在切恩街自家房子的房顶上，建造了一间隔音房，因为他要坐在隔音房里读完一大堆相关历史的书籍。显然，在大英博物馆里，托马斯·卡莱尔找到的德意志历史相关的书籍，质量都赛过博物馆里的英格兰史书。"如果安东尼·帕尼齐和出版商靠谱的话，我多么希望当初挑的是英格兰英雄来写。可惜啊，事与愿违，让我无力为之！"安东尼·帕尼齐是大英博物馆的图书管理员。1821年意大利皮埃蒙特暴动时，他流落到伦敦。托马斯·卡莱尔还说：

> 众所周知，安东尼·帕尼齐这个可恶的家伙已经把大英博物馆弄得一团糟。我发现，他是个典型的浅薄迂腐、满口胡言之人。这个可恶的家伙将这个时代的所谓"文学作品"胡读一通，头脑依旧空空如也。

长时间的研究让托马斯·卡莱尔的健康每况愈下，但他依旧笔耕不辍，经常骑马进出切尔西，偶尔还会同阿什伯顿男爵夫妇游览萨里。托马斯·卡莱尔读过许多与普鲁士士兵相关的内容，也曾在1852年到访德意志时得知某些普鲁士士兵的事迹。此后，他便对普鲁士军人钦佩不已。1852年6月25日，在给拉尔夫·沃尔多·爱默生的信中，他写道："坦白说，我真的非常喜欢腓特烈大帝麾下那些憨厚的普鲁士追随者。我常常对自己说：'在这满口狂言、无药可救的一代人中间，普鲁士军人不正是纯真、正直的勇者代表吗？'"旅居德意志期间，托马斯·卡莱尔十分喜爱"普鲁士军人睿智、沉着的特性"，也曾见识普鲁士军人"带着明显的斯巴达精神"。

托马斯·巴宾顿·麦考利男爵、托马斯·卡莱尔和詹姆斯·安东尼·弗劳德等历史学家都喜欢以宏大的风格进行文学创作。当时，法兰西还有另一派蜚声欧洲的史学家，他们是生于法国大革命至拿破仑·波拿巴统治期间的当代人物，包括奥古斯丁·蒂埃里、弗朗索瓦·米涅、阿道夫·梯也尔、儒勒·米什莱和亨利·马丁。弗朗索瓦·基佐比上述五位都年长，他生于1787年，即法国大革命爆发前夕，1874年离开人世。弗朗索瓦·基佐并非文学天才，想象力也不及上述五位法兰西史学家。不过，在这六位历史学家中，只有弗朗索瓦·基佐的作品如今仍在英格兰流传。近三十年来，牛津大学现代历史学院已将弗朗索瓦·基佐的《欧洲文明史讲稿集》和《奥利弗·克伦威尔与英联邦历史》列为指定研究参考书目。

上述几位法兰西历史学家均为教师或律师出身，他们也常为报纸、杂志供稿赚取外快，但这丝毫不影响他们的学术研究。这些历史学家个个孜孜不倦、著述繁多，每个人都著有二十到三十卷大部头的史作。此外，他们还会抽空为出版社撰稿，参与政治讨论，并且时常出席觥筹交错的巴黎文人晚宴。

奥古斯丁·蒂埃里是上述诸位史学家的良师。在1825年出版的《征服英格兰》一书中，他将自己广博的学识及对中世纪起源的细致调查展现得淋漓尽致。在此书中，奥古斯丁·蒂埃里描绘了英格兰人民五百多年间的生活境况。在深入研究各类史书与传奇故事后，他谱写了一部壮丽的英格兰史诗。他不仅立志在书中展现自己宏伟的叙事手法，还希望从哲学角度阐释、评论历史大事。通过研究过去繁杂的史实，奥古斯丁·蒂埃里发现，每个时代都会陆续发展出截然不同的特点与趋向。他也深刻地认识到，统治社会的力量与法律有好有坏。

弗朗索瓦·米涅是一位十分严谨的史学家兼档案管理员。1824年，他写下了令人叹为观止的《法国大革命》。儒勒·米什莱在罗林斯学院任教，后成为法兰西学院教授。1833年到1867年，儒勒·米什莱的九卷本《法兰西史》成书。此作品后被法兰西文学家古斯塔夫·朗松誉为名副其实的"再现历史之作"。儒勒·米什莱生性热情，充满诗意。饱览群书的他极具个性，想法天马行空。因此，他的作品文风格外活泼。与其他法兰西史学家不同，儒勒·米什莱并非资产阶级。他心系人民，对人民充满爱与怜悯，同人民悲喜与共。有人曾如此评价他的作品："他笔下的故事是浪漫的艺术杰作。"儒勒·米什莱描述圣女贞德生平时，可谓创作了一卷宏大的诗篇。与儒勒·米什莱文笔绚烂的《法兰西史》相比，亨利·马丁在1833年至1836年创作的十五卷《法兰西史》则行文严肃，虽看似少了些许魅力，但仍能让人从中增长见识。亨利·马丁出色的文笔与非凡的思维，将法兰西人的生活与法兰西政治体制描述得活灵活现，更能让读者充分了解法兰西国情。

然而，在这些著名历史学家中，最具影响的是阿道夫·梯也尔。他虽身形矮胖，声音尖细嘶哑，但他高尚的精神、勤勉的态度及广博的学识令人折服。拿破仑·波拿巴称帝，即法兰西执政府灭亡时，阿道夫·梯也尔年仅七岁。到法兰西第一帝国陷落时，他已年满十八岁，能够清楚地记得自己写下的一切事情。法兰西执政府倒台、法兰西第一帝国建立、法兰西政府施行大陆封锁政策、拿破仑·波拿巴征战德意志、法兰西入侵俄罗斯、百日王朝、滑铁卢战役——这众多大事件，阿道夫·梯也尔都亲身经历过。这些大事件涉及的人物包括拿破仑·波拿巴、众多法兰西将领、议员、教皇、神父、军人和芸芸百姓。阿道夫·梯也尔即便不曾亲眼见过其中的任何人，却好像与他们都有私交般，对他们了若指掌。

1815年，阿道夫·梯也尔在普罗旺斯艾克斯的一所法学院就读，并且获得律师资格。1821年，他与同窗弗朗索瓦·米涅一同前往巴黎。当时，阿道夫·梯也尔以新闻为业，成为杂志《政制》的编辑。他在其中发表的文章，吸引了夏尔·莫里斯·德·塔列朗-佩里戈尔等杰出人士的目光。很快，巴黎文坛的各个盛会便向阿道夫·梯也尔伸出橄榄枝。在法兰西皇家图书馆，阿道夫·梯也尔埋首苦学。他也曾出席凡尔赛宫三级会议，目睹路易十六问斩，或与追随拿破仑·波拿巴征战奥斯特里茨和莫斯科的人交谈。1823年，《法国大革命史》前两卷面世，该作品第十卷及终卷出版于1827年。在风云变幻的1830年，阿道夫·梯也尔与卡西米尔·皮埃尔·佩里埃、阿尔芒·卡雷尔和雅克·拉菲特一起，发起了第二次法国大革命。

1830年后的十年，阿道夫·梯也尔一行的政治活动从未间断。阿道夫·梯也尔接连成为法兰西议会议员与国务大臣，并且分别于1836年与1840年两度出任法兰西首相。阿道夫·梯也尔尽管外形与声音不占优势，但最终仍成为举世闻名的演说家。关于阿道夫·梯也尔的传闻在欧洲不胫而走，甚至有传言称，阿道夫·梯也尔马上要在1840年掀起一场欧洲大战。听到这个消息，法兰西国王路易·菲利普一世忍无可忍，立刻解雇了好战、激进的首相阿道夫·梯也尔，并且让阿道夫·梯也尔的政敌——保守党人弗朗索瓦·基佐接替相位。离任后，阿道夫·梯也尔终于获得八年的闲暇时光。1848年，他第三次担任首相，但这次仅仅在任两天。尽管他已为奥尔良王室倾尽所有，但这次，他再也无法挽救奥尔良王室的颓势。

赋闲八年即1840年至1848年，阿道夫·梯也尔潜心创作《执政府和帝国的历史》，并且于1845年发行此书的第一卷。就连1848年的欧洲大革命，也未曾影响他的研究进程。法兰西第二共和国与法兰西第二帝国时期，阿道夫·梯也尔很少涉足政治，而是将大量时间放在历史研究上。他按部就班地完成并出版了卷帙浩繁的《执政府和帝国的历史》。1862年，作品最终卷即第二十卷面世。《执政府和帝国的历史》各卷推出时，众人争相购书，或者是涌至各个图书馆拜读。在那个依旧悠闲、安逸的年代，法兰西人总会坐在椅子上，在悠长、惬意的时光中品读这部鸿篇巨制。因为这部作品中的某些章节页数过百，所以阿道夫·梯也尔会将这些章节标为"livres"，即法语中的"册"。

《执政府和帝国的历史》以宏大的文风，呈现出波澜壮阔的历史。书中丰富多样的描绘文字，将法兰西第二帝国、教会、人民、商业、经济与各类政治运动勾画得无比壮阔。书中描绘的历史时期名人辈出、风云迭起,书中的历史评论妙语连珠、掷地有声、通俗易懂,将当时的杰出儿女、学者、才人与政坛巨擘剖析得无比透彻。不过,必须承认,此书的文学风格并不出彩,既没有托马斯·卡莱尔振聋发聩的笔触,也没有托马斯·巴宾顿·麦考利男爵优美动人的文笔。《执政府和帝国的历史》仅有平铺直叙的叙述,用词简单,句式易懂,所有段落篇幅都非常长。此书对人物性格的详细分析并不多,仅仅通过对事件的描述,让人物个性如同人类躯体般,自然而然地呈现出来。书中没有任何对话,也没有任何猜测性的文字,页面上出现的内容,都是曾真实发生、人人皆知的事件。作者绝不会为影响读者观感而歪曲事实。如今,《执政府和帝国的历史》影响力依旧巨大。这必须归功于作者渊博的学识。阿道夫·梯也尔富有深度、有理有据的见解,已全部体现在他通畅易懂的叙述性文字中。《执政府和帝国的历史》没有任何参考书目和附录,只是偶有几处脚注标出作者个人的回忆。阿道夫·梯也尔的创作素材,均来自各类文献、书籍及相关人士的回忆。因此,对法兰西执政府时期与法兰西第二帝国时期人民生活原貌及当时见诸报端的各类大事,《执政府和帝国的历史》叙述得非常简单、直白。

19世纪五六十年代,人们对十卷至二十卷的历史巨作的热情,与他们品读长篇诗集的趣味不相伯仲。20世纪,人们赏读长篇史作的热情早已消失殆尽。很难想象,当时人们翻阅爱德华·吉本的五卷本《罗马帝国衰亡史》和阿道夫·梯也尔的二十卷本《执政府和帝国的历史》时,有多么兴致勃勃。也许，人们并不是因《执政府和帝国的历史》本身而激情澎湃，但无论如何，他们读过此书，并且因此兴趣盎然、学有所得。19世纪40年代，人们对《执政府和帝国的历史》的兴趣如此浓厚，甚至因此醉心研读拿破仑家族的传奇。人们默默慨叹拿破仑·波拿巴时期严苛的制度和繁荣盛世。因此，拿破仑三世承诺建立严苛的秩序、大兴国土时，法兰西人民便欣然接受了。阿道夫·梯也尔是名副其实的资产阶级人士。他用丰富、简明的描述性文字，刻画了拿破仑三世有功有过的形象。不过，在资产阶级看来，拿破仑三世总体来说仍是一位英杰，他的执政时代也是黄金时代。教养良好的资产阶级如饥似渴地读着《执政府和帝国的历史》。相较之下，如果资产阶级对路易·菲利普一世的统治嗤之以鼻，觉得他十分愚钝，那么他们就会发现，拿破仑三世上台后，只不过是在拙劣地模仿路易·菲利普一世的执政方式。通过《执政府与帝国的历史》的宏大手笔，阿道夫·梯也尔呈现了路易·菲利普一世与拿破仑三世君权旁落的过程。

1860年到1870年，阿道夫·梯也尔加入立法团，成为反对法兰西第二帝国的头号人物。色当战役后，法兰西第二帝国灭亡，法兰西国防政府成立。从此，阿道夫·梯也尔开始以法兰西人民的前路为己任，辗转游说欧洲各中立国法庭。面对燃眉之急，法兰西人总习惯寻求年长者的指引。因此，74岁的阿道夫·梯也尔成为法兰西第三共和国总统。他的任务是要同普鲁士达成最终和约，要求普鲁士支付战争赔款，并且让普鲁士军队解除对法兰西的占领。完成这些任务前，阿道夫·梯也尔还得处理巴黎公社社员起义。危机重重时，法兰西人民及法兰西政客虽习惯寻求年长者的指引,但危机一解除,立刻会对这位年长者弃若敝屣。带领法兰西走向和平与繁荣后,经过法兰西国民议会的数次舌战,阿道夫·梯也尔于1873年5月24日辞去法兰西第三共和国总统之职,时年76岁。1871年,他的圣乔治宫宅邸和图书馆曾遭巴黎公社社员的焚烧。1873年,他的宅邸和图书馆完成了房屋修复工作。然而,即便在晚年,阿道夫·梯也尔也并未将自己困在书堆里。直至1877年9月3日与世长辞前,他还一直参与政事。无论是此前还是现在,法兰西任何一任总统均未有这种先例。

无论是他生活的年代或者是今日,阿道夫·梯也尔都未被视为伟人,但他拥有人类历史上最特殊的职业生涯。在法兰西第二帝国与法兰西第三共和国时期,他都曾执掌总统大权。他写的二十卷本《执政府和帝国的历史》文风简洁、内容翔实、引人入胜,是世上部头最大的著述之一。

虽然阿道夫·梯也尔不算伟人,姑且不谈何为伟人,但他的功业,世间唯有一位公认的英杰可与之平分秋色。此人便是盖乌斯·尤利乌斯·恺撒,他曾任罗马共和国执政官,是罗马帝国的开创者,还著有出色的史学作品。盖乌斯·尤利乌斯·恺撒是器宇轩昂的罗马贵族,阿道夫·梯也尔则是矮小敦实、志在复辟波旁王朝的文人政客。在政坛功绩与历史文学造诣方面,这两人可谓不相伯仲。

第6章

托马斯·卡莱尔与拉尔夫·沃尔多·爱默生

在维多利亚女王时代,书信这种即将被人淡忘的文学形式,几乎是相隔万里的友人维系情谊的唯一途径。有一本书,收录了两位伟人间意趣盎然的海量书信——这本书正是《托马斯·卡莱尔与拉尔夫·沃尔多·爱默生通信集》。《托马斯·卡莱尔与拉尔夫·沃尔多·爱默生通信集》收录书信一百七十三封,每封信的篇幅都很长。虽然越靠后信的篇幅越短,但没有一封信是"零碎冗余"的。信笺中的优美字句,无不呈现着两位英杰对彼此的敬重。1833年、1847年、1872年和1873年,托马斯·卡莱尔和拉尔夫·沃尔多·爱默生曾见过四五次面,每次只相处了短短几小时。《托马斯·卡莱尔与拉尔夫·沃尔多·爱默生通信集》收录的书信,日期从1834年5月14日延续到1872年4月2日。

两人的情谊,始于拉尔夫·沃尔多·爱默生首次到访克雷根普托克。当时,拉尔夫·沃尔多·爱默生正处而立之年。他生于美国新英格兰名门,"家中多是颇具涵养、备受他人崇敬的牧师"。他曾就读于波士顿拉丁学校与哈佛学院。据说,"前往教堂布道时,年轻的拉尔夫·沃尔多·爱默生还曾宣读布莱兹·帕斯卡的《思想录》"。^①在主持自家设立的学校之余,拉尔夫·沃尔多·爱默生也不忘钻研神学。后来,他成为波士顿的论派牧师。有一次,在布道时,拉尔夫·沃尔多·爱默生刚谈及圣餐服务管理权,就遭到许多教众的反对。在接管自家创办的学校三年后(即1831

拉尔夫·沃尔多·爱默生

---

① 范·怀克·布鲁克斯:《新英格兰的鼎盛时期》,1936年,第14页。——原注

年），拉尔夫·沃尔多·爱默生辞去校长一职。1832年，他的妻子埃伦·路易莎·塔克辞世。之后，拉尔夫·沃尔多·爱默生不断撰文演讲，过得潇洒安逸。

托马斯·卡莱尔比拉尔夫·沃尔多·爱默生年长七岁。与平和、爽朗的新英格兰哲学家拉尔夫·沃尔多·爱默生相比，托马斯·卡莱尔的家世可谓有着云泥之别。托马斯·卡莱尔是苏格兰农民出身，家境贫寒的他生活十分艰苦，所幸他接受了良好的教育。在爱丁堡大学求学期间，托马斯·卡莱尔必须从家乡埃克尔费亨，一路徒步到一百英里外的爱丁堡大学上学。他曾在爱丁堡大学任教，因个性不适合从教，他很讨厌这份工作。1818年，托马斯·卡莱尔开始考虑移民美国。后来，他打消了移民的念头，选择在爱丁堡做私人家教营生。在埃克尔费亨附近的霍丹山和斯科茨布里格，托马斯·卡莱尔务农一段时间后，便与简·韦尔什①结为连理，婚后定居在爱丁堡康姆利班克街二十一号。1828年，托马斯·卡莱尔搬到妻子简·韦尔什·卡莱尔名下的小屋内。此屋位于邓弗里斯附近的克雷根普托克。就在这间小屋里，托马斯·卡莱尔陆续写就许多名篇，文中谈及罗伯特·彭斯、约翰·沃尔夫冈·冯·歌德、塞缪尔·约翰逊、伏尔泰、德尼·狄德罗和弗里德里希·席勒等著名人物。然而，托马斯·卡莱尔的文章从未被任何编辑认可。这让他万分沮丧。1833年8月24日，托马斯·卡莱尔在日记中写道："在

---

① 与托马斯·卡莱尔结婚后，简·韦尔什的名字改为简·韦尔什·卡莱尔。
——译者注

这里的几年,我感到前所未有的孤独、困顿与无助。没有一个人请我动笔撰文。"无论如何,托马斯·卡莱尔都认为,自己的能力远不止撰写区区几篇小文章。他写道:"无论哪个时代,每一代人都有一个震慑心魂的主题词。但要如何找到那个词?找到后又要如何将它表达出来?"满脸沧桑的托马斯·卡莱尔时常面带不悦,他总是难以排解自己忧郁的情绪,处事也很消极。相反,拉尔夫·沃尔多·爱默生开朗乐观,善于自我调解。戴维·亚历克·威尔逊曾评价道:

> 拉尔夫·沃尔多·爱默生就是如此。他志向远大,总是从容不迫、无忧无虑。因为烦忧极少,所以他的身体很少出问题。事实上,就连烦心事也阻挡不了他在早餐时舒舒服服地吃上一个馅饼。

1833年,拉尔夫·沃尔多·爱默生辞去牧师职位。当时,他的夫人埃伦·路易莎·塔克早已离开人世。此后,拉尔夫·沃尔多·爱默生在英格兰度过了很长一段时间,并且见到了他仰慕已久的三个人,即塞缪尔·泰勒·柯勒律治、威廉·沃兹沃思和托马斯·卡莱尔。拉尔夫·沃尔多·爱默生一抵达克雷根普托克,托马斯·卡莱尔就邀他在自己家下榻一夜。在克雷根普托克的山丘上,两人一边漫步,一边探讨灵魂永生的话题。托马斯·卡莱尔对拉尔夫·沃尔多·爱默生说:"目睹耶稣身死的那棵大树的旁边,已经建起了邓斯科尔教堂,就在这教堂里,你我终得相见。"第二天,拉尔夫·沃尔多·爱默生辞别时,托马斯·卡莱尔并未沿路相送。托马斯·卡莱尔在日记中写道:"当初我眼看他上山,但他下山离去时我并未相陪。我宁愿看着他像个天使一样,缓缓登上山来,之后转身离去。"拉尔夫·沃尔多·爱默生一回到波士顿,托马斯·卡莱尔立刻与他开始通信。

1834年5月14日,拉尔夫·沃尔多·爱默生给托马斯·卡莱尔写了两人的第一封信。信开头的称呼是"亲爱的先生"。在这封长长的信中,拉尔夫·沃尔多·爱默生将当初开始关注托马斯·卡莱尔的来龙去脉娓娓道出:

> 约两年前,偶然的传闻像一阵风一样,将先生您的大名传到我耳边。我认为,与现存的大量英文期刊评论相比,先生的文章自成一派,是当今最具原创特色、最富深远内涵的文章。因此,我认出您的文笔,其实非常容易。

随后,拉尔夫·沃尔多·爱默生立刻提起到访克雷根普托克的经历:"一次,我到克雷根普托克看望一位非常关照我的老师,顺道看看那儿的环境如何。"接着,拉尔夫·沃尔多·爱默生开始在信中认真评论《衣裳哲学》,并且在这部分着墨颇多。当时,《衣裳哲学》已被《弗雷泽杂志》刊为连载小说。拉尔夫·沃尔多·爱默生写道:"我很高兴,如今还能有这样看重个人想法、比任何人都忠于自己的学者……我也很庆幸,您能带着全新的视角,审视我们陈腐的社会规范、政治制度、学校和宗教。"他继续说道:"然而,刊载这本宝贵作品的杂志,其文学风格是否适合这部观点新异的作品？《衣裳哲学》是一部非常出色的著作，连载此书的杂志本该不俗。然而，《衣裳哲学》文字风格非同寻常，甚至有些怪异。"在第一封信中，拉尔夫·沃尔多·爱默生非常详细地向托马斯·卡莱尔解释了他的观点。信末他言明，虽然托马斯·卡莱尔的"日耳曼式笔调诡谲浮夸"，但他仍不失为"当今最优秀的撒克逊思想家"。

托马斯·卡莱尔十分重视拉尔夫·沃尔多·爱默生对《衣裳哲学》的评论。收到这封信时，托马斯·卡莱尔和夫人简·韦尔什·卡莱尔已从克雷根普托克迁至伦敦切恩街五号。给拉尔夫·沃尔多·爱默生回信时，托马斯·卡莱尔解释说："搬家是为了能更好地谋生，以找到更好的职位。"每次拉尔夫·沃尔多·爱默生有意再访英格兰，托马斯·卡莱尔都会热情地欢迎："你要记住，你睡过的床铺已经安置在我家的新房间里，你的老朋友也会在房门边迎接你。"托马斯·卡莱尔甚至想过只身前往美国，但这个想法比较随性，从未被实现。托马斯·卡莱尔说：

有时，我疯狂且具有预兆性的梦境告诉我，我可能会死在美国西部的丛林里！……此刻，我目光迷离地望着海面，不由得想重复我的观点——我认为无论是留在本土的还是越洋居美的英格兰人，大家都隐约有同样的想法：英美两国不是、也不会永远是两个彼此独立的国家。它们只是同一国家的两个不同地区，各自拥有健全的处事之道。如我们所见，英美两国彼此间的争斗、割据虽然肮脏，但都不长久。这两个地区英勇的人民都在高呼：活着！活着！

两人每封信的时间间隔并不短。直到1834年11月20日，拉尔夫·沃尔多·爱默生才回复了托马斯·卡莱尔1834年8月4日的来信。回信中，拉尔夫·沃尔多·爱默生谈论《衣裳哲学》的内容更多了。在信中，他把此书戏称为"魔鬼躯骸"。托马斯·卡莱尔曾对拉尔夫·沃尔多·爱默生本人产生疑问。对此，在回信中，拉尔夫·沃尔多·爱默生写道：

> 请把我看作"茫茫沧海中一颗水珠，在急切地寻找另一滴晶露"。我也是上帝的守卫者，努力保持地球浑圆的形状，以便接收从凹型天堂各处折射的亮光。……您曾提起要来美国，这让我欢欣雀跃、信心倍增。您到这儿来后，就可以把我家房子变成融教堂、学校和诗坛为一体的新式学堂——那才是一个诗人的住处应有的模样。

托马斯·卡莱尔两个半月后才给拉尔夫·沃尔多·爱默生回信。从信中看，托马斯·卡莱尔明显并不打算前往美国："我有想过到美国授课，但从未认真考虑此事。"托马斯·卡莱尔一生都保持着这样的心态，他确实对美国很感兴趣，阅读大量美国相关书籍，但不曾真的打算前往美国。生性温厚的拉尔夫·沃尔多·爱默生，即便早已扎根于康科德的怡人小屋，后来还是两度前往英格兰和欧洲大陆。比起几次短暂的会面,长期的通信才是两人维系情谊更重要的方式。两人的通信始于航船邮运时期,这就解释了为何他们回信的间隔总是如此之长,以及为何两人每封信皆是长篇大论。在1835年2月3日的信中,托马斯·卡莱尔说:

> 您1834年11月写的信,我几天前才收到。……说起来,大西洋如此广袤深邃,我们竟还能收到彼此的书信。一片小小的纸笺,竟能越过翻滚的海浪和凶险的波折,最终来到邮差手中,像飞回诺亚方舟的鸽子衔着的橄榄叶一般,被送达你的府上。难道我们不该把这一切,看作上天恩赐的奇迹吗?

在给拉尔夫·沃尔多·爱默生的下一封回信中,托马斯·卡莱尔解释了为何收到美国的信只需付两便士邮资[①]。当时,每个月都有三个从纽约寄往伦敦的"货物包"。负责运送货物包的船主人不仅不会对货物包中寄往伦敦的信收取任何费用,而且还会将信送到邮局。此后,邮差负责将信送达目的地,并且按照大不列颠的地区距离收取邮资。当然,这种情况只存在于1839年罗兰·希尔推行邮政改革,即整个大不列颠实施一便士邮资政策前。同样,在北美或南美某个咖啡屋收到拉尔夫·沃尔多·爱默生的船运信时,托马斯·卡莱尔也只需要花费两便士。

探讨各类书籍与高深的思想,向来是两人通信的主题。

---

① 维多利亚女王时代,美国与英格兰都由收信方支付邮费。——原注

托马斯·卡莱尔常谈起文学生涯的困顿：书刊出版并非难事，但在写作过程中他常屡遇瓶颈。让人诧异的是，对于托马斯·卡莱尔这位文人中的佼佼者而言，写作居然是件劳心劳力、无比折磨人的事情——至少，他已多次对拉尔夫·沃尔多·爱默生这般抱怨。读者也能从《过去与现在》《宪章运动》等作品中，明显感受到托马斯·卡莱尔的精神煎熬。然而，作品终于竣稿时，他肯定心怀喜悦。在托马斯·卡莱尔与拉尔夫·沃尔多·爱默生的书信中，我们总能窥见19世纪最恢宏的史记作品《法国大革命》《腓特烈大帝史》的构思和撰写过程。1835年2月3日，托马斯·卡莱尔写信称：

> 《钻石项链》仍未印刷，但《法国大革命》出版后，《钻石项链》的印刷事宜就会提上日程。然而，我写《法国大革命》时太过拖沓，如果看到我的写作进展，您定会深感遗憾。……这是我至今做过的最让人神经紧绷、心肝俱损的事情。

同样让人诧异的是，托马斯·卡莱尔身处伦敦时竟觉得无比寂寞："一直以来，我都在忍受这种茕茕孑立的可怕生活，甚至开始怀念和你共处时的美好感觉。"托马斯·卡莱尔觉得，拉尔夫·沃尔多·爱默生的精神境界与才智学识都与自己十分相似，他把拉尔夫·沃尔多·爱默生视作兄弟。约翰·斯特林去世后，拉尔夫·沃尔多·爱默生几乎已是托马斯·卡莱尔唯一的男性朋友。

托马斯·卡莱尔认为写作令人生厌，但他非常热爱讲课:"可以说,一直以来,我都对讲课,我更爱称为'演讲',这件事情如饥似渴。"拉尔夫·沃尔多·爱默生立刻回信,纠正托马斯·卡莱尔认为美国缺少演讲机会的观点:

> 波士顿有许多真正欣赏文学的人。近年来,我们每年冬天都会开设演讲、科学等各色课程,其中有些还是纯文学课堂,几乎每门课都座无虚席。和威廉·莎士比亚相关的课程人头攒动。……但授课人的收入十分微薄,每讲一堂课通常只能获得二十美金。

在早期的一封信中,托马斯·卡莱尔曾提及《法国大革命》第一卷手稿遭毁的悲剧,但他信中的口吻未体现丝毫痛苦的情绪:"我的朋友借走了《法国大革命》第一卷的手稿。这位朋友心地善良,却非常粗心。他在我的手稿上写满了笔记,当然他完全可以这么做。两个月前的一天晚上,他来到我们家,显得坐立不安。他不小心说漏了嘴,告诉我们那卷手稿已被他撕得像废纸一样,除了三四张残页,其他部分全撕毁了。我也不能抱怨,否则这个可怜人就得饮弹自尽了。听到这个消息后,我们夫妇俩必须振作起来,泰然处之。这虽然很难做到,但并非不可能,我们也乐意为之。"托马斯·卡莱尔很有风度,并未在信中提及这位"朋友"的名字。事实上,这位朋友就是约翰·斯图尔特·穆勒。回想起托马斯·卡莱尔创作《法国大革命》第一卷时,其撰写过程之辛酸、投注激情之炽热及书中学问之深厚,我们就能体会到，在听到约翰·斯图尔特·穆勒说手稿被毁的噩耗时，托马斯·卡莱尔夫妇的表现是多么的宽宏大量，而托马斯·卡莱尔开始整卷重写时，又是多么果敢。

托马斯·卡莱尔和拉尔夫·沃尔多·爱默生的来往书信，内容多是这类文学创作私话，当中还时常提及他们的友人威廉·沃兹沃思、亨利·沃兹沃思、朗费罗和阿瑟·休·克拉夫。在文学、政治及所有高深的思维领域，托马斯·卡莱尔和拉尔夫·沃尔多·爱默生的想法都非常一致，他们也都很爱在信中互表决心。在1838年10月7日的信中，拉尔夫·沃尔多·爱默生说："上帝啊，我以后再也不会耗费我短暂的人生，呆坐六周才提笔回信了！"然而这一决心，就连拉尔夫·沃尔多·爱默生这样颇具毅力的人，都没能彻底履行。

两人跨越大西洋的对话，通常都围绕某本书、某个人物和某些想法展开，只有很小一部分是轶闻闲话或者家长里短。托马斯·卡莱尔把编撰《法国大革命》《论英雄与英雄崇拜》及《腓特烈大帝史》的过程一一向拉尔夫·沃尔多·爱默生倾诉。说到《法国大革命》时，托马斯·卡莱尔写道："这本书内容十分粗鄙恶俗。"因为，用狂野的笔触撰写这部作品时，托马斯·卡莱尔内心对他的英格兰同胞无比蔑视。据他亲口所说，他经常会产生一种欲望，想要逃离人满为患的伦敦，奔赴拉尔夫·沃尔多·爱默生在的康科德小村。"在伦敦这两百万人中，能够同我诙谐打趣的人，几乎不到三个。打从心底来说，离开伦敦不是我的本意。直到看到伦敦真的毫无希望时，我才产生了离开的想法"。是去是留,托马斯·卡莱尔内心无比纠结,反复衡量的过程让他痛苦难堪。他继续说道:"两个多月后,这本可恶的作品就要完成了……至于书的成绩,我可以非常客观地说,无论是在销量、稿费还是在社会影响方面,我都将颗粒无收。"托马斯·卡莱尔为《法国大革命》夙兴夜寐,却几乎分文未得。1836年11月5日,在写给拉尔夫·沃尔多·爱默生的信中,托马斯·卡莱尔提到,《弗雷泽杂志》已将《钻石项链》收刊,稿费为五十英镑。他提到孔德·德·米拉博的文章也已发表,并且会有稿酬。"我想,这应该是我写书四年以来获得的第一笔钱。当我坐在桌前无偿地胡编乱写时,竟还有不知从哪儿来的钱支撑我的生活,想来也真是让人讶异"。托马斯·卡莱尔当时的生活费,必定来自他的存款,以及他的妻子简·韦尔什·卡莱尔出售克雷根普托克宅邸家当的微薄收入。

在下一封第二年年初即1837年2月13日的信中,托马斯·卡莱尔宣布,他终于完成了"磨人至极的《法国大革命》"的编纂工作:

> 1837年1月月初的某个晚上,时钟恰好指向10点,是时候草草地吃个苏格兰式晚餐了。那一刻,我终于写下此书最后一个字。多么希望您能体会我那时的心情。我本该大哭一场,虔心祷告一番,但最后我没有那么做。此后的日子里,我总算不会再被魔咒缠身了。

这对挚友常常互寄书作。1837年10月，《法国大革命》如期送达康科德，拉尔夫·沃尔多·爱默生收到后马上回以长信："您在作品中另辟蹊径，直抒己见。这是一次无比英勇的尝试，如此圆满的成果叫人惊叹。您笔下的故事，不只是列举诸多名字，还在为我们呈现人物真实的模样。"在信中，拉尔夫·沃尔多·爱默生还对《法国大革命》作出许多评价。拉尔夫·沃尔多·爱默生不仅是只懂欣赏的朋友和作家，还是位思想天马行空的哲学家。他虽胸怀大志，却只能蜗居于小小的村庄，凭借低微的收入度日。然而，他依然自担费用，替托马斯·卡莱尔筹划《法国大革命》在波士顿出版的相关事宜，吸引了不少读者征订该书。往后两年中，拉尔夫·沃尔多·爱默生将售书所得汇给了托马斯·卡莱尔。汇款数额接近两百英镑。接着，拉尔夫·沃尔多·爱默生计划继续在波士顿出版托马斯·卡莱尔的一部文集。这部文集包括托马斯·卡莱尔多篇风格迥异的文章，共有五卷，名为《托马斯·卡莱尔批判杂文》。这个名字应该是拉尔夫·沃尔多·爱默生起的。该文集部分美国版本被运至英格兰出售。那段时间，托马斯·卡莱尔常常消化不良，他发现只能通过骑马缓解不适。后来，他从美国卖书赚到的钱里拿出二十英镑，买了一匹小马，在萨里和萨塞克斯骑了整整一周。回家后，他厌倦了骑马。把马卖掉后，他在家写完了《论英雄与英雄崇拜》的初稿。

拉尔夫·沃尔多·爱默生的作品数量不及托马斯·卡莱尔，他向来只写文章。每篇文章都带有明显的诗人风格。托马斯·卡莱尔胃病缠身、焦躁不安，他一直在喧嚣的伦敦与心里的恶魔争斗厮杀。和他相比，拉尔夫·沃尔多·爱默生在康科德的生活可谓无比惬意。再婚后，他便移居到马萨诸塞州一个风景宜人的小村庄。他家的房子非常宽敞，房子木质外墙上刷了白漆，房间带有阳台。屋外有整整两英亩的空地、果园、草坪，屋旁就是波光粼粼的马斯克达奎小湖。拉尔夫·沃尔多·爱默生亲自种树，因为他认为，耕种者就是"万能劳动者"："耕种者能解决生活问题，他们的劳动不止惠及一人，还能为所有身体康健的人谋福祉"。从古至今，这世上真正幸福美满者寥寥，而拉尔夫·沃尔多·爱默生似乎就是其中之一。他和贤惠温婉的妻子莉迪安·杰克逊·爱默生及乖巧懂事的孩子一同住在舒适、雅致的小屋中。可喜的是，他们栖身的美丽小村还有一个文人团体，而且小村与哈佛大学和波士顿只有一步之遥。拉尔夫·沃尔多·爱默生的投资收入大概有二百五十英镑。此外，他靠自己最喜欢的冬季演讲，每年还能赚约一百五十英镑的收入。阿莫斯·布朗森·奥尔科特是可以与拉尔夫·沃尔多·爱默生"互诉衷肠的高尚者"。一次，阿莫斯·布朗森·奥尔科特带着妻子阿比·梅和三个儿女[①]住到康科德一间村舍中。阿莫斯·布朗森·奥尔科特提倡实物教学法。他虽有教育家之名，一生却无甚作为。然而，他才思敏捷、精力充沛，是拉尔夫·沃尔多·爱默生的灵感源泉。不久后，美国小说家纳撒尼尔·霍桑也移居康科德。据美国作家查尔斯·艾略

---

① 大名鼎鼎的女作家路易莎·梅·奥尔科特正是阿莫斯·布朗森·奥尔科特的女儿。——原注

特·诺顿的描述,有一次,在马萨诸塞州剑桥的一次小型晚宴上,他曾与拉尔夫·沃尔多·爱默生、亨利·沃兹沃思·朗费罗、纳撒尼尔·霍桑、诗人奥利弗·温德尔·福尔摩斯与詹姆斯·拉塞尔·洛威尔等齐聚一堂。

拉尔夫·沃尔多·爱默生寄给托马斯·卡莱尔的第一篇文章是《自然》。此文于1836年作为短篇著作出版,且并未署名。在1837年2月13日的信中,托马斯·卡莱尔说:"您这本天蓝色封面的《自然》可真是让我爱不释手。……您说更精彩的内容还在后头,但我更愿意把这篇文章称作您构建所有宏大愿景的'地基'和'草案'。当这个'公开的秘密'为世人所知,它就是真正的天启。"

拉尔夫·沃尔多·爱默生常带着愉悦、平静的心情展望世界。对此,托马斯·卡莱尔无比欣喜。耳边回荡着的诗歌《永恒的旋律》,也让托马斯·卡莱尔享受其中。英格兰女作家哈丽雅特·马蒂诺曾说,整个美国,只有拉尔夫·沃尔多·爱默生能够潜心精进技艺、坚守原则,并且按自我意志写作。托马斯·卡莱尔认为,在拜金主义盛行的英格兰和美国,拉尔夫·沃尔多·爱默生的品行可谓是众人的光辉典范。美国新英格兰出身的拉尔夫·沃尔多·爱默生,为体制老旧的英格兰和欧洲大陆指明了更加光明的发展道路。

之后,托马斯·卡莱尔又收到了拉尔夫·沃尔多·爱默生1837年从哈佛大学寄出的作品《美国学者》。这是拉尔夫·沃尔多·爱默生在美国优秀大学生荣誉协会一次著名演说的文稿。拉尔夫·沃尔多·爱默生曾对托马斯·卡莱尔说:"我最近会给您寄一篇演讲稿,这是我在美国一个文学社团发表的演说。书稿目前已在印刷。"和所有情感细腻的文人一样,托马斯·卡莱尔第一次读到这篇大作时,心中思绪万千。当时,在"嘈杂不堪"的时代里,他感觉,无论是思想上还是道德上,自己都已难觅知音:

> 你听!遥远的西方国度,传来了清晰可闻的男性嗓音,这下我知道,我终于找到知音了!感谢上苍!读到这篇讲稿,我几乎涕泗横流。此文昂扬激越的语调,如此刺痛我心。我对内人说:"夫人,你读读看!"她读后把稿子还我,然后让我立刻回信。她说:"自弗里德里希·席勒走后,世间再没有出现过如此绝妙的文字。"

拉尔夫·沃尔多·爱默生的这篇讲稿,确实无愧此般赞誉。据说,被托马斯·卡莱尔称为"可恶的半吊子"的塞缪尔·罗杰斯也曾表示:"这篇美国散文,蕴含了德意志诗歌的韵味。"当时,詹姆斯·拉塞尔·洛威尔就在哈佛大学读本科,听了拉尔夫·沃尔多·爱默生的这次演讲后,詹姆斯·拉塞尔·洛威尔表示:"在文坛,这次演讲可谓举世无双。"当初,拉尔夫·沃尔多·爱默生为了在美国出版托马斯·卡莱尔的《法国大革命》和《托马斯·卡莱尔批判杂文》而四处奔走。于是,托马斯·卡莱尔投桃报李,也将拉尔夫·沃尔多·爱默生的文集投至《弗雷泽杂志》,以"利润对半分"的形式在伦敦出版。如果出版量达到七百五十本以上,拉尔夫·沃尔多·爱默生就可分得十英镑利润。后来，托马斯·卡莱尔还为这本文集写了序言。

除了阿莫斯·布朗森·奥尔科特，拉尔夫·沃尔多·爱默生还见过许多有趣的人物。然而，托马斯·卡莱尔的社会阅历，依旧比拉尔夫·沃尔多·爱默生丰富。在1838年11月15日的信中，托马斯·卡莱尔极力劝说拉尔夫·沃尔多·爱默生到英格兰做客：

> 你就来吧！我说过，不管是我家里还是我心里，都给你腾出了位置，一直在等你到来。在这里，你会看到成千上万的傻书生，也可以亲自读读《匹克威克外传》。在年轻不知世故的查尔斯·狄更斯笔下，匹克威克的最终结局依旧成谜。大名鼎鼎的威廉·沃兹沃思可以一直同你交谈，直到你觉得索然无味他才肯罢休。罗伯特·骚塞依旧脸色红润，倒是添了几丝白发，但双眸依旧在忙不迭地转动、打量。"天才伦敦佬"利·亨特就住在我附近，他风趣幽默，却缺乏常识。还有一个老家伙，他光秃、苍白的头颅就像雪一样冰冷。他会用湛蓝的大眼睛打量你，目光冷酷、忧郁，最后还翘起棱角分明的下巴冷笑一声。这就是塞缪尔·罗杰斯，那个用德意志式诗歌笔韵写美国散文的老家伙，但他为人还不错！

托马斯·卡莱尔把伦敦称作"大肿块"①。在托马斯·卡莱尔看来，伦敦是盎格鲁–撒克逊人，包括美国人在内的中心城市：

> 我认为，在未来的几个世纪，伦敦这个烟火缭绕的城市可能成为撒克逊人的"米卡里"②。来自大西洋沿岸地区、新西兰与澳大利亚及漂泊于世界各地的所有撒克逊人，每年都会在伦敦相聚。如果几个世纪后，波士顿或纽约成为最合适的盎格鲁–撒克逊领地，我们将会欢天喜地地转到这两处举行年度节庆，从此离开伦敦。

后来，甚至直至如今，伦敦依然是英格兰和美利坚共同体人民每年定期聚会的大本营。在1839年6月24日致拉尔夫·沃尔多·爱默生的信中，托马斯·卡莱尔也提到"伦敦是盎格鲁–撒克逊人的'米卡里'"。他描述了自己同一位美国名人相见的场景：

> 几天前吃早饭时，我遇见了一位名扬四海的美国政要——丹尼尔·韦伯斯特。这位先生堪称人中俊杰。你大可告诉世人："他是我们美国人的同胞，是美国大地滋养出来的骨肉！"任何崇尚逻辑

---

① 这一称谓由威廉·科贝特自创。——原注
② 米卡里是爱琴海的一座岛屿，也是古希腊爱奥尼亚人在某个年度节庆中的聚首庆祝地。——原注

丹尼尔·韦伯斯特

者、律师和国会辩将，第一眼见到这位先生后，都会不由自主地想与他并肩，一起对抗当今世界的种种非议。他皮肤黝黑，脸型刚硬。在他高凸的眉骨下，一双阴郁的黑眸就如两口无烟煤炉，只需鼓气，就能燃起火焰。那像獒犬一样宽大的嘴巴双唇紧抿。印象中，我从未见过如此沉默寡言却满腔怒火的人。丹尼尔·韦伯斯特不善言辞，但他说话十分中肯，令人信服。他并非英格兰血统出身，却刚正不阿、极富涵养，是值得我们顶礼相待的绅士。见到他后，我便对他有了更直接的了解。

这种人物写照，无疑是大师手笔。托马斯·卡莱尔笔下的人物个性突出、活灵活现，个个都似在透过文字倾吐心声，表现自我。不过，拉尔夫·沃尔多·爱默生并未将才情挥洒在写作上。他是一位诗人，坚信"美国这个充满智慧、物欲横流的伟大国家，总有诗人的立锥之地"。拉尔夫·沃尔多·爱默生的演说，让美国"各家思想得以传播"。拉尔夫·沃尔多·爱默生时而在康科德宅邸的花园中，为玫瑰修枝剪叶；时而又静处书房，给大洋彼岸朝气蓬勃的托马斯·卡莱尔写信。这些画面，是他日常生活的写照。

第 7 章

托马斯·卡莱尔与拉尔夫·沃尔多·爱默生（续）

　　托马斯·卡莱尔和拉尔夫·沃尔多·爱默生的通信时间持续了三十八年。这数十载岁月，分为两段长短不一的时期。在查尔斯·艾略特·诺顿编纂的《托马斯·卡莱尔与拉尔夫·沃尔多·爱默生通信集》中，第一卷为两人最初八年的信，余下三十年的书信则被收录于第二卷中。通信后期，两人信的篇幅都有所缩减，通信时间间隔也稍有加长。1881年2月5日，托马斯·卡莱尔离开人世，但自1872年4月2日后，他与拉尔夫·沃尔多·爱默生便已不再有书信往来。1882年4月27日，拉尔夫·沃尔多·爱默生去世了。人的一生最值得感动的事情，莫过于与人互传尺素时，总能有来有往，饱含热情。在三十八载通信时光中，托马斯·卡莱尔与拉尔夫·沃尔多·爱默生的传信频率与热情毋庸置疑。两人在生命的最后九年里，并未给对方寄去只言片语。这难免让他们数十年的雁帛岁月徒增些许遗憾。

　　托马斯·卡莱尔与拉尔夫·沃尔多·爱默生通信内容最大的看点，在于他们二人截然相反的思维，以及英格兰首都——伦敦与美国小村康科德两大文学之都之间的联系。他们既偶尔互相拜访，也互相通信。在1842年7月19日致拉尔夫·沃尔多·爱默生的信中，托马斯·卡莱尔曾提及阿莫斯·布朗森·奥尔科特到访英格兰的经历：

> 他[①]来过英格兰两次，每次都逗留很久。第二次来英格兰时，他在我家待了一整夜。他性格温厚、纯良和善，天生机敏优秀、朴讷诚笃，举手投足间庄重不减，真是怎么看都可爱。他脸型瘦削，身形颀长，两鬓灰白，柔和的双眸依然神采奕奕。这样一位出色的人，却甘愿在黄金时代归于平庸，为拯救世界鞠躬尽瘁。在众人眼中，他就如备受人们敬重的堂吉诃德一样，无人胆敢出声嘲笑，无人不对他敬爱有加。

事实上，阿莫斯·布朗森·奥尔科特很不起眼，但作为一名性格温厚的哲学家，一众友人都对他赞不绝口。阿莫斯·布朗森·奥尔科特虽对康科德文坛贡献卓著，但一直人微言轻，甚至连他本人都对自己的教育观将信将疑。但他的女儿路易莎·梅·奥尔科特才华横溢，是个精力充沛、性格刚强的女子。她虽看不惯父亲懒惰的个性，却钦羡他的文学才华。拉尔夫·沃尔多·爱默生表示，同邻屋的阿莫斯·布朗森·奥尔科特交谈，常让他获益匪浅。在信中，拉尔

---

① 指阿莫斯·布朗森·奥尔科特。——原注

夫·沃尔多·爱默生对托马斯·卡莱尔说："他非常出色，各方面都出类拔萃。但我担心，如今的他已江郎才尽。"

1842年，拉尔夫·沃尔多·爱默生正为美国杂志《日晷》撰文。《日晷》时任主编为玛格丽特·富勒，即日后的奥索利侯爵夫人。《日晷》杂志内容严肃，虽只发行了不到四年，却标志着美国新英格兰知识与思想的发展进入了重要阶段。

1842年10月15日，拉尔夫·沃尔多·爱默生向托马斯·卡莱尔致信道：

> 对于《日晷》与它包含的一切罪孽，我无可争辩。我们只是尽自己所能去写作，对于杂志内容，我们所知甚少。人们可能会谴责杂志中的各种导向性揣测，但要知道，在新英格兰，所有素不相识的男女信徒，都会从这本杂志的角度理解世界，随后到天父圣母面前述罪。男信徒坦陈不愿从商，女信徒直言无意从事叫早服务，也不喜欢参加晚宴。他们都是信徒，却厌恶教堂。他们将他人的生活方式视如敝屣，自己却一事无成。但愿有朝一日，会有一位贤明的美国人愿意默默奉献，不留姓名。

这位贤明的美国人，正是拉尔夫·沃尔多·爱默生。他重塑了美国人民的信仰，使其不再盲从教条理论，而是向善求真。巧合的是，托马斯·卡莱尔当时也在鼓励大众崇信贤者。托马斯·卡莱尔与拉尔夫·沃尔多·爱默生时常在信中

互述文坛人事。1843年10月31日,托马斯·卡莱尔写道:

> 亲爱的爱默生,请千万不要再问我的近况了,以后再告诉你吧——唉,我也不知道以后到底是什么时候!这四年来,我日日不胜其烦地苦读艰涩的书籍,循环往复的阅读与钻研让我苦不堪言。最后,我还是决定,必须为奥利弗·克伦威尔写一本书。不过,在动笔前,我必须得不停地阅读,根本无暇构思。也就是说,要为奥利弗·克伦威尔写书,只怕难如登天。

最终,托马斯·卡莱尔的著书大计总算大功告成。在书中,他极言奥利弗·克伦威尔的无尽辉煌。如今,奥利弗·克伦威尔依旧、并将永远伫立于历史之巅。

托马斯·卡莱尔为奥利弗·克伦威尔写书的时期,正值阿尔弗雷德·丁尼生成名之际,当时英格兰人的读诗热情日益高涨。时至今日,英格兰人的读诗热情显然已消失无踪。与过往的所有英格兰人一样,托马斯·卡莱尔无比景仰阿尔弗雷德·丁尼生。在致信拉尔夫·沃尔多·爱默生时,托马斯·卡莱尔说:"我相识的英格兰人或外国人中,能与阿尔弗雷德·丁尼生一样保持儒雅气度的人,可谓凤毛麟角。也许,这样的人从今往后都为数不多。阿尔弗雷德·丁尼生真实不做作,性格最接近人类本真。兄弟,只要你同他共处,你的灵魂也必定能与他产生共鸣。"托马斯·卡莱尔抱怨道:"阿尔弗雷德·丁尼生来伦敦时,独独没有见我。"实际上，当时阿尔弗雷德·丁尼生灰心失意，总是独来独往，并没有与任何人见面。他整个人意志消沉、心绪混乱，周身的怨气似乎要把"全世界都熏得混沌不堪"。托马斯·卡莱尔在信中描述道，阿尔弗雷德·丁尼生一直生活在河水环绕、遍是泥土和杂草的林肯郡，每年只有一小笔养老金，是一个不折不扣的乡野之人。于剑桥大学肄业后，阿尔弗雷德·丁尼生没有进入法律圈，也未从政，而是同母亲伊丽莎白·费希特和妹妹埃米莉亚·丁尼生相依为命。他从未升官加爵，只以写诗为乐。他们一家一直在伦敦周边四处漂泊，却从未迁入伦敦城内。偶尔造访伦敦时，他会在老同学家中

阿尔弗雷德·丁尼生

小住。

阿尔弗雷德·丁尼生相貌俊朗,头发浓密却蓬污不堪。他笑容可掬,褐眸如珀,神情如鹰隼般犀利,脸型宽阔又不失精致,棕黄的肤色颇有印第安人的影子。阿尔弗雷德·丁尼生偏好宽松的浪子式着装,只求自在随性,嘴里总是叼根烟。托马斯·卡莱尔说,这个时代,唯有阿尔弗雷德·丁尼生一人能证明英语也是一门可被吟唱的语言。然而,1867年1月27日,托马斯·卡莱尔给拉尔夫·沃尔多·爱默生致信称,阿尔弗雷德·丁尼生的《国王叙事诗》依旧欠缺火候。他和朋友布罗姆利-达文波特小姐一起大声诵读这本诗集时,两人发现,诗集中的诗歌虽辞藻丰富、精致,内容却空洞、虚无。托马斯·卡莱尔非常失望地发现,阿尔弗雷德·丁尼生写诗时,将读者视为无知幼儿。因此,"纵然这糖果滋味再好,也无济于事"。不过,托马斯·卡莱尔认为,朗读拉尔夫·沃尔多·爱默生的诗歌《英国人的性格》,就能一扫不快,身心舒畅。

1847年,拉尔夫·沃尔多·爱默生再次造访英格兰。刚抵达英格兰,他便在利物浦收到一封署名"拉尔夫·沃尔多·爱默生收"的信。拉尔夫·沃尔多·爱默生想起,托马斯·卡莱尔在信中诚邀他到伦敦切恩街的家中做客。于是,他立刻动身前往伦敦,来到了切恩街五号房门前。当时,简·韦尔什·卡莱尔前来应门。托马斯·卡莱尔就站在她的身后,厅里有一盏明灯伫立。拉尔夫·沃尔多·爱默生发现,十四年前克雷根普托克一别后,托马斯·卡莱尔夫妇的容貌竟丝毫未变。此时,托马斯·卡莱尔开口说:"真好,我们又能一起开怀畅谈了！"后来，两人信步徜徉、谈天说地。托马斯·卡莱尔不仅步履不停，说起话来也是滔滔不绝。谈话中，他对威斯敏斯特和伦敦的一切如数家珍，边说边放声大笑。在日记中，拉尔夫·沃尔多·爱默生写道："托马斯·卡莱尔夫妇生活在优越的环境里。"此番体会，对拉尔夫·沃尔多·爱默生后续创作无比关键。这次探访英格兰期间，拉尔夫·沃尔多·爱默生频频记录、留心观察，为撰写《英国人的性格》打下了良好的基础。回到美国后，他不时告知托马斯·卡莱尔《英国人的性格》的写作进展，也会在信中讲述美国人的性格，这让托马斯·卡莱尔着迷不已。一次，拉尔夫·沃尔多·爱默生到圣路易斯和密西西比河谷地区开讲座时，发现河边有许多卖力干活的工人。此外，该地已无其他特殊之处。"美国是个不完整的国家……这里的民主制度很低劣，平庸之辈泛滥成灾，不像意大利和英格兰，可凭借时势成就人才"。他似乎认为，美国无法出人才，虽然他自己就才气过人。在信中，他写道："美国为数不多的英杰都已迟暮。"

自然，在信中，两人也多次提及那两场战争，即1853年到1856年的克里米亚战争与1861年至1865年的美国南北战争。谈及克里米亚战争时，托马斯·卡莱尔言语中尽是谴责。时至今日，这场战争已然被公认为英格兰政府与法兰西政府的极大错误。托马斯·卡莱尔表示这是"毫无意义的疯狂计划"。他认为，当时的英格兰军队统帅——拉格伦男爵菲茨罗伊·萨默塞特，只不过是一个"戴着将军绶带与三角帽的伪君子"，法兰西第二帝国皇帝拿破仑三世"从来都是满身匪气"。托马斯·卡莱尔还表示，克里米亚战争中的法兰西第二帝国统帅——雅克·勒鲁瓦·德·圣阿尔诺"分明是戏剧中描摹的海盗。或者说，他跟亚历山大·罗伯茨·邓恩一样，明明是舞刀弄枪的武将，却要效仿但丁·阿利吉耶里舞文弄墨"。然而，英格兰人面对磨难与灾祸时锲而不舍的意志，依旧颇得托马斯·卡莱尔嘉许。他说："英格兰人民的耐性与刚毅，是他们身上十分高尚的品质。"他还认为，英格兰人总会"想方设法排除万难"。用罗斯伯里伯爵阿奇博尔德·菲利普·普里姆罗斯的话说，英格兰人最擅长"蒙混过关"。托马斯·卡莱尔甚至觉得，英格兰人身上的某些优点，来自"他们在众目睽睽之下自损颜面的惊人之举"。

在克里米亚战争的问题上，拉尔夫·沃尔多·爱默生和托马斯·卡莱尔的观点一致从不会产生分歧，但谈到美国南北战争时，两人观点就出现了分歧。拉尔夫·沃尔多·爱默生向来反对奴隶制，支持废奴主义，但从不崇尚暴力，思想主张也并不过分狂热。然而，在拉尔夫·沃尔多·爱默生看来，托马斯·卡莱尔对"黑人问题"的观点有失稳妥。

托马斯·卡莱尔的奴隶制观念由来已久，并且旗帜鲜明。1849年，他已出版短篇著作《黑人问题》。此书是基于1833年西印度奴隶解放事件所作。托马斯·卡莱尔称，解放后，这群"饱受压榨的可怜人"终于不需被迫劳作，此后他们种植南瓜时，只需沐浴在阳光下，优哉游哉地种足自己所需的分量。正因如此，地主和农场主人手不足，很快便无法维持运营。唯一避免损失的方法是迫使黑人劳作，"因为造物主打造黑人时，赋予了他们劳作能力，所以他们理应按照造物主的意志行事"。

1861年，美国南部蓄奴州脱离北方联邦，南北战争拉开序幕。当时，南部奴隶主援引了托马斯·卡莱尔的论调，以此证明奴隶制顺应自然，具有社会效用。给拉尔夫·沃尔多·爱默生写信时，托马斯·卡莱尔非但一直避谈奴隶制，还在倾诉自己编写《腓特烈大帝史》的缓慢进程，称写作过程让他"生不如死"。相比之下，拉尔夫·沃尔多·爱默生在信中单刀直入，在1864年9月26日的信中，他说，如果托马斯·卡莱尔真如信中所言来美国瞧一瞧，那么"已成为人类公敌的南部奴隶主，如今根本不可能提到你的名字"。拉尔夫·沃尔多·爱默生说，只要在美国待上十天，托马斯·卡莱尔就会"成为一个理智、清醒的英格兰人兼欧洲人"。美国人民基本都支持共和党，即"联邦"或"西部各州"。拉尔夫·沃尔多·爱默生称："我确信，人性的斗争此刻正在美国上演……啊！如果我当初把雷厉风行的你纳入反奴隶制阵营，那该有多好！"即便战争让大地满目疮痍，摧残人心，但拉尔夫·沃尔多·爱默生仍能从中体悟战争的益处。"从此以后，我应永远敬畏战争。天下生灵遭炮火涂炭，安逸时光被狼烟蹂躏。不过，当未来的永生之路与法律之路开启，社会将因战事得到重建与鼓舞，一切损失都会得到超额的补偿"。

此后，两人的通信岁月逐渐步入尾声。对拉尔夫·沃尔多·爱默生1864年9月26日谈论南北战争的信，托马斯·卡莱尔似乎并未直接回复。他随后的回信，并不是在切恩街的宅邸写成，而是书写于苏格兰小镇安南的坎莫特利村。1865年6月14日，托马斯·卡莱尔完成《腓特烈大帝史》后，便前往坎莫特利村度假。这时，美国南北战争已结束两个月。在回信中，托马斯·卡莱尔对此战未置一词。如今，托马斯·卡莱尔已年届七十，提笔写信时，手总是不住地颤抖。

"1865年2月月初，我终于写完了这本让人糟心的书。现在我就像一个在海上冒险后上岸的人，浑身精疲力竭"。托马斯·卡莱尔在信中写的全是他的度假时光，字里行间都是惬意："从德文郡到切尔西，我一路安步当车，四处闲逛，一整天都无杂事萦绕心怀。"后来，托马斯·卡莱尔到依然健在的姐姐珍妮特·卡莱尔家的农舍中住了一段时间。他提到，那世上最具乡野气息的农舍位于连绵起伏的山坡上。除了莫尔文丘陵的山泉，再没有别处的水能比这里的泉水甘洌。他四周环绕着加洛韦和切维厄特的绵延群山，往遍地海沙的索尔威远处行进，便是层峦叠嶂的约克与坎伯兰。有时，托马斯·卡莱尔"在树影稀疏、交叠的林子中随性漫步"，时而又"在古旧阡陌上急行"。多数时候，他还是喜欢在索尔威海岸旁的宽阔大道上散步。其实，这封信的风格与托马斯·卡莱尔以往的书信并无二致。后来，托马斯·卡莱尔还给拉尔夫·沃尔多·爱默生写了十封信，后者则回了九封。两人来往于大西洋两岸的最后十几封信，并非全然一来一回。1865年6月14日，托马斯·卡莱尔写于安南岱尔的信寄出后，拉尔夫·沃尔多·爱默生分别于1866年1月14日与1866年5月16日接连回了两封信。随后便是托马斯·卡莱尔1867年1月27日、1869年11月18日及1870年1月4日的三封信。在这几年里,两人一直保持不规律的通信。1872年4月2日,托马斯·卡莱尔在切尔西写下两人之间的最后一封信。

　　1866年,因交通意外,托马斯·卡莱尔痛失爱妻简·韦尔什·卡莱尔。因此,直到1867年1月,他才给拉尔夫·沃尔多·爱默生致信。这封写于门托尼的信,也就是那封提及阿尔弗雷德·丁尼生《国王叙事诗》的信。托马斯·卡莱尔在信中将爱妻简·韦尔什·卡莱尔离世的消息告诉了拉尔夫·沃尔多·爱默生:"我已失去此生挚爱。"拉尔夫·沃尔多·爱默生并未回应托马斯·卡莱尔的倾诉。在多年笔友如此失意的情况下,拉尔夫·沃尔多·爱默生此举显然有失妥当。近三年后即1869年11月18日,托马斯·卡莱尔才再次提笔写信。显然,他一直算着自己写过几封信,因为他在这封信中提到:"上次给你去信,已经是将近三年前的事了。那时我身处门托尼,在利古里亚的橄榄树和橘子树下给你写信。"这封信内容非常动人,能明显看出,托马斯·卡莱尔在为未能回信的拉尔夫·沃尔多·爱默生找台阶下:"我知道你为什么没有回信安慰我,你的想法无非是:'唉,如果他都无法自我开解,那我还能说什么安慰的话呢?'"谈到晦暗的过往,托马斯·卡莱尔常常语带遗憾地说:"我们之间的通信,并非听天由命,所以本来就有可能互无音讯,或像现在这样戛然而止。但我会像上面说的那样,理解你没来信的原因。对你的敬爱和手足之情,在我心中依旧鲜活,它们也将与我的生命同寿。"接着,托马斯·卡莱尔践行了多年来的想法:"新英格兰这片土地,总是通过她那个叫拉尔夫·沃尔多·爱默生的子嗣,对我施以影响。为表感激,我会以手中两套书籍，回馈这片土地。"托马斯·卡莱尔说的书籍，全是他珍藏的奥利弗·克伦威尔和腓特烈大帝相关的著述，也都是他编撰历史巨著的素材。

让人费解的是，托马斯·卡莱尔此后仍然没收到拉尔夫·沃尔多·爱默生的回信。因此，1870年1月4日，托马斯·卡莱尔又提笔写了一封信。收到这封信后，拉尔夫·沃尔多·爱默生立刻就在1870年1月23日回信解释说，他因为"要在规定几日内写完一本书"，耽搁了回信，如今也只能挤出空余时间写信。这一次，拉尔夫·沃尔多·爱默生回信内容非常妥帖，他在信末还说道，过了这段"漫长的挣扎时光"后，他很快就可以写信了。自然，哈佛大学后来欣然接受了托马斯·卡莱尔捐赠的书籍。

1870年，两人的通信热情再度高涨。拉尔夫·沃尔多·爱默生满心欢喜地说："为了自我调整，我想我该回归老本行，开始给你写信了。"闻之，托马斯·卡莱尔心中大悦："如果你愿意，请在今天的最后一刻做好决定，重新开始动笔写信。但我怀疑，其实你很难下定决心。就算写信对你来说不值一提，也请你深思，因为夜幕即将降临。"收到托马斯·卡莱尔的信，拉尔夫·沃尔多·爱默生深受触动。他在信中写道：

> 从未有人像你一样意志坚定。你的坚持如同银针，让我从麻木、昏聩的状态中恢复神智，让我下定决心，去接受你善意的挑战。然而，世事弄人，我常常思虑甚多，身体羸弱不堪，做事又习惯拖

拉。我身上的各种毛病,总让我不知如何是好。

1871年,两人一共通了四封信。在其中一封信中,拉尔夫·沃尔多·爱默生详述了自己这一年的加利福尼亚旅程。

1872年,拉尔夫·沃尔多·爱默生接连去信两封。托马斯·卡莱尔表示,这两封信"语言极美"。不过,这次,轮到拉尔夫·沃尔多·爱默生苦等回信了。1872年11月,在前往埃及的途中,拉尔夫·沃尔多·爱默生前往伦敦探望托马斯·卡莱尔,1873年启程回美国。此后,两人再也未通信。

第 8 章

新英格兰文艺复兴

19世纪,尤其是19世纪中叶,孤立地看待任何国家,实非明智之举。这个时期,思想在不同的大洲间传递,文化荟萃于世界各个文明之中。德意志的浪漫主义深刻影响了英格兰的托马斯·卡莱尔和美国的拉尔夫·沃尔多·爱默生。当时,新英格兰冷漠、教条的加尔文主义思想已逐渐消弭。可以说,在理性主义与诗歌的冲击下,加尔文主义已改头换面。以加尔文主义为主的新宗教,虽然内容消极、前景黯淡,但在当时各家思想百花齐放的时代,这个新宗教依旧得以逐步发展。拉尔夫·沃尔多·爱默生品行高尚、豁达沉着,崇尚自然,笃信宇宙无垠的说法。在他的影响下,新英格兰文化迈入发展"超验"主义的道路。于是,波士顿二十英里开外的康科德,成了超验主义的发祥地。在一次真正的文艺复兴中,新英格兰文学绽放光芒,各种高瞻远瞩的观念成为新英格兰伟大思想的助推器。19世纪中期,新英格兰最引人注目的思想是聚焦于黑奴问题的废奴主义。1852年,新英格兰名著《汤姆叔叔的小屋》诞生。相较之下,美国南部地区的政治观点与《汤姆叔叔的小屋》相反的宣传性小说几乎毫无影响力。当然，美国南部地区的文化也确实表现不俗。1830年至1860年，在美国查尔斯顿，贵族群体风头正劲。然而，在查尔斯顿贵族中，并未出现能与拉尔夫·沃尔多·爱默生比肩的人，甚至没有人能写出超越哈丽雅特·伊丽莎白·比彻·斯托的《汤姆叔叔的小屋》的作品。直到20世纪30年代，美国南部文坛才终于出现能与《汤姆叔叔的小屋》一较高下的作品。这部作品，就是玛格丽特·米切尔的

哈丽雅特·伊丽莎白·比彻·斯托

《乱世佳人》。可以说，《乱世佳人》的品读热潮，与《汤姆叔叔的小屋》不相上下。

身为美国最具实力的思想家与散文作家，拉尔夫·沃尔多·爱默生成为当时超验主义群体的先锋。1842年，在波士顿共济会会所，他读到一篇题为"论超验主义者"的演讲稿。读罢，他做出了如下阐释：

> 首先，我们必须指出，当下新英格兰所谓的"新观点"，其实不能称之为"新"。因为这些观点，不过都是灌注在新时代模具中的十分古旧的思想。光的构成总是相似，但它会照射到各式各样的物体上，这样才能被我们看见。光无形无状，因此我们看见的并非光本身，而是物体的形态。同样，思想观念也只能借由具体物象自我呈现。当时脍炙人口的超验主义是一种唯心主义思想。自1842年诞生起，超验主义就已具有唯心性质。作为思考者，人类被划分为唯物主义者与唯心主义者两大派别。
>
> 超验主义者分属唯心主义一派，他们笃信精神联通万物。他们相信奇迹，认为人的心智永恒接纳新的启发与能力，相信灵启与形而上学的力量。超验主义者希望，经过一番洗礼后，精神原则无须经过任何非精神因素，即确定性、教条性、私人性因素的检验，就能应用于人类社会的方方面面，展示自身功用。总而言之，思想深度就是衡量灵感强弱的精神尺度。这是前所未有的见解。因此，超验主

义者反对使用一切非精神性的规则与尺度,以此约束精神本身。

在康科德,拉尔夫·沃尔多·爱默生度过了平静的四十八年超脱人生。1882年,他在这安身之处溘然长逝。他家的园子一直延伸至马斯克达奎潘德水库。水库的水都流入梅里马克河。在瓦尔登湖附近,拉尔夫·沃尔多·爱默生买下了一片白松林。他在湖岸远处买下的一大片土地上,还有一座小石丘。因此,他才会在诗中吟唱道:

> 吾园地处绿林间,旧时丛木为其界;岸土斜入碧湖边,潜没波中深不见。

拉尔夫·沃尔多·爱默生虽然素来潜心研究拉丁文与英文山水诗,但在这乡野间安居下来后,他才发现自己对花鸟、山水、日月等诗之精髓其实所知甚少。"每次迈入丛林,我都难以用语言描述眼前的景象……每个进入这片林子的人,都会像第一次看见树林一样迷茫"。拉尔夫·沃尔多·爱默生的妻子莉迪亚·杰克逊·爱默生本想在她的出生地——普利茅斯建房,但为了拉尔夫·沃尔多·爱默生的职业理想,莉迪亚·杰克逊·爱默生放弃了自己的想法。拉尔夫·沃尔多·爱默生对妻子说:"不管去哪儿,我都会牢牢保留写诗癖。在别人眼中,我的执着可能非常荒谬,但对我来说,这种执着就是一种崇高的使命。"拉尔夫·沃尔多·爱默生的崇高使命,就是"远离人群,提笔写作。无论他们怎么打听，表现得如何迫不及待，我都只会慢慢地书写。这些文字经历荏苒时光，在各地广泛流传，最后也会出其不意地在世界各地自成一派"。拉尔夫·沃尔多·爱默生将演讲与写作融为一体，他的许多作品，都曾成为他的演讲内容。拉尔夫·沃尔多·爱默生夫妇都曾做过零工。拉尔夫·沃尔多·爱默生的大部分收入，都来自在各个"学术讲坛"和"互助会"的演说。19世纪中期，美国北部乡镇几乎都拥有自己的学术讲坛和互助会，美国中西部也有为数不多的相关社团。拉尔夫·沃尔多·爱默生说："学术讲坛是非常优秀的布道讲坛。"拉尔夫·沃尔多·爱默生年轻时，有一次曾作为牧师举办个人讲坛，但由于他对圣餐主晚餐的圣礼存在疑虑，因此，讲坛最终不了了之。为了到各地学术讲坛演说，拉尔夫·沃尔多·爱默生必须四处游历。因此，在康科德的四十八年时光中，他多次远行，并三次造访英格兰。他是赫赫有名的"波士顿星期六俱乐部"成员，在康科德有一群志趣相投的朋友，还与哲学家阿莫斯·布朗森·奥尔科特交往密切。

  为了论证他们的观点，新英格兰的超验主义者曾两次联合。超验主义者首次联合时组建了"布鲁克农场"。农场原名为西罗克斯伯里协会，由乔治·里普利创立于1841年。布鲁克农场是个乌托邦式公社，它既保留了希腊城邦的形式①，又包含了傅立叶式的空想社会主义组织形式。布鲁克农场内有大片土地，建有各色面包房、校舍和托儿所。依照

---

① 其中并无奴隶。——原注

傅立叶的构想，农场内还有共产房屋，又称公共建筑，供农场成员举行室内活动。拉尔夫·沃尔多·爱默生并未加入乔治·里普利组建的"农户与学者群体"，但他自认"是个'疯雅'之人"。纳撒尼尔·霍桑虽从不露"疯癫"之相，却也成了布鲁克农场公社的一员。1846年，布鲁克农场便因共产村庄遭焚毁而走向终结。

超验主义者的第二次联合，便是杂志《日晷》的创办。该杂志为月刊，发行于1840年7月至1844年4月。玛格丽特·富勒是《日晷》的首位主编，拉尔夫·沃尔多·爱默生则是该杂志第二位，也是最后一位主编。拉尔夫·沃尔多·爱默生曾为《日晷》创作四十篇散文及诗歌，其中包括一篇题为"超验主义者"的演讲稿。杂志其他供稿者有阿莫斯·布朗森·奥尔科特、乔治·里普利、詹姆斯·弗里曼·克拉克、西奥多·帕克、威廉·埃勒里·钱宁、亨利·戴维·梭罗和艾略特·卡博特。新英格兰的顶尖人才纷纷为《日晷》投注心力，投注无限热情。即便如此，这一切努力也未能助《日晷》撑过四年时光。

1857年，波士顿出现了另一杂志——《大西洋月刊》，其主编为詹姆斯·拉塞尔·洛威尔。亨利·沃兹沃思·朗费罗创作的一首诗被刊于《大西洋月刊》的首刊上。此外，拉尔夫·沃尔多·爱默生也曾为《大西洋月刊》供稿二十八篇，其中一半以上为诗歌作品。"波士顿星期六俱乐部"与《大西洋月刊》无直接关联，但"波士顿星期六俱乐部"成员与《大西洋月刊》创刊人员几乎相同。在每月最后一个周六晚上，在"帕克之家"酒店，"波士顿星期六俱乐部"会举行晚宴。

"波士顿星期六俱乐部"成立的第一个十年中,许多杰出人士都成了俱乐部成员,也有许多名流巨子不时参与俱乐部活动。晚宴过程中,亨利·沃兹沃思·朗费罗总会坐在餐桌一端,他气色红润、面容祥和、声音轻柔、性格内敛,与他相处,如沐春风。只要目光触及亨利·沃兹沃思·朗费罗,你就会心生愉悦。欣赏他沉默的模样,这比同许多人交谈都有价值。餐桌另一端是活跃的植物学家路易斯·阿加西斯。乐观豁达的他总是非常活跃,是个十足的话唠,笑起来像个大男孩。稀客如果问起坐在餐桌两边的都是何方神圣,他们就会听到这些如雷贯耳的名字:纳撒尼尔·霍桑、历史学家约翰·洛思罗普·莫特利、小理查德·亨利·达纳、詹姆斯·拉塞尔·洛威尔、杰出的数学家本杰明·皮尔斯、蜚声法政两界的大法官埃比尼泽·洛克伍德·霍尔、波士顿当代音乐评论领军人物约翰·沙利文·德怀特、捍卫自由的大学者威廉·格雷厄姆·萨姆纳、曾经历多次大战的马萨诸塞州州长约翰·阿尔比恩·安德鲁、慈善家塞缪尔·格里德利·豪、画家威廉·亨特,以及其他值得一睹其风采的大人物。此外,坐在亨利·沃兹沃思·朗费罗旁边的还有拉尔夫·沃尔多·爱默生,同邻座交谈时,他语气低沉、遣词谨慎;倾听他人闲谈时,他如同留声机般，将一切值得铭记的字句印刻在心。拉尔夫·沃尔多·爱默生是"波士顿星期六俱乐部"各种见面会的常客，直到离世前的一两年，他都一直保持着出席俱乐部晚宴的习惯。①

美国新英格兰众多杰出的文坛人士都在热烈讨论着解放黑奴运动的话题。"波士顿星期六俱乐部"成员见面时，拉尔夫·沃尔多·爱默生端坐在讲台上，呼吁众人支持黑奴解放运动。有时，他甚至会公开就黑奴解放运动发表演说，尽管他也认为，自己应继续从事学术研究。然而，当时，美国文坛很少有像他一样才辩无双的废奴主义者。直到哈丽雅特·伊丽莎白·比彻·斯托的出现，情况才有所好转。

哈丽雅特·伊丽莎白·比彻·斯托的父亲莱曼·比彻、丈夫卡尔文·埃利斯·斯托及她的六名兄弟都是牧师。1811年，哈丽雅特·伊丽莎白·比彻·斯托出生于康涅狄格州利奇菲尔德，她从小在波士顿长大。她的丈夫卡尔文·埃利斯·斯托曾在俄亥俄州辛辛那提的莱恩神学院任教。俄亥俄州是个"自由州"，但毗邻蓄奴州——肯塔基。因此，哈丽雅特·伊丽莎白·比彻·斯托开始积极投身废奴运动，致力于解放逃至辛辛那提的黑奴。1850年，卡尔文·埃利斯·斯托应邀前往缅因州鲍登学院任教，年薪达一千三百美元。哈丽雅特·伊丽莎白·比彻·斯托也通过写作贴补家用。她曾

---

① 老奥利弗·温德尔·霍姆斯：《拉尔夫·沃尔多·爱默生》，1912年，第222页到第223页。——原注

在某封信中说过：

> 我每年的写作收入有四百美元。不过，在亲子育儿、购置衣食、缝衫补裤忙活了一整天之后，我实在不想再逼迫自己拖着疲惫的身躯，坐在桌前写稿子。

1850年，斯托夫妇迁居鲍登学院。恰逢美国总统米勒德·菲尔莫尔签署《逃亡奴隶法案》。此法案后来获得美国国会通过。《逃亡奴隶法案》规定，如果有美国联邦特派员收到奴隶主投诉，那么无论该奴隶主名下的黑奴逃往任何一州，联邦特派员都必须逮捕逃亡的黑奴，并且将其送归奴隶主手中。在《美国历史》中，爱德华·钱宁曾表示，《逃亡奴隶法案》成为成文法律后，"很少有人反对，但并未得到重视"。不过，无论如何，哈丽雅特·伊丽莎白·比彻·斯托的娘家比彻家族仍十分关注这一法案。哈丽雅特·伊丽莎白·比彻·斯托的一位姐妹还曾致信哈丽雅特·伊丽莎白·比彻·斯托说："如果我像你一样擅长写作，我一定会用文字告诉全国人民，奴隶制是多么十恶不赦的东西。"这个念头让哈丽雅特·伊丽莎白·比彻·斯托大受震动。因此，她开始每周往支持废奴主义的《国家时代》周刊寄送《汤姆叔叔的小屋》的章节[①]，并且被《国家时代》收稿。1851年6月，《国家时代》开始刊载《汤姆叔叔的小屋》，

---

① 《国家时代》编辑部在华盛顿州，主编为加马利尔·贝利。——原注

作品末章刊于1852年4月。连载中的《汤姆叔叔的小屋》吸引了波士顿出版商约翰·庞查德·朱伊特的注意，他表示愿意将该作品出版成书。1852年3月20日，约翰·庞查德·朱伊特发行了三千本《汤姆叔叔的小屋》。此书一经销售，迅速被抢空。很快，《汤姆叔叔的小屋》成为美国最脍炙人口的作品。当时，美国南部许多政治宣传作品都曾试图要盖过《汤姆叔叔的小屋》的风头，但无一作品能出其右。就连帕默斯顿子爵亨利·坦普尔这种无心废奴伟业、从不多愁善感的人，都把《汤姆叔叔的小屋》读了三遍。在发表的一年内，《汤姆叔叔的小屋》已售出三十万本，并且被译为二十三种不同语言的译本。

19世纪中期的人们常常背负着"感伤主义"的骂名。确实，人们容易沉湎于感性思考。实际上，与如今相比，当时人们的感性思考程度并不过分，只是他们的思考方向与如今大不相同。当时的感伤主义更多聚焦于家庭生活。人们更怜悯查尔斯·狄更斯书中小妮尔·特伦特这样童年不幸的孩子，更同情朱丽安娜·霍雷希娅·尤因笔下的小顽童一样英年早逝的勇敢人物，也更钦羡那些能够白头到老的相爱男女。

《汤姆叔叔的小屋》中满是这样丰盈、饱满的角色：彼此相爱的夫妻、天真可爱却命途多舛的孩童、善良和蔼的先生女士、冷酷无情的剥削者，还有虔诚信教的长者。即便到现在，读者读完整本书后，依然会感触良多，备受震撼。《汤姆叔叔的小屋》故事叙述十分完整，是少数鞭辟入里、文学性较高的宣传性小说。与《老古玩店》的小妮尔·特伦特相比，《汤姆叔叔的小屋》里的女孩托普西更加古灵精怪。此外，小说中汤姆叔叔去世时的情节十分压抑，与小说《纽科姆家族》中托马斯·纽科姆上校辞世的悲怆情节如出一辙。

《汤姆叔叔的小屋》出版后，1853年，哈丽雅特·伊丽莎白·比彻·斯托发表《汤姆叔叔的小屋题解》一书。此书被历史学家称为"伸张正义的作品"，是警务人员行使废奴主义的守则。显然，哈丽雅特·伊丽莎白·比彻·斯托在创作《汤姆叔叔的小屋》时，《汤姆叔叔的小屋题解》的写作素材就已存在于她的头脑中。她书中为控诉奴隶制而引用的资料，其真实性也从未遭到质疑。

美国新英格兰纯粹的超验主义者是亨利·戴维·梭罗。与生性祥和、热爱自然的拉尔夫·沃尔多·爱默生相比，亨利·戴维·梭罗更像是自然之子，也比哈丽雅特·伊丽莎白·比彻·斯托更具浪漫情怀。如同崇敬潘神的希腊人一样，亨利·戴维·梭罗怀抱着"古文明时期特有的，为四季荏苒而喜、应自然之美而欢的情感"。从一般意义或现代意义的文明角度来看，亨利·戴维·梭罗确实可能无所作为。他对詹姆斯·拉塞尔·洛威尔的纺织厂嗤之以鼻，就连拉尔夫·沃尔多·爱默生居住的康科德，他都嫌都市味太浓。因此，亨利·戴维·梭罗选择在瓦尔登湖旁的林野之间隐居。

新英格兰多数超验主义者都曾在高校求学。例如，拉尔夫·沃尔多·爱默生和亨利·戴维·梭罗毕业于哈佛大学，亨利·沃兹沃思·朗费罗和纳撒尼尔·霍桑毕业于鲍登学院。然而，阿莫斯·布朗森·奥尔科特从未进入象牙塔。上

亨利·戴维·梭罗

述诸位皆深受古典文化影响，但亨利·戴维·梭罗无论是精神上还是学术成果上，都是最接近希腊文学的人。他就是马修·阿诺德笔下的"吉卜赛学者"真人版。他像个吉卜赛人一样四处漂泊谋生，以大自然的馈赠维系生活，也只在自然物资不足时，稍稍工作以满足最低生活所需。他终生未婚，大多时候都在林中漫步[①]，或者是静坐在湖边，享受和煦的阳光。他的日常生活所需十分简单。有时，他会写写文章，接些稀奇古怪的活计，有时又筑筑篱笆、漆漆仓库，或者是料理花草。创作《林间孤独》一诗时，拉尔夫·沃尔多·爱

---

① 每天至少四个小时。——原注

默生就已理解亨利·戴维·梭罗淡泊的志趣，并且对此无比赞同。不过，拉尔夫·沃尔多·爱默生个性温和、爱好交友。他大概会认为，住在林中湖泊边建造的小木屋中并非明智之举。然而，亨利·戴维·梭罗认为这才是唯一合理的生活方式。身为一位康科德农民的儿子，亨利·戴维·梭罗此前长期居住在康科德村庄内。直到1845年7月4日，已年满二十八的亨利·戴维·梭罗才终于动身，住进拉尔夫·沃尔多·爱默生建在瓦尔登湖边的木屋。此处离村庄虽只有1.5英里远，但足够安静隐蔽。因此，亨利·戴维·梭罗在瓦尔登湖一待就是两年。他写道：

> 每个清晨都像是一个欢乐的请柬，邀我料理自己简朴、纯粹的生活。大自然让我如同古希腊人一样，发自内心地崇敬每个晨曦。我早早起床，在湖中沐浴。这个行为颇具宗教意味，最让我沉溺其中。……我在晨光中，忆起一个个英雄时代。

让-雅克·卢梭住在比恩湖边，与大自然亲密接触的生活，在亨利·戴维·梭罗笔下再度鲜活。

亨利·戴维·梭罗并不认为自己在通过这种鲁滨逊式的林中隐居来逃避人生。在《瓦尔登湖》的结尾部分，他如此告诫读者："无论生活有多么残酷，都要迎难而上、狂欢一场！"在"我的人生意义"一章中，他说道：

> 住进林中，是因为我想从容不迫地活着，直面

生活的本质。我也想知道,自己是否能够在生活的磨难中有所领悟。直到弥留之际,又是否会发现自己一直在虚度人生?

亨利·戴维·梭罗觉得,人世间许多令众人愉悦的事情不过都是累赘:

> 我这一生收到的信中,内容配得上那点邮资的还不到一两封……我很肯定,我读报时从未看过任何让人记忆深刻的新闻。……对哲学家来说,所谓新闻不过都是些流言蜚语,报纸编辑和读者无非是些端着茶杯说三道四的挑剔鬼罢了。
> 赶紧抛弃这些无谓的东西吧!
> 就花一天时间优哉自得地生活吧。偶尔闯入生活中的琐碎无谓之物,都不应该让人偏离生活正轨。我们要早早起床,慢慢享用早餐,不受任何打扰;友人前来做伴,便随他去留;任门铃响个不停,任孩子哭个痛快——这一切结束后,又是欢乐的一天。我们为何要屈从世俗,跟随大流而活?晚餐时间就像高速旋转的漩涡一样凌乱,别在这段时间胡思乱想了。晚餐时间,人的思想肤浅得很。只要挺过这个危急时刻,就万事大吉,剩下的时光都是风平浪静的。绷紧每一寸神经,铆足早晨积蓄的劲头,我们扬帆驶离汹涌的漩涡,望向他处,如抵抗诱惑的尤利西斯一样,将自己紧紧绑在桅杆之

上。如果船上的引擎开始轰鸣,那便任它呼啸,直至它因劳累不堪而声嘶力竭。即便门铃大作,又何必跑过去应门?①

当然,亨利·戴维·梭罗想要的不仅仅是毫不匆忙的状态:

> 我们要静下心来,认真工作,踏踏实实地把双脚踩进那混杂着舆论、偏见、传统、幻想和表象的污浊泥潭里,步入那在全球各地翻涌的洪潮,穿越巴黎和伦敦,踏遍纽约、波士顿和康科德,路过教堂与州郡,涉猎诗歌、哲学、宗教领域。直到走上坚实的地表,踏足"现实"这块磐石,我们才会说:"就是这儿,准没错。"②

世上确实存在超验主义者信条。亨利·戴维·梭罗是这样在现实中参透这一信条的:

> 那是个美妙的傍晚,我全身只有一种感觉,每个毛孔都浸润着喜悦。我带着一种奇异的自由,在自然中来去自如。沿着怪石嶙峋的湖岸漫步时,我似乎成了自然的一部分。虽然当时寒风瑟瑟、云雾

---

① 亨利·戴维·梭罗:《瓦尔登湖》,第95页。——原注
② 亨利·戴维·梭罗:《瓦尔登湖》,第95—96页。——原注

浓重,没有任何引人入胜的景致。奇怪的是,这番景象,却同我心境相适。牛蛙扯开嗓子,在夜间聒噪。微风拂过湖面,北美夜鹰啼叫的曲调随涟漪漾开。桤木和白杨树叶娑娑颤动,美得摄人心魄。我内心的一片静谧就如同那湖面,轻泛微波,却仍不被惊扰。①

回到湖边小屋后,亨利·戴维·梭罗发现屋内似曾有客来访:有人在屋里留下了一束鲜花;有人放下了一只用万年青编成的花环;有人带来了一片黄色核桃叶和一块木牌,并且在牌子上用铅笔写下了他的名字;还有一位客人把一条已削去树皮的柳木枝摆在桌上,雪茄的气味仍在屋中萦绕。此般情谊,让人心暖。亨利·戴维·梭罗从未想杜门谢客。他常常只身一人前往康科德,在林中散步四个小时回到家中后,看到家里有客人到访的痕迹,都会满心欢喜,为这偶尔的人际交往而喜,为友人的丝丝温情而喜。当然,他不会因与访客擦肩而抱憾,不过如果他进屋时客人还在,他们定会交谈起来。客人还会留下共用晚餐,大家也会忙活起来,动手烤制布丁。可见,群居与独居之乐,亨利·戴维·梭罗都能在其中享受。从某种程度上来说,我们其实都能兼得群居和独居的乐趣,尽管我们无法如亨利·戴维·梭罗那样自如地兼顾两种生活。

与森林之子亨利·戴维·梭罗生活在同一时期的康科

---

① 亨利·戴维·梭罗,《瓦尔登湖》,第127页。——原注

德伟人，还有纳撒尼尔·霍桑。纳撒尼尔·霍桑是土生土长的塞勒姆人，常居于塞勒姆。不过，1842年至1845年、1852年至1853年及1860年至1864年这三个时期，他都曾在康科德暂住。众所周知，19世纪中期最出色的英语散文均出自新英格兰，其中以康科德最盛。纳撒尼尔·霍桑的文字简约、纯粹、协调自洽，颇具古希腊特色。他似乎不费吹灰之力，就能用引人入胜、掷地有声的笔触，表达心中所想。他笔下的新英格兰清教小说《红字》出版于1850年。这部作品就是一部塞勒姆史诗。塞勒姆是座仍在焚烧女巫的城镇，也是恪守清规的加尔文教徒的聚居地。在这些加尔文教徒眼中，人的一生就是一场旷日持久的激战。人类要与恶浪怪石相争，与妖魔鬼怪相斗，更要与17世纪的黑暗势力一较高下。

加尔文主义信奉原罪、命运、地狱和诅咒。不过，在纳撒尼尔·霍桑生活的时代，加尔文主义的教条开始模糊化，性质已愈发偏向更温和的一神论。《红字》的女主人公赫斯特·普林为严苛的清教道规所累，接受了所有审判，只能在惩戒、责罚中逆来顺受。她对自己一切遭遇的思考，最终也只能以疑问作结。道德陈规不动如山，审判结果公正合理，然而，这已于事无补。上帝慈悲为怀，但在塞勒姆，无人知晓上帝慈悲的面目。纳撒尼尔·霍桑认为，仅靠拉尔夫·沃尔多·爱默生温和、乐观的性情，还不足以回答赫斯特·普林对人生磨难的疑问。因此，同赫斯特·普林一样，纳撒尼尔·霍桑内心也疑虑重重，对人生的谜团一筹莫展。

超验主义者特别是康科德派的超验主义者的活跃，是新英格兰文艺复兴最有力的例证、最生动的体现。在美国的

波士顿和剑桥,新英格兰文艺复兴形式更加温和、更关注文体。因此,弗农·路易斯·帕林顿将这次文艺复兴称为"高雅时代":

> 波士顿婆罗门文化中的浪漫主义,已摈弃福斯塔夫式[①]的庸俗。自然人身上的每一处污渍,都已被礼仪规矩的纯净阳光褪去浊痕。经过细密的清教礼节的仔细过滤,维多利亚女王时代的文学作品中,纵是最细微的杂质,都已被清除干净,因此它比典型的英格兰文风更加高雅纯粹。维多利亚女王时代文坛第一条的戒律,正是缄默之律。[②]

在这种戒律约束下,文学批评通常会极尽讽刺挖苦之能事,言语间甚至有居高临下之感。波士顿人和剑桥人热爱文化,对图书馆、书塾和讲堂无比崇敬。当地学者纷纷通过书里的描述、书房窗外的景色,思考人生的道理。无论是在东方国家或者是在西方国家,婆罗门阶层都无比幸运、备受庇佑。所幸,全天下期望或能够跻身婆罗门的人仅占少数。不过,在文化史中,或者说在人类文明的长河中,19世纪中期的波士顿与剑桥的文人、学士早已占领要地。例如,威廉·希克林·普雷斯科特的《墨西哥征服史》、弗朗西

---

① 约翰·福斯塔夫是威廉·莎士比亚剧作中的喜剧人物,言行举止滑稽可笑。他贪财、怯懦、懒惰,又机警灵巧,并非非黑即白式的人物。"福斯塔夫式"通常指描述平民社会百态的文学风格。——译者注
② 弗农·路易斯·帕林顿:《美国的浪漫主义革命》,第336页。——原注

斯·帕克曼的《庞蒂亚克阴谋史》及约翰·洛思罗普·莫特利的《荷兰共和国的崛起》，均是文学研究力作，也是人类史诗华章。亨利·沃兹沃思·朗费罗的诗作久经岁月，盛名依旧。在这个不再流行读诗的时代，亨利·沃兹沃思·朗费罗的诗歌仍然广为传颂。当然，正如乔治·圣茨伯里指出的那样，亨利·沃兹沃思·朗费罗的诗中也不难发现瑕疵。比如，他的一首叫作《步步高升》的诗，曾被转写为散文。此诗题目含义模糊，叫人无从解释，诗歌内容也非常愚昧荒唐。即便如此，我们也不会就此否定这首诗存在的意义。用乔治·圣茨伯里的话说，《生命之诗》是"亨利·沃兹沃思·朗费罗最混乱不清、最易引起争论的诗作之一。然而，对维多利亚女王时代的青年而言，这首诗依旧颇具启发性。当今心理纯正、不谙世故的青年如果能读一读此诗，亦会有所体悟"。乔治·圣茨伯里认为，亨利·沃兹沃思·朗费罗的《伊万杰琳》"非常美妙，诗中充满出色的描述性文字，适合放置在客厅桌上，供人闲时一读。此诗采用旧式韵律，虽无法做到用韵自如，但仍不失巧妙。诗中真情切切，颇多优美段落"。[①]《海华沙之歌》可谓亨利·沃兹沃思·朗费罗的"扛鼎之作"。这一作品准确传达了诗人的创作理念，全诗"以陌生化的虚构画面、精巧的用词、精妙的韵律及各种技法，呈现出一个完全陌生的古老文明"。

亨利·沃兹沃思·朗费罗的日记和信，无不体现出他快乐、充实的独身生活。1836年至1854年，亨利·沃兹沃

[①] 乔治·圣茨伯里：《序言与散文》，1933年，第333页。——原注

思·朗费罗出任哈佛大学现代语言学系教授。在此期间，他编撰了数本诗集和两篇叙事长诗《亥伯龙神》和《卡文那》。这几部作品都非常值得一读。1854年以前，亨利·沃兹沃思·朗费罗已凭借出版作品获得丰厚报酬，大可停止文学创作。1854年5月3日，他给德国诗人斐迪南德·弗赖利格拉特写了一封信，解释说："我的生活，已经被家庭琐事、儿女亲友、生人来访和大学讲座塞得满满当当，根本无暇写诗。"后来，亨利·沃兹沃思·朗费罗喜结良缘，与妻子育有二子二女。毫无疑问，他本可以直接使用哈佛大学发放的教授薪俸。当时他已四十七岁，作为一名独立学者，他手头的钱就足够支撑全家在剑桥的花销。他也有足够强大的意志，去下定决心成家立业，并且永不言悔。1854年，亨利·沃兹沃思·朗费罗开始创作《海华沙之歌》。他每天都有充足的时间读些有趣的书，还有大把空闲时间写作。他常为家人和朋友大声朗读，朗读内容不限于自己的作品。此外，他热衷交友、散步。在1854年10月18日的日记中，他曾写道："在秋高气爽的晨光中散步，最是惬意。"有一次，在散步路上，亨利·沃兹沃思·朗费罗巧遇字典编撰家约瑟夫·爱默生·伍斯特，后者正骑着黑马信步前行。约瑟夫·爱默生·伍斯特看到他，便一字一顿地说："为什么——你不——像我一样——骑匹马呢？"亨利·沃兹沃思·朗费罗在日记中接着写道："《海华沙之歌》占据了我的日常生活，让我身心舒畅，但写作时我是否就毫无疑虑？非也，我的生活中依然偶尔会出现隐忧。每到此时，脑海里浮现的写作内容便会把我拉回来，催我动笔。在这之后，疑虑就会消失无踪。"亨利·沃兹沃思·朗费罗认为,《海华沙之歌》写得非常顺利。大西洋两岸的人们也对这部作品赞叹有加。1855年5月11日,已在英格兰利物浦出任英格兰驻美领事的纳撒尼尔·霍桑向亨利·沃兹沃思·朗费罗去信:"您可曾听说,几个月前,哈罗公学的学生已通过正式投票,把您选为当代诗人之首了呢?"

南北战争期间,亨利·沃兹沃思·朗费罗都在剑桥克雷吉的宅邸生活。即便是南北战争的硝烟,都无法打乱他的生活步调。他总是满心平静,不间断地写作,也维持着稳定、频繁的社交活动。他还时常写信。1882年,亨利·沃兹沃思·朗费罗于剑桥去世。后来,他的半身像被安放在威斯敏斯特教堂的"诗人角"。

有这么两位作家,他们称不上才高八斗,却是19世纪文坛的完美楷模,为新英格兰文艺复兴画上了圆满的句号。这两位作家,正是老奥利弗·温德尔·霍姆斯和詹姆斯·拉塞尔·洛威尔。前者是波士顿的智者典范,后者则是剑桥的文坛楷模。老奥利弗·温德尔·霍姆斯是《大西洋月刊》的主要供稿者。杂志《早餐桌上的独裁者》就曾收录老奥利弗·温德尔·霍姆斯早期投到《大西洋月刊》的文章。和亨利·沃兹沃思·朗费罗、詹姆斯·拉塞尔·洛威尔[1]一样,老奥利弗·温德尔·霍姆斯曾在哈佛大学任教,但他教授的不是文学,而是药学。老奥利弗·温德尔·霍姆斯住在波士

---

[1] 詹姆斯·拉塞尔·洛威尔接替了亨利·沃兹沃思·朗费罗,成为哈佛大学现代语言学科领头人。——原注

顿，是个交际高手。在需要吟诗助兴的特殊场合下，绝对没有人能像老奥利弗·温德尔·霍姆斯一样，马上赋出无比应景的诗篇。老奥利弗·温德尔·霍姆斯精通散文和诗歌写作，但他这两种类型的作品数量都不多，仅存的散文和诗歌都收编在一本短篇著作中。即便如此，各地读者仍对他赞慕有加。老奥利弗·温德尔·霍姆斯受人青睐的原因是他善于通过文字与读者亲密交流。他擅长语言表达，在多数作品中都会运用第一人称"我"来写作。他作品中的"我"，其实就代表他本人。

生活在美国剑桥的詹姆斯·拉塞尔·洛威尔常常召开文学讲座，写诗撰文。如今，他的文章已乏人问津，只有主题严肃的诗歌还偶有人品读。不过，1848年出版的《比格罗诗稿》依旧小有名气。而且，在各类演讲或精选名篇中，也不时有人会援引《比格罗诗稿》中的诗句。身为文人，詹姆斯·拉塞尔·洛威尔心性率直、坦诚，思想开明，气度不凡。1880年到1885年出任美国驻英大使期间，他一直恪尽职守。当时，英格兰由威廉·格莱斯顿主政，自由主义的政治氛围与詹姆斯·拉塞尔·洛威尔的理念不谋而合。因此，在伦敦履职期间，他的工作可谓无比顺遂。

第 9 章

美国共和党的诞生

  国家是人类了不起的创造，而重要性次之的，便是优秀的政党。政党不似国家，难以长久存续。天下党派从来兴衰不定，英格兰的自由党即是一例。美国共和党即便独揽大权将近六十年，也会有一败涂地、无比艰辛的时候。曾有人问：美国共和党是否会就此销声匿迹？但话音刚落，共和党便开始得势，赢得美国多个选区。

  共和党崭露头角时，恰逢美国迅速发展的年代。当时，西进运动如火如荼。1848年，在加利福尼亚州，人们发现了黄金。除了南部各州，美国各处的发展均势如破竹：工业进步带动了东部繁荣；德意志1848年革命后，美国中西部迎来大批高素质的德意志移民；西部淘金热让年轻人纷至沓来——金子的诱惑，绝不会叫人败兴而归。似乎只有观念老旧、安土重迁的南部地区，仍相对停滞不前。种植园主和白人农民仍可自主营生，其中种植园主的生活可谓锦衣玉食。然而，他们如果想拓宽财路，寻求新商机，只能走出南部旧州，去往密西西比河以北可能允许蓄奴的准州。一时之间，蓄奴区的扩张及其他南北差异，让美国联邦几近分裂。美国南部的旧式文明与安适的生活，也即将因此走向终结。

种植园主热情好客、教养良好。他们以善待黑奴的事迹闻名于世，身上的政治才能同样十分出众。甚至可以说，从1782年至19世纪中期，美国一直都是种植园主的天下。美国最早的十三名总统中，就有十位来自南部地区。早期，美国南部没有确立系统的政党体制，但南部领导者普遍自称民主党人或辉格党人。民主党重视各州权利，辉格党则更推崇联邦制，但两党界限并不明显。如果非要谈论两党的区别，那么可以说，废奴主义者更倾向于加入拥护联邦制的辉格党，因为民主党强调的邦州权利，是奴隶制的最佳防护罩。然而，在南部各州的影响下，美国国会于1850年通过《逃亡奴隶法案》，规定不管在何州抓捕逃亡奴隶，联邦政府不能侵犯个人的权利。这就让局面变得异常混乱。也许，《逃亡奴隶法案》可以算是1861年美国南北战争的导火索。不过，这一法案只是1793年一部逃兵逃役法律的修正案。1850年通过的《逃亡奴隶法案》的重要性在于，它规定逃亡奴隶案件归联邦管辖，而不归现存各州司法部门处理。《逃亡奴隶法案》设立联邦特派员，他们有权在美国各州执法。马萨诸塞和俄亥俄等自由州的逃亡奴隶被捕后，南部奴隶主及其代理人依然不愿妥协，搅得南部怨声载道，各处骚乱不断。如此场面，也许正是奴隶制弊端的最明显的体现。1852年出版的《汤姆叔叔的小屋》，便随着《逃亡奴隶法案》掀起的风波出现在大众视野中。

辉格党在当时仍算是一个政党。辉格党虽然在试图接受

《逃亡奴隶法案》，但其实对法案中的规定已忍无可忍。作为联邦制拥护者，辉格党原则上不会反对通过联邦机构实施该法。部分辉格党人是反对蓄奴的"自由土地党人"，他们对《逃亡奴隶法案》中支持蓄奴的规定无法苟同。因此，在利益与党派传统影响下，辉格党只得应势瓦解。此时，民主党依旧岿然不动。因此，部分辉格党人也许已加入民主党。就这样，当时的辉格党，逐渐被一个有组织、有纪律的真正政党取而代之。

当然，美国推举总统候选人素来都遵循某种机制。候选人身旁有影响力的同盟会集结成群，为候选人宣传造势。这些名人也许是美国立法部门或美国国会的成员，也可能是某一观点群体的代表。1835年总统竞选期间，有人提出通过召开全体代表大会推举总统候选人。于是，1835年5月，美国首次民主党全体大会在巴尔的摩召开，与会人员包括多数机构的民主党人。此次会议中，马丁·范·布伦获得三分之二的多数票，当选总统候选人。其后，民主党和辉格党形成传统，默认选举人须获得三分之二的多数票，方能当选党内总统候选人。只要全体人民开始意识到总统选举关乎国运荣衰，他们就会发现，委任党内代表、安排会议、确定总统候选人及安排竞选等事宜，自然都需要以长久稳定的政党组织为依托。于是，一个稳定持久的政党组织，便在1854年至1856年期间逐步成型。

显然，一个政党在全国范围内发展壮大之前，会先在单个或多个州多点发展。据称，1854年7月6日，共和党组织从密歇根州的杰克逊市发源。不久，每个州都出现了一个共和党派。此后，各州共和党派都会共聚一堂召开全国代表大会，推选总统候选人。

后来，在争议不断的《堪萨斯-内布拉斯加法案》制定的过程中，美国共和党派逐渐成形。《堪萨斯-内布拉斯加法案》通过后，自由土地党人开始成群结队地出现在大众视野中。自由土地党人并不一定是废奴主义者，但所有废奴主义者都必定属于自由土地党人阵营。许多自由土地党人并不反对老牌蓄奴州保留奴隶制，但他们坚定地认为，不应将奴隶制引入其他新州或准州。1820年，美国国会通过的《密苏里妥协案》已满足自由土地党人上述诉求。《密苏里妥协案》规定，公认的蓄奴州密苏里州以西区域及北纬36.5°以北地区，绝对不得引入奴隶制。该法案遭到美国南部人民的强烈反对，因为他们希望，在密西西比州和密苏里州以西建立新准州后，日后有需要时，可以带着手下的奴隶一起定居于新准州。1850年，另一妥协案修正了《密苏里妥协案》条文。依据新妥协案的规定，被确立为准州的新墨西哥允许蓄奴。然而，确立为州的加利福尼亚虽然大部分区域地处北纬36.5°以南，属于《密苏里妥协案》规定的蓄奴带，但该州仍不允许蓄奴。可见，1850年妥协案新规更加公平、合理。新规定下，蓄奴区和自由区的范围更加平衡。《密苏里妥协案》已规定自由州和蓄奴州之间的固定界限。对自由土地党人而言，《密苏里妥协案》的新规定不啻为一次巨大的打击。因此，他们只能继续强化组织，变得更加团结。1854年，美国政府认为有必要建立堪萨斯与内布拉斯加两大准州。此后，美国政治矛盾愈发尖锐，两大政党在此期间得以逐渐成形，巩固根基。

1854年，除了美国建国初成立的十三州，密苏里-密西西比一线的中西部地区及落基山脉至太平洋沿岸的远西区，都已被美国联邦管辖。此时，只剩密苏里—密西西比一线与落基山脉之间的广袤区域仍未归属美国联邦。一大批美国人开始进入该地区生活，但此地仍未成立任何政府。1854年，在美国国会，伊利诺伊州民主党议员斯蒂芬·阿诺德·道格拉斯提出《堪萨斯-内布拉斯加法案》，要求在上述无政府组织区域建立堪萨斯与内布拉斯加两个准州。同时，议案附文要求，两个准州成立时，准州居民应当即决定本州是否保留奴隶制。实际上，《堪萨斯-内布拉斯加法案》的条文，已让《密苏里妥协案》成为一纸空文。

《堪萨斯-内布拉斯加法案》获批后的五年里，蓄奴派和自由土地党人的争端在堪萨斯州的土地上此起彼伏，闹得人仰马翻、血流成河。来自堪萨斯州奥萨沃托米的约翰·布朗残暴不仁，甚至以自由为名，残杀了五位奴隶制拥护者。最终，在堪萨斯州投票制定准州宪法时，自由土地党人已是人多势众。正因如此，1859年的堪萨斯州宪法已明文禁止奴隶制。

1856年2月，匹兹堡共和党代表大会召开后，美国共和党正式成为有组织的全国性政党。1856年，美国总统选举，或者说是一场推选总统选举人的选举拉开序幕。1856年2月的这次匹兹堡共和党全国代表大会，仅是将共和党正式组织起来进行商议。1856年6月，费城召开共和党全国代表大会时，共和党才开始提名选举人。费城共和党全国代表大会中，来自加利福尼亚州的约翰·查尔斯·弗里蒙特被推举为共和党党内总统候选人，俄亥俄州的威廉·刘易斯·代顿被推举为副总统候选人。候选人中，来自伊利诺伊州斯普林菲尔德的律师亚伯拉罕·林肯一票未得。与此同时，民主党在俄亥俄州辛辛那提国民代表大会上进行投票，支持将《堪萨斯-内布拉斯加法案》视为"奴隶制问题的唯一合理对策"，并且推举詹姆斯·布坎南为党内总统候选人。1856年11月全美票选中，詹姆斯·布坎南一马当先，当选为此后三十二年间唯一一名来自民主党的总统。有人认为，詹姆斯·布坎南的当选拯救了整个美国联邦。因为如果当选的是约翰·查尔斯·弗里蒙特这种不折不扣的北部"割据派候选人"，那么南部各州必然会脱离联邦。在1856年的形势下，美国北部人民必定不愿强迫南部同胞重返联邦。值得注意的是，多数主张废奴的共和党人都强烈支持分裂。他们建议撤销联邦，喊着"有奴隶，无联邦"的口号。因为美国宪法承认奴隶制，共和党人也将奴隶制称为"死亡盟约"。威廉·劳埃德·加里森和他的朋友也赞同这种反奴隶观点。

　　1857年发生的两件大事，使美国两大政党的性质愈发清晰，也让共和党势力逐渐壮大。第一件大事是美国最高法院对德雷德·斯科特案的判决。德雷德·斯科特夫妇和他们的两个女儿都在军医约翰·爱默生手下为奴。约翰·爱默生故去后，德雷德·斯科特一家便转到约翰·爱默生的遗孀艾琳·爱默生名下。约翰·爱默生在世时，德雷德·斯科特曾随主居住在伊利诺伊与威斯康星两个自由州。后来，他随约翰·爱默生的妻子艾琳·爱默生去往蓄奴州密苏里。1846

年，德雷德·斯科特为获得自由，以曾经身处自由州为由，在密苏里州法院起诉艾琳·爱默生。当时，密苏里州巡回法院判定德雷德·斯科特已是自由身。不过，六年后即1852年，密苏里州最高法院判定，德雷德·斯科特即便在自由州时曾是自由身，但他回到蓄奴州后已自动恢复奴隶身份。最终，此案只得交由美国最高法院审理。1857年，美国最高法院以5∶4的票数宣判，德雷德·斯科特不能算作美国宪法认定的公民，因为宪法并未赋予美国国会任何权力，为黑人授予公民身份。这一判决不仅对德雷德·斯科特十分不利，还让1820年的《密苏里妥协案》失去效力。对奴隶主而言，这是一场巨大的胜利。然而，因这一事件，共和党人的心情瞬间坠入谷底。1857年，疯狂投机现象导致美国发生金融恐慌。或许这次金融恐慌，部分缘于1848年加利福尼亚发现金矿后，淘金热导致货币市场混乱。金融恐慌期间，俄亥俄州人寿保险信托公司倒闭，许多银行被迫关门。美国政坛有一条准则："执政党有责任应对任何可能发生的财政困难局面，需要号召民众共克时艰，解决严重影响工薪阶层的失业问题。"1857年，美国执政党为民主党，时任民主党总统詹姆斯·布坎南必须担起力挽狂澜的大任。

1859年，约翰·布朗在马里兰和弗吉尼亚州发动起义，进攻逃亡奴隶的聚集地——哈珀斯费里。1859年10月16日，经过一番鏖战后，约翰·布朗惨然落败，后于弗吉尼亚州的查尔斯敦受审，随后在1859年12月2日被判处死刑。亚伯拉罕·林肯称，这次起义是一次无谓的努力，"除了让约翰·布朗命丧刑场，起义最终收效甚微"。

1860年是美国政党历史上决定性的一年。1860年，辉格党销声匿迹，民主党分崩离析。在奴隶制问题上，辉格党和民主党并未团结一心。当时，伊利诺伊州的斯蒂芬·阿诺德·道格拉斯是民主党功名卓著的人物，也是党内最有可能参加总统选举的人。即便斯蒂芬·阿诺德·道格拉斯提出了《堪萨斯-内布拉斯加法案》，他也并非彻头彻尾的奴隶制支持者。他主张"人民主权"，即每个州应自行决定是否保留奴隶制。来自伊利诺伊州的亚伯拉罕·林肯是斯蒂芬·阿诺德·道格拉斯的政敌，他曾与斯蒂芬·阿诺德·道格拉斯公开进行过多番舌战，并且通过精明、机警的盘问，指出北部民主党在奴隶制问题上立场暧昧不明。此外，共和党虽然已在1856年确立政党形式，但整个政党仍是一个小团体。共和党代表美国北方群体的利益与观点，他们不遵循任何固定程序，缺乏自觉推进联邦发展的理想。很久以前，埃德蒙·伯克就曾指出，一个群体如果只能代表某个地区或阶层的利益，并且不能促进共同利益的发展，那么这个群体就算不上一个真正的政党。1858年，亚伯拉罕·林肯预备竞选伊利诺伊州参议员时，也曾说过一番类似的话："一栋内部分裂的屋子必然倒塌。我认为，美国联邦政府半数支持奴隶制、半数支持自由制的状态，不会永恒不变。"

1860年，共和党和民主党分别在芝加哥和巴尔的摩召开了攸关国运的全国代表大会。共和党全国代表大会与会人员包括废奴主义者、自由土地党人、工业保护主义者及谋求官职者。起初，就有绝大多数与会人员提名亚伯拉罕·林肯为共和党总统候选人。最终，全体与会成员都为亚伯拉罕·林肯投了支持票。

1860年6月，民主党全国代表大会于巴尔的摩举行。此次会议不久后，民主党分裂出两大团体。其中一方推选斯蒂芬·阿诺德·道格拉斯为总统候选人，另一方则提名肯塔基州的约翰·卡贝尔·布雷肯里奇。此外，辉格党残余势力也在巴尔的摩召开党内代表会，并且推举了来自田纳西州的约翰·鲍尔。1860年11月的总统选举中，亚伯拉罕·林肯的三位对手总票数占比较大，但亚伯拉罕·林肯仍是得票最多的候选人。在此情况下，南卡罗来纳、路易斯安那、得克萨斯、乔治亚、亚拉巴马、密西西比和佛罗里达七大州立即脱离美国联邦。1861年4月，美国内战在萨姆特堡打响后，弗吉尼亚州[①]随即脱离联邦。此后，阿肯色、田纳西及北卡罗来纳跟随弗吉尼亚的步伐，加入南部邦联。

分裂割据的局面使共和党的政治立场更加明确。此时，共和党人无论是否参与战斗，都更加坚信联邦存在的意义，支持联邦政策。分裂派都是民主党人，但并非所有民主党人都是分裂派，他们更重视各州的权力。如前文所述，共和党人拯救了美国联邦，成为"老大党（GOP）"。此后，共和党依然重视联邦权力，但并不忽视各州的权力。此外，共和党也全力支持工业保护主义与自由劳动，并且制定《宅地法》，为实现土地自由创造机会。随着美国内战的结束，全国重建完毕后，民主党依然提倡各州的权力，同时支持保护主义。然而，民主党支持保护主义的力度远不及共和党。

---

① 除了西弗吉尼亚。——原注

共和党的主要势力仍旧在美国东部及中西部各州，其西部势力较弱。民主党的"南方阵营"对民主党忠贞不渝。詹姆斯·布赖斯称，共和党与民主党就像是"向心力与离心力"，两党泾渭分明，分庭抗礼。直到20世纪40年代，民主党在1933年的经济萧条浪潮中执掌大权，美国党派争端再度白热化。当时，民主党主张采纳联邦行动措施，共和党则奋起反对，势要维护各州权力。此时，美国人开始担忧，共和党是否有可能彻底消失。

  分裂局面和内战的消耗让美国南部地区满目疮痍。1861年4月13日，南加罗莱纳州的南方邦联军炮轰戍守于萨姆特堡的联邦军队，将美国南部地区两百多年来的文明和安适社会体制毁于一旦。亚伯拉罕·林肯承认，根据美国宪法规定，在1861年以前成立的各州中，奴隶制均属合法。他也不打算修宪，而是同意让这些蓄奴州维持原状。然而，只有后来获得绝大多数人支持的共和党总统，才有可能将宪法修正案确立为成文法，以此解决奴隶制问题。南方奴隶主及其支持者早已等不及，便急忙脱离了美国联邦。至此，共和党和民主党已各自为政，从此在美国政界二分天下，让美国成为两党制国家的典范。

第 10 章

罗马作为教皇国首都的最后时光

1848年11月,欧洲革命爆发。教皇庇护九世被迫出逃罗马,来到那不勒斯王国的加埃塔。1849年7月3日,法兰西第二共和国总统拿破仑三世出兵,击退罗马共和国①主将朱塞佩·加里波第、卡洛·阿尔梅利尼及奥雷利奥·萨菲的部队,并且一路攻入罗马。此后,庇护九世并未立即返回罗马。庇护九世当时已重掌大权,但1850年春之前,他与多位枢机主教依然滞留在加埃塔。1850年4月6日,在那不勒斯国王斐迪南二世的护送下,庇护九世越过那不勒斯王国国界碑,于1850年4月12日16时经由圣若望门进入罗马。此时,罗马已恢复古老的教皇国行政体制。1870年9月4日之前,教皇国政府依旧由神职人员执掌——至少罗马的政体就是如此。权霸一方的教皇国国务卿贾科莫·安东内利只身居次要牧职,一直连任至1876年离世。

1850年,教皇国②疆域已从罗马西南六十英里处的泰拉

---

① 此处的罗马共和国建立于1849年2月,仅存在四个月。——译者注
② 又称教会属国。——原注

奇纳，扩张至波河沿岸的费拉拉。两地距离足有三百八十一英里。此时的教皇国领土涵盖十八个邦国，人口超过三百万。教皇国是教皇权力独立的保证，却是实力最弱的国家，仅靠一支约有两万人的法兰西卫戍部队驻扎在罗马和奇维塔韦基亚维护国土安全。教皇国还拥有瑞士教皇卫队和常规教皇军。常规教皇军人数在七千到一万，采取志愿兵役制。因此，部队纪律散漫、效率低下。教皇国还拥有人数众多的宪兵部队，即教皇国的警察。在教皇国各个邦国间往返时，不管是教皇国人还是外地人，都必须出示通行证。教皇国有大量行政与司法官员。几乎所有教皇国高等官职都由神职人员把持。因此，身处闲职的官员毫无激情、驽钝不堪、做事拖泥带水。教皇国内，教皇拥有绝对的君权，枢机主教是辅政大臣。罗马的市议会称为元老院，其成员由教皇统一推选。

教皇国政府一直试图管控一切，其管理体制极具父系社会的特性。教皇国经济体系保护主义性质明显。在这种经济体系下，高额关税阻碍贸易的健康发展，走私活动屡禁不止。奇维塔韦基亚及其他港口城市的海关官员依靠纵容走私活动来获取丰厚利润。由于外来商品不断涌入教皇国，加上乡村物品丰饶，因此，乡村人民生活成本一直较低。然而，教皇国生产的一切物品，甚至是供给人民的食物，都要向教皇国国库缴税。教皇国间接税种类繁多，政府靠税收给大批闲杂官员支付薪酬。即便如此，人民生活成本也没有因征税而大幅升高。大部分百姓靠农业谋生，罗马以外的城镇居民则依靠开店营生。除此之外，多数罗马人民只能靠慈善机构

庇护九世

发放的救济金过活。在二十万罗马人中,大约一半人无正规职业。

1850年,庇护九世重掌教皇权力时,还有一个月便年满五十八岁,他依旧精神矍铄、身强体健。他常常乘马车在罗马四处活动,喜爱突然探访修道院、艺术家工作室和寻常人家,也时常驾着马车到罗马城外,在乡野间下车漫步。在阿尔巴诺湖岸,教皇乌尔班八世修筑了一处叫甘多尔福堡的避暑别墅。庇护九世常在此处度假。度假期间，庇护九世沉醉乡野生活，时常野餐、漫步，还不时登山望远。远行途中，他总是非常健谈、心情愉悦，不拘束于身份，但威严不减。庇护九世乐天和善、平易近人，自然颇受罗马人民的喜爱。虽然庇护九世已抛却青年时的自由主义思想，但罗马百姓似乎并未对此过多抱憾。此时的庇护九世政见温和，也不再颁授政治特许权。1854年12月8日，庇护九世迫不及待地抓住机会，宣布圣灵感孕说为教旨，以此展示手中权力。庇护九世虽然政绩平平，但并不反对将科技发明引入罗马。例如，教皇政府是首个使用胶粘邮票的意大利政府。1853年，罗马城内街道装上了煤气灯。1854年，电报开始在教皇国投入使用。此外，庇护九世十分希望，甚至迫切想要修筑铁路。1856年，他向一家公司颁授特许权，批准该公司在罗马与奇维塔韦基亚之间修筑一条全长五十英里的铁路。1858年，教皇庇护九世再颁特许权，想要修筑一条全长十五英里的铁路，以连通罗马与弗拉斯卡蒂。要知道，1860年以前，教皇国并没有任何铁路通车。因为当时教皇国的商业贸易并不发达，无须用铁路交通运输。教皇国的生活开销费用也较低，百姓很少四处迁居。那时，教皇国的众多外来游客大都不爱在旅途中过于匆忙。因此，他们依旧愿意以四轮或双轮马车代步，只为在落日时分的柔光中，欣赏罗马和教皇国的风景名胜。1850年，在意大利游览完后，英格兰政治家威廉·格莱斯顿便向当时仍是英格兰国教传教士的亨利·爱德华·曼宁致信：

> 我在意大利得知了几件之前闻所未闻的事情，对其中一点印象特别深刻——教皇的世俗权力及他源远流长的权威已一去不复返。在教皇国里，社会问题已经解决，领土已得到开发，火车也已通行。然而，一股突如其来的外来势力，使得推动教皇国变化的人群停下了脚步。

威廉·格莱斯顿的想法有其道理。实际上，当时的教皇世俗权力虽在逐渐减弱，却仍延续了二十年之久。

教皇国人民并未怀抱崇高理想，也从不忧心国家大事。即便如此，我们也不应全盘否定教皇国人民的生活方式。教皇国是一个时代的错误，其百姓生活方式自然也不合时宜。然而，不管是教皇国还是教皇国人民的生活方式，都仍有可取之处。教皇国确实不存在政治自由，也不推崇任何能保障个人自由的理念。然而，教皇国税目琐碎繁杂。因此，百姓只要缴纳税款，就不需要与警方打交道。教皇国不征兵，也不推行义务教育。实际上，教皇国不会强迫人们做任何事情，除了做礼拜。人们也确实如教皇国所愿，经常出入教堂，但做礼拜并非人民自愿为之。教皇国百姓穷困潦倒，生活水平低下。教皇国各行各业及其商贸势力不够强大，无法提升人民的生活质量。然而，教皇国内储蓄银行仍是遍地开花，颇受教皇国政府的支持。这说明，在维持日常所需外，教皇国百姓还有一定的积蓄。当然，罗马的情况和教皇国其他属国大不相同。我们发现，罗马超过半数的人依靠打零工和领取救济金维持生计。余下近半数罗马人多数要靠出租房屋、公寓养家，就连贵族也不例外。教皇统治下的罗马城内，没有一家上档次的宾馆或客栈。城内小酒馆不计其数，可为来客提供上佳的地道酒食。

1861年，意大利中部发生一系列革命后，维托里奥·埃马努埃莱二世借机将托斯卡纳大公国、帕尔马公国、摩德纳公国三大教皇国领土一一吞并。1861年，朱塞佩·加里波第征服那不勒斯王国后，维托里奥·埃马努埃莱二世随即入侵教皇国领土——翁布里亚与马尔凯斯。1860年9月18日，在卡斯特尔菲达多，教皇国军队与撒丁王国大军交战。①这次战役中，教皇国军队兵败如山倒。此后，在翁布里亚与马尔凯斯，撒丁王国政府举行公投，直接将两地并入撒丁王国版图。自1861年起，撒丁王国改称意大利王国。自此，教皇的世俗权力大幅缩水，只能在罗马城及奇维塔韦基亚、维泰博、韦莱特里、弗罗西诺内行使权力。法兰西卫戍部队则依旧留驻罗马。

在卡斯特尔菲达多战役中，教皇国军队气势高涨。然而，如果想有效御敌，教皇国军队仍需改进部队组织形式，运用更加精良的战备武器。1860年至1864年，教皇国战争部部长泽维尔·德·梅罗德大力征兵，允许任何身份的外国人加入教皇国军队。应征入伍的士兵来自欧洲各国，其中有人已久经沙场，有人"誓要为革命而战"，也有些衣衫褴褛的流氓地痞只为薪酬衣食而混迹行伍。1864年9月15日，法兰西第二帝国政府与意大利王国政府磋商，并且签订《九月

---

① 当时参战的是教皇国常规军，并非教皇国内的法兰西卫戍部队。——原注

公约》。在《九月公约》中，意大利王国政府同意不再进攻教皇国领土，法兰西第二帝国皇帝拿破仑三世则同意从罗马撤军。实际上，法兰西第二帝国驻罗马卫戍部队于1865年才开始撤离，1866年12月完成撤军。对此，教皇国政府无比激动。因为法兰西卫戍部队驻守罗马期间，花销巨大，与教皇国军队也是纷争不断。

然而，《九月公约》的各个缔约国并未考虑到朱塞佩·加里波第这一不确定因素。至少，法兰西第二帝国对他毫无防备。1867年，朱塞佩·加里波第自发组织兵力进攻教皇国，这与他1860年对西西里发动远征的行径如出一辙。1867年10月23日，朱塞佩·加里波第从佛罗伦萨出兵，率麾下红衫军跨越教皇国国境线。然而，拿破仑三世并不打算一直按兵不动。他立刻派出皮埃尔–路易斯·查尔斯·德·费利将军，命他带领远征军渡海前往奇维塔韦基亚。1867年10月29日，法兰西帝国远征军抵达奇维塔韦基亚，随即挥师罗马，与赫尔曼·坎茨勒将军率领的教皇国军队会合。1867年11月3日，门塔纳战役中，教皇国军队与法兰西帝国军队联手重挫朱塞佩·加里波第的红衫军。门塔纳战役的功劳主要归于教皇国军队，但法兰西帝国军队的表现同样不俗。门塔纳战役中，朱塞佩·加里波第麾下的红衫军寡不敌众，战术与战备皆不及对手。当时，法兰西帝国军如果懂得退守罗马，独留教皇国军队以一己之力抗击朱塞佩·加里波第的红衫军，或许还能在世上留下更好的政治名声。此时，拿破仑三世认为自己已不再受《九月公约》的约束，便把当时仍在罗马的法兰西帝国部队，恢复为法兰西帝国的罗马卫戍部队。1870年，为了在罗马问题中争取利益，拿破仑三世使尽了浑身解数。因为只要法兰西帝国军队仍在罗马，意大利国王维托里奥·埃马努埃莱二世就绝不会动一根手指帮助拿破仑三世。因此，拿破仑三世兵行奇招，想要维系自己在罗马的世俗权力。1859年至1860年，拿破仑三世向意大利国王维托里奥·埃马努埃莱二世提供军事援助、外交支持，为意大利王国的统一付出了不少心血。扶持教皇国是拿破仑三世对外政策中唯一贯穿始终的举措。起初，扶持教皇国政策只是拿破仑三世在1849年制定的临时策略。当时，拿破仑三世仍是法兰西第二共和国总统，他希望凭借此策，将法兰西神职人员的选票牢牢捏在手中。1864年9月15日签订《九月公约》后，拿破仑三世曾想稍微放缓步伐。然而，朱塞佩·加里波第起义和1867年11月3日爆发门塔纳战役之后，占领罗马的沉重压力，再度落到拿破仑三世疲惫不堪的肩膀上。

当时，庇护九世不愿向意大利王国让步。庇护九世的世俗权力也许正在式微，但他维护自身精神权力的手段，连从前政绩杰出的教皇格列高利七世和教皇因诺森特三世都会为之惊愕。1854年，庇护九世颁布《圣母无原罪法令》。1864年，庇护九世发表《邪说汇编》，对"进步学说、自由主义和现代文明"大加挞伐。1870年7月18日，在宗教会议上，庇护九世还在两票反对的情况下，颁布"教皇无误论"为教义，天下愕然。就这样，年迈的庇护九世惬意地沐浴在自身宗教权力的光华中，以此充分弥补他失去的世俗权力。

1868年，即门塔纳战役一年后，本杰明·迪斯雷利已享受过首相之位的片刻荣耀。实际上，他的首相任期未满十个月。卸任后，他一边在休恩登宅邸或英格兰众议院工作，一边等着野心勃勃的威廉·格莱斯顿把英格兰首相大权再度交到他手中。卸任后，政坛纷扰不再占据本杰明·迪斯雷利的生活。自1847年起，他就不曾再动笔写小说，如今他开始捡起老本行，创作《洛泰尔一世》。创作期间，在休恩登图书馆，他仔细研究罗马世俗权力和"在英格兰传教的意大利人"，并且深入了解了多名枢机主教和英格兰公爵的事迹。在本杰明·迪斯雷利眼中，拜占庭帝国皇后狄奥多拉热衷于统一意大利，抵触教会权力，是一位充满神秘气息的罗马女子。1867年，法兰西帝国卫戍部队终于暂时撤出罗马。神圣罗马帝国皇帝洛泰尔一世曾问过拜占庭帝国皇后狄奥多拉："你是说罗马吗？"她回答：

> "是的，这个国家是我唯一的念想。它给世界的第一印象，就是不朽的阳刚气。这片大地崇尚自由与法度，看重雄辩之才与军事天资，如今却被一群乌合僧侣占据，由一介昏聩牧师主宰。"

神圣罗马帝国皇帝洛泰尔一世说："每个人都理应对罗马感兴趣，它是一个国家。即便是你口中的那位昏聩牧师，也自诩管治着两千万臣民。"

狄奥多拉又说："如果这个牧师再到阿维尼翁来，我就不会在意他如何自称了。我不嫉妒他拥有众多精神臣民，也愿意目睹他的迷信思想被时光冲淡。在这个时代，时间之神不再动作迟缓，他只会挥舞着改革的巨斧，手起刀落。"

部分枢机主教或许已感受到时间之神的改革巨斧不断逼近，贾科莫·安东内利正是其中一柄锋利的改革巨斧。他聪慧过人，自然早已注意到反抗教皇世俗权力的力量已势如破竹。贾科莫·安东内利虽工于心计，却非常懒惰、因循守旧，只希望尽可能久地维持现有体制，从不考虑旧体制是否已过时。然而，有一股保守派势力从未屈服。如《洛泰尔一世》中的人物本维克主教一样，保守派人士心想："只要我们永不将手中权力让给罗马，我们的权力必将经久不衰。"本维克主教曾对友人说："如果罗马陷落，那么欧洲任何现存王朝都无法存续超过五年。"本杰明·迪斯雷利写下的这句人物对白，也许正是他对欧洲各个王朝的看法，但对于英格兰，他持有不同见解。在《洛泰尔一世》一书中，本杰明·迪斯雷利天马行空，安排其中某个角色提出挽救教皇残余世俗权力的计划，以此保存教皇这一教皇国象征。实际上，1929年的《拉特兰条约》恰好实现了这个计划。一位在伦敦拜访本维克主教的神秘人士说道：

> 我希望我们能够制订计划，保护教皇陛下的世俗财产永不受侵害。我希望能够说服你认同，教皇陛下只要能生活在古老的罗马城内，保留圣彼得教堂与梵蒂冈管理权，他就能安然无恙。至于罗马其他地区，完全可以交由俗人打理，将那些俗世烦扰通通留给凡夫俗子。

然而，本维克主教给这位神秘人士的回答是："我们不能这样做。"不久，罗马世俗权力该何去何从，其决定权落入罗马城内的意大利入侵者与叛民手中。《洛泰尔一世》中有一位将军说道："无论发生任何事，我们至少不该被蒙在鼓里。"

庇护九世笃信神力庇护，也深信自己受神力庇佑。因此，他认为，法兰西王国军队干预意大利王国入侵罗马及门塔纳战役的胜利，都是神力使然。也许，他也曾想过，教会赋予他的世俗权力定会再受神力庇佑，助他渡过下一次劫难。因此，1870年风云变幻之际，罗马依旧波澜不惊，只有在八百名高级教士闯入梵蒂冈宗教会议时，梵蒂冈人才稍稍表露了不满。

19世纪晚期的西欧，神权政治居然能在罗马持续这么久，着实不可思议。所有人都清楚，罗马的神权政治无法长久维系，但由于不知道罗马何时可能分裂，所有罗马人都安于现状，享受神权政治仍存在的时光。此处指的"所有罗马人"也只是相对的概念，世上总有例外。罗马某个神秘组织成员就不甘接受现状，意欲掀起暴动。最后，罗马并未发生任何叛乱。罗马隶属于教皇国的最后岁月，就如沉静柔美的日落时分。罗马人民并不急于获得自由，因为他们在罗马的生活成本依然很低。并且，罗马的教堂富丽堂皇，人民享有众多假期，罗马教皇和枢机主教也常会现身梵蒂冈城外。皇亲贵胄、文人艺匠、朝圣旅人等访客乘兴而来，济济一堂，不谈政治。这一切，都已让罗马成为天下难得的怡人国土。年老的庇护九世和善诙谐、口若悬河。随着时光流逝，他愈发精神矍铄，思想却日益顽固。比起其他皇亲国戚，庇护九世更加平易近人、和蔼可亲。他从不端架子,举止温文尔雅,偶尔又妙语连珠。因此,在欧洲,他人缘极佳。在待人接物和处理公务时,庇护九世又依旧威严不减。

当然,庇护九世在罗马的世俗权力已经难以为继,有些人不解个中缘由。在《政治经济学》中,约翰·斯图尔特·穆勒解释说,罗马世俗权力走下坡路,是由于它常处于"静止状态"。这种状态虽为人民乐见,但社会几乎不会长时间停滞不动。罗马城内访客你来我往,其中艺术家纷纷挥毫作画,工于算计的外交使团出席各种派对社交,撰写例行报告。他们都想知道,罗马世俗权力还能维系多少时日。罗马人民则做着小买卖,在大街小巷和咖啡小铺中呶呶不休地闲谈。

1870年7月18日,德意志与法兰西爆发严重危机,战争一触即发。1870年8月7日,法兰西卫戍军刚从奇维塔韦基亚启航抵达罗马,便面临军事装备短缺的问题。此时,仍有一支约一万三千人的教皇军留守罗马。在保卫罗马城时,这支教皇军却毫无用武之地。维托里奥·埃马努埃莱二世未大举进攻罗马,并非因为他看到罗马城内人多势众的法兰西卫戍军,而是惊慑于城内飘扬的法兰西帝国旗帜。一看到几名法兰西海盗与法兰西军人的身影,意大利王国军队便不敢跨入罗马一步。然而,1870年9月,在色当,拿破仑三世及其精锐部队被俘。1870年9月4日,法兰西第二帝国政府陷落。此后,法兰西临时国防政府将不再履行1864年9月15日制定的《九月公约》。

这时,为将受到的暴力迫害昭告天下,教皇庇护九世下

色当战场上的拿破仑三世

令封锁并严守罗马所有城门。为了让罗马免遭血洗，庇护九世不打算长期防守。现在，意大利王国大军已踏入教皇国领土，距罗马不过一步之遥。不久，从未发生过叛乱事件的罗马，即将面临一场民众暴动。

1870年9月19日，罗马教皇庇护九世最后一次离开梵蒂冈，爬上圣阶。1870年9月20日5时15分，意大利王国大军开始炮轰庇亚城门及其他地方的罗马城墙。在此情况下，教皇庇护九世依旧镇定自若，继续在私人教堂里举行弥撒仪式。当时，许多外交使团均在弥撒现场。出于某种原因，罗马防守过程持续了很长时间。这与教皇庇护九世原本的指令背道而驰。长达四小时的轮番轰炸结束后，罗马城内死伤无数，庇护九世不得不向赫尔曼·坎茨勒将军下达强制令，在圣彼得教堂圆顶上方悬挂白旗。1870年9月20日10时左右，意大利王国军停火。响午时分，意大利王国军元帅路易吉·卡多尔纳率大军从庇亚城门进入罗马。随后，赫尔曼·坎茨勒将军和路易吉·卡多尔纳元帅签署了多项协约条款。庇护九世未参与任何条款的签署活动，也未意识到罗马已遭意大利王国吞并，他只是静静地在梵蒂冈城内待着。意大利王国大军则小心翼翼地守在罗马周边。最终，罗马举行公投后，被完全并入意大利王国版图。

○ 维多利亚女王（左）
  乔治·海特（George Hayter，1792—1871）绘
○ 阿尔伯特亲王（右）
  弗朗兹·克萨韦尔·温德尔哈尔特（Franz Xaver Winterhalter，1805—1873）绘

○ 维多利亚从肯林根勋爵与坎特伯雷大主教处得到她继承王位的消息
亨利·坦沃斯·威尔斯（Henry Tanworth Wells，1828—1903）绘

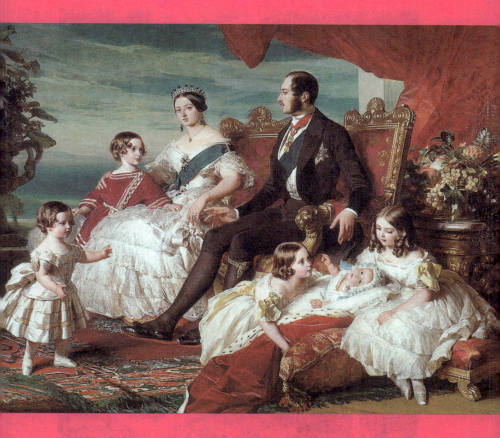

○ 维多利亚女王与阿尔伯特亲王的家庭
弗朗兹·克萨韦尔·温德尔哈尔特（Franz Xaver Winterhalter，1805—1873）绘

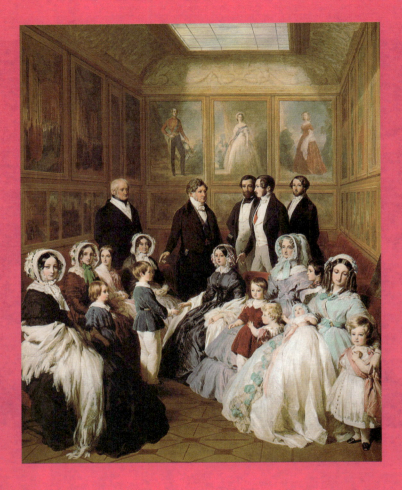

○ 维多利亚女王、阿尔伯特亲王与路易菲利普一世一家
弗朗兹·克萨韦尔·温德尔哈尔特(Franz Xaver Winterhalter，1805—1873)绘

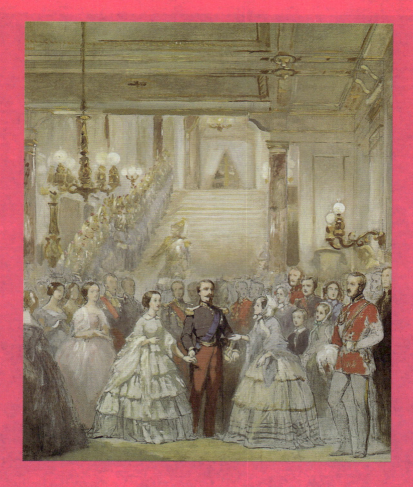

○ 拿破仑三世在圣克卢城堡接待维多利亚女王夫妇
查尔斯·路易斯·穆勒（Charles Louis Müller，1815—1892）绘

○ 维多利亚女王访问法国期间参观拿破仑一世的棺椁
爱德华·马修·沃德（Edward Matthew Ward，1816—1879）绘

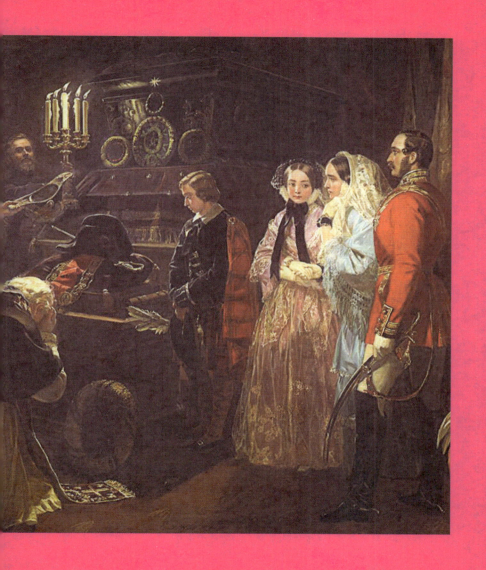

○ 维多利亚女王授予拿破仑三世嘉德勋章
爱德华·马修·沃德（Edward Matthew Ward，1816—1879）绘

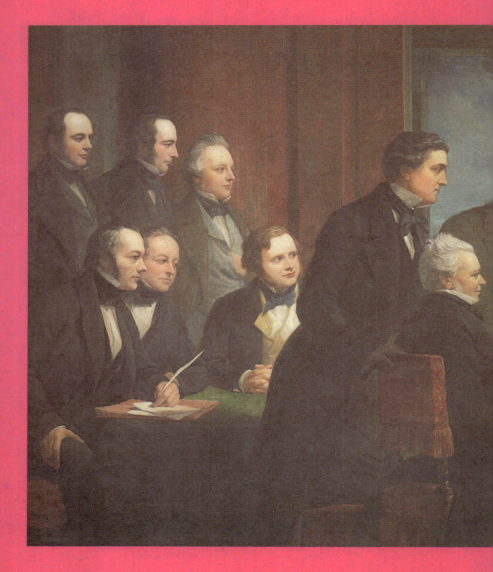

○ 世界博览会的皇家委员

亨利·温德姆·菲利普斯（Henry Wyndham Phillips，1820—1868）绘

○ 在伦敦海德公园举办的首届世界博览会

○ 维多利亚女王亲临伦敦世界博览会现场
路易斯·哈吉（Louis Haghe, 1806—1885）绘

○ 伦敦世界博览会的内部场景
绘者信息不详

○ 在法国巴黎工业宫举办的世界博览会
  绘者信息不详

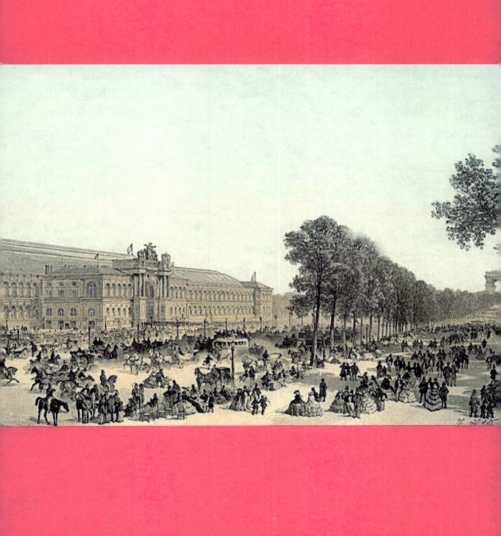

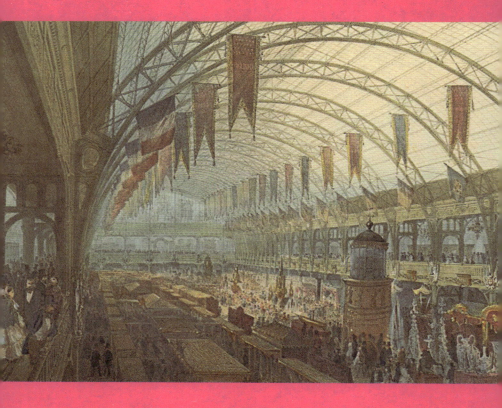

○ 拿破仑三世出席巴黎工业宫世界博览会的开幕式
  绘者信息不详

○ 法国巴黎工业宫世界博览会的内部场景
绘者信息不详

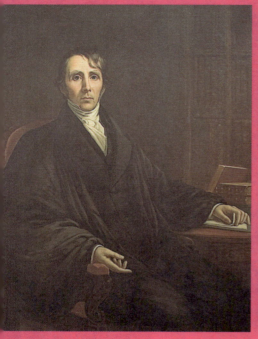

○ 威廉·埃勒里·钱宁(左)
　亨利·契弗·普拉特(Henry Cheever Pratt, 1803—1880)绘
○ 帕默斯顿子爵亨利·坦普尔(右)
　约翰·帕特里奇(John Partridge, 1789—1872)绘

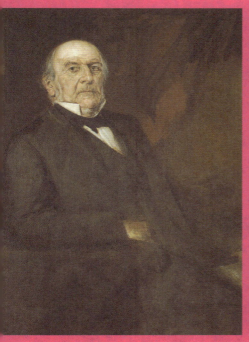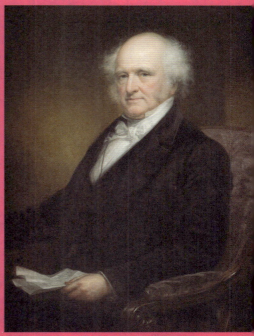

○ 威廉·格莱斯顿（左）
  弗朗茨·冯·伦巴赫（Franz von Lenbach，1836—1904）绘
○ 马丁·范·布伦（右）
  丹尼尔·亨廷顿（Daniel Huntington，1816—1906）绘

○ 1848年2月法国革命期间，菲利普–拉马丁在巴黎市政厅前拒绝接受红旗
绘者信息不详

○ 1855年《堪萨斯–内布拉斯加法案》
绘者信息不详

○ 向西部迁徙的美国人

绘者信息不详

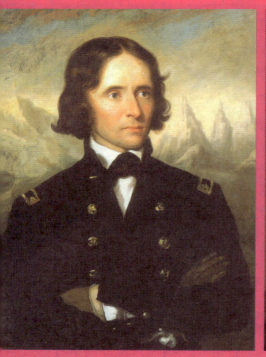
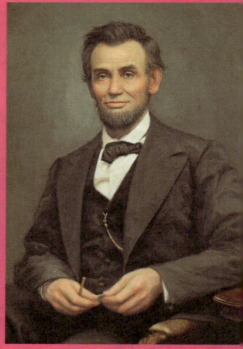

○ 约翰·查尔斯·弗里蒙特（左）
  乔治·希利（George Healy，1813—1894）绘
○ 亚伯拉罕·林肯（右）
  绘者信息不详

○ 詹姆斯·布坎南（左）
雅各布·艾希霍尔茨（Jacob Eichholtz，1776—1842）绘
○ 约翰·卡贝尔·布雷肯里奇（右）
出自印刷品，绘者信息不详

○ 奥托·冯·俾斯麦护送在色当战役中被俘的拿破仑三世
威廉·坎特豪森（Wilhelm Camphausen，1818—1885）绘

○ 在色当战役中被俘后，拿破仑三世与奥托·冯·俾斯麦交谈
威廉·坎特豪森（Wilhelm Camphausen，1818—1885）绘

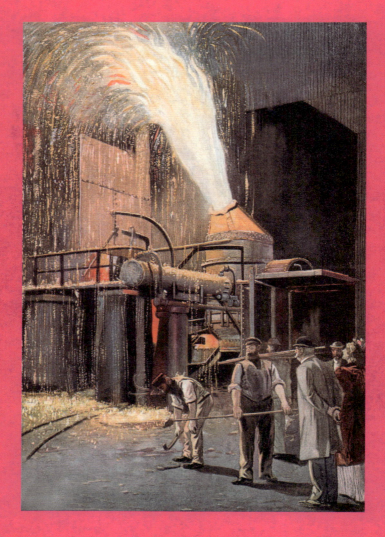

○ 工人们用亨利·贝塞麦发明的转炉为生铁脱碳
绘者信息不详

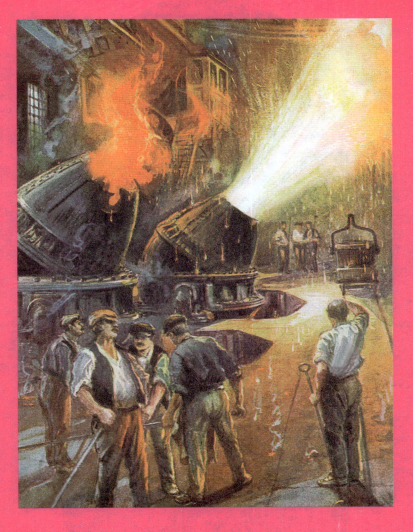

○ 工人们用亨利·贝塞麦发明的转炉冶炼钢铁
绘者信息不详

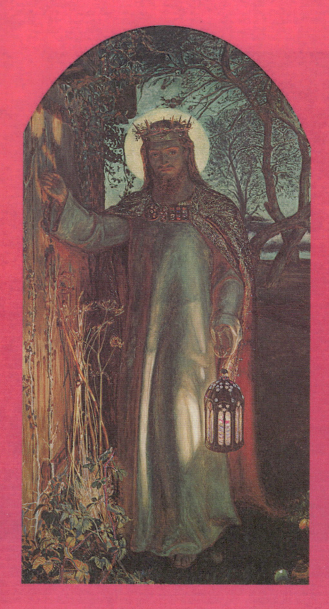

○ 威廉·霍尔曼·亨特（William Holman Hunt，1827—1910）的画作《世界之光》

第 11 章

帝国即和平

1852年10月9日,拿破仑三世在波尔多宣称,法兰西第二帝国已迎来和平时期。当时,拿破仑三世也许是真心实意地想打造太平盛世。毕竟多数人春风得意时,言行都分外真挚。这个威武、精明的男人当时干劲十足,或许只是希望让法兰西第二帝国重现拿破仑·波拿巴时期的辉煌。统治法兰西第二共和国时,拿破仑三世权力受到掣肘。1851年12月2日发动政变,成立法兰西第二帝国后,他的执政方式却变得独裁、专断。不久,法兰西上议院便建议他登基称帝。

自1852年12月2日起,路易-拿破仑·波拿巴成为法兰西第二帝国皇帝,被称为拿破仑三世。这时,他仍十分珍惜和平岁月。从某些方面讲,拿破仑三世的理念十分超前。他深知,和平不只等同于消弭战火。百花齐放的文艺作品,硕果累累的科学发展,丰富多彩的社会生活,以及高度发达的精神文化,全是和平年代的显著特征。拿破仑三世不断在脑海中勾勒着理想的和平画面:巴黎泥泞狭窄、昏暗嘈杂的街巷将摇身一变,成为宽敞清洁的大道、广场和花园。到处都会有繁花盈道,有华丽夺目的喷泉,还会有供孩童嬉戏的游乐场。法兰西轮船将在茫茫大海上穿梭,与英格兰巡航舰等他国船和平共处,你来我往。巴黎"世界博览会"将荟萃全球精华,展示世上最新奇、有趣的顶级佳品。芸芸百姓无论男女老少,全部活力四射、欢欣知足。人人安居乐业,病有所医,老有所养。人们皆受法律所护、为宗教所拂。

对黎民百姓的怜爱,可谓是拿破仑三世人性中最光辉的一面。从前,拿破仑三世背井离乡、流亡境外。在还没有称帝时,他就已撰写过不少名篇讨论社会问题,为工薪阶层阐释各类政策。登基称帝后,拿破仑三世早已身心俱疲,厌倦政务。不过,每当大臣提及某些社会项目或慈善事业时,他总会马上为之振奋,听得聚精会神。筹划政变期间,拿破仑三世曾逃到美国避了几个月风头。逃难期间,他一直求知若渴、敏锐专注。他注意到,美国政治与社会原则中基本的政策,就是为普通人提供公平机会。因此,拿破仑三世称帝之初,就分别于1852年和1853年成立了不动产信贷公司和动产信贷公司两大"公共事业"公司,为从事农业与工业的平民百姓提供低息贷款。

拿破仑三世心怀梦想,希望缔造一个和平、开明、人性化的国度。为实现心中宏图,他曾倾注不少心力。在塞纳省省长乔治-欧仁·奥斯曼的规划下,经过整修后的巴黎城市风貌更甚从前。作为艺术与知识文化的中心,巴黎的世界地位首屈一指,能够与之媲美的城市只有伦敦。1855年与1867年的巴黎世界博览会大获成功,后者更是盛况空前。虽然英格兰诗人与小说家曾在维多利亚女王时代独领风骚,但

拿破仑三世将合并巴黎多个社区的法令交给乔治-欧仁·奥斯曼

在欧洲国家，英格兰作品的畅销程度远不及当时的法兰西文学著作。可见，在18世纪曾以知识为先的法兰西，终于在19世纪重整旗鼓。对于19世纪欧洲知识分子和外交家而言，法语是世界通行的语言。当时，各类店铺厅堂的桌上都摆着法兰西文豪大小仲马父子、龚古尔兄弟、阿尔封斯·都德及维克多·雨果的作品。所有欧洲人都会哼唱法兰西作曲家雅克·奥芬巴赫的曲子。那时，拿破仑三世大力裁减军备，频繁召开和平会议。1869年，在日内瓦，拿破仑三世举行了他执政时期最后一场和平会议。他坚信外交和公投可以促成和

维克多·雨果

平变革。通过这两种方式，拿破仑三世确实尝到了甜头。1860年，他已将尼斯和萨伏伊纳入法兰西第二帝国版图。如果不是奥地利皇帝弗朗茨·约瑟夫一世听信谗言，拿破仑三世早在1866年就可以动用财力，让当时隶属奥地利的威尼提亚转归意大利王国名下。研究拿破仑三世人道主义成就的史学家会发现，许多迹象都能证明，拿破仑三世曾动念让威尼提亚易主。

此外，认为历史即战争史的老派史学家也会发现，他们对于战争的观点，与拿破仑三世在位期间的所有谋划完美契合。拿破仑三世当权时期，法兰西第二帝国几乎每年都会卷入战争。1849年，仍为法兰西第二共和国总统的拿破仑三世曾与意大利王国短暂交锋。期间，拿破仑三世派出雷焦公爵尼古拉·夏尔·乌迪诺领兵出征。尼古拉·夏尔·乌迪诺击败了罗马共和国将领朱塞佩·马志尼，成功帮助教皇庇护九世重掌世俗权力。1852年12月2日，拿破仑三世成为法兰西第二帝国皇帝。此后，欧洲内部以及与其他地区发生的大小战争接踵而至，其中包括：1853年至1856年的克里米亚战争、1859年的第二次意大利独立战争[①]、1860年至1861年的英法联盟对华战争、1861年法国远征军抵达黎巴嫩、1861年至1867年的法墨战争、1867年的门塔纳战役[②]及1870年的普法战争。其实，拿破仑三世本可以明哲保身，避免上述所有战事。法兰西第二帝国每次参战都未能全身而退，而且必有

[①] 第二次意大利独立战争中，法兰西第二帝国与撒丁王国结为同盟。——原注
[②] 门塔纳战役中，法兰西第二帝国曾帮助门塔纳抵御朱塞佩·加里波第大军。——原注

关键利益受损。除了普法战争，拿破仑三世发动其他战役时，都是为了推进某项国策。1870年普法战争的爆发，缘于拿破仑三世，或者说是拿破仑三世的皇后欧仁妮·德·蒙蒂霍提出的荒唐要求。她要普鲁士国王威廉一世保证，不会有其他霍亨索伦王朝的成员登上西班牙王位。此前，在普鲁士军全体撤出西班牙王国后，西班牙王位问题其实早已尘埃落定。实际上，拿破仑三世在位时期，法兰西向文明民族发动战争的次数之多可谓史无前例，就连拿破仑·波拿巴时期也无法超越。然而，比起其他同时代统治者，拿破仑三世更关心百姓福祉。每场战争带来的苦难主要由百姓承担，但拿破仑三世并不愿目睹苍生受苦。1859年，索尔费里诺战役中，法兰西第二帝国为获胜国。战后法兰西满目疮痍的景象，促使拿破仑三世提前拟定和平协约。不过，1866年普鲁士王国大战日耳曼联邦之际，法兰西第二帝国关键利益已受到极大影响。为了荣誉与胜利，拿破仑三世本应出手干预普鲁士王国与日耳曼联邦的战争，以维护欧洲公法。然而，当时，拿破仑三世无动于衷，只向普鲁士王国首相奥托·冯·俾斯麦索要了一笔微不足道的"酒钱"[①]。

在拿破仑三世各种动机不纯的军事行动中，墨西哥远征的动机最受人诟病。这次战争与拿破仑三世掌权时的所有谋划一样，都源于他青年时期的宏大梦想。1840年至1846年，仍未称帝的拿破仑三世因曾试图在法兰西城镇布洛涅发起

---

① "酒钱"为奥托·冯·俾斯麦原话。拿破仑三世将这笔钱称作"补偿费"。据称，曾有人建议拿破仑三世割让比利时作为补偿。——原注

暴动而被囚于哈姆。数载铁窗生涯里，他不断反思历史，收集资料，写下了不少文册。其中有一本以中美洲为主题，专门讲述巴拿马运河的前景。无疑，此时拿破仑三世已萌生远征墨西哥的念头。被囚于哈姆的拿破仑三世日后将会重整政坛，在墨西哥称帝。不过，与之相比，他将法兰西打造为拿破仑帝国的壮举才更令人惊叹。出征墨西哥为拿破仑三世带来了远超预期的绝佳机遇。1848年，越狱后四处流亡的拿破仑三世回到法兰西，最终争得总统之位。

1861年，墨西哥已成无主之地。1821年，统治墨西哥的西班牙政府衰落后，墨西哥政坛动荡不安。此后四十年中，墨西哥曾陆续出现五十位总统与独裁者。然而，在这些统治者中，没有人能完全赢得全体墨西哥人民的拥戴。而且，这五十位墨西哥统治者多数都不得善终。对于冒险家而言，墨西哥是一片适合"狩猎"的乐土。因为在这个国度，他们能够觅得土地金银，甚至还有机会短暂享受一国统治权。拿破仑三世无法忽视墨西哥蕴藏的机遇，他本人也是19世纪勇于亲身探索墨西哥的著名冒险者之一。

任何内战都耗资巨大。维多利亚女王时代，墨西哥长期受内战困扰，经济常年呈现赤字。因此，墨西哥政府必须频繁向外国借款。久而久之，债台高筑的墨西哥已无力清偿债务。各国债权人为强调自身权益，自然期望本国政府利用一切手段讨还债务。英格兰、法兰西和西班牙政府曾制定协议，规定墨西哥外债清偿问题。由于当时革命活动四起，各国都无心参会。因此，协约制定过程困难重重。然而，协约制定受阻的最主要原因，还是各国当时缺乏有效的索债手段。19世纪,各债权国政府承认,他们需要对本国国民债权负一定责任,也准备使用出最后一招,即动用武力向债务国墨西哥的港口出兵,控制墨西哥承诺交付的关税,以此讨回债款。各债权国曾多次使用这种方法,向土耳其、希腊和中国讨偿债款。因此,债权国认为武力讨偿合乎各国法律。20世纪,英格兰与德意志政府曾使用武力向委内瑞拉讨偿债款。1921年至1923年,"同盟国政府"要求德国赔款时,也曾动用军事力量。债务国政府一直担心,这种武力压迫下的债务执行方式,最终会让他们失去领土主权。然而,他们担忧的状况实际上从未发生。没有一个债权国曾在讨债过程中获得别国领土。事实上,各债权国也从未产生任何以讨债为名割占领土的念头。不过,墨西哥远征是个例外。

1861年10月31日,法兰西第二帝国、英格兰王国与西班牙王国政府签署《伦敦公约》,三国均决定派出海陆两军,攻下墨西哥沿岸堡垒。《伦敦公约》声明,本公约旨在保护在墨西哥的欧洲居民安全,迫使墨西哥执行债务。为达成上述目的,英法西联合远征军指挥官除了要攻下墨西哥沿岸堡垒,必要时还可展开其他军事行动。研究法兰西第二帝国的史学家认为,《伦敦公约》还掩盖了拿破仑三世及西班牙王国政府更大的企图。西班牙王国政府一直因曾丢失多处领土而耿耿于怀。不过,英法西联合远征军并不同意靠攻陷墨西哥沿岸城市的方式逼债。联合远征军的海军力量非常强大①,但陆军方面,联合远征军队仅有七百名英格兰海军陆

---

① 因为墨西哥并无海军。——原注

战队士兵、二千五百名法兰西士兵和六千名西班牙士兵，规模远不够庞大。西班牙王国政府只持有小部分墨西哥国债。这样算来，西班牙王国政府对墨西哥远征的军事投入可谓十分庞大。西班牙王国政府派遣胡安·普里姆将军出征的举措，也可以说是杀鸡用牛刀。这次远征，不过是英法西三大债权国对违约债务国墨西哥政府的回击。然而，驱动这次墨西哥远征的，除了拿破仑三世胸中的宏图和胡安·普里姆内心的诡计，还有万千流亡西班牙与法兰西的墨西哥人。这些流亡者饱尝冤屈却雄心不减，希望夺回名下财产。他们的政治倾向，都带有明显的君主制和神学色彩。

1861年12月中旬，西班牙王国远征军抵达维拉克鲁兹。见状，墨西哥当局当即弃守该城。1862年年初，英法两国远征军抵达墨西哥。此后，英法西三国共同占领了维拉克鲁兹。

起初，英格兰当局并不热衷于参与墨西哥远征。不久，在墨西哥纷繁复杂的现实局势面前，西班牙王国政府的远征热情也迅速消减。在此关头，法兰西第二帝国政府接受了银行家让·巴蒂斯特·杰克尔的收债要求，让英西两国大为不快。让·巴蒂斯特·杰克尔是定居墨西哥的瑞士人，手上持有价值七千五百万法郎的已贬值的墨西哥国债。1861年，墨西哥早已无力偿还这笔债务。英法西联合远征军队在维拉克鲁兹登陆后，法兰西第二帝国政府将让·巴蒂斯特·杰克尔的债款并入本国收债数额内，与英西两国的债款一同呈交给墨西哥政府。有人怀疑，法兰西第二帝国立法团主席查尔斯·德·莫尔尼公爵[①]当时已对让·巴蒂斯特·杰克尔持有的墨西哥国债虎视眈眈。让·巴蒂斯特·杰克尔将查尔斯·德·莫尔尼公爵称作伙伴,并且公开宣布,查尔斯·德·莫尔尼公爵将占有百分之三十的墨西哥国债收益。当然,只有墨西哥政府重新开始偿还已拖欠的债款,这笔收益才能兑现。这场不正义的债务博弈,将拿破仑三世的政廷搅得乌烟瘴气。然而,拿破仑三世本人并未参与其中。人们很难相信,对于法兰西第二帝国政府内部如此丑恶的勾当,拿破仑三世竟不曾起丝毫疑心。

1861年12月至1862年1月,英格兰、法兰西、西班牙三国外交代表抵达维拉克鲁兹,下一步就要以捍卫英格兰、法兰西、西班牙三国经济利益的名义,向墨西哥发出最后通牒。通牒刚出不久,法兰西第二帝国与西班牙王国远征士兵却在墨西哥沿海纷纷染上黄热病。法兰西第二帝国与西班牙王国元帅见状,立即命本国驻扎于墨西哥边远地区的部队移师内陆高原,仍在行军的部队进入墨西哥城后则分别驻扎于提瓦坎、奥里萨巴和科尔多瓦。法兰西第二帝国与西班牙王国远征军迁移驻地,并不是要对墨西哥总统贝尼托·胡亚雷斯政府进一步施加军事压力。因为当时,英格兰远征军坚守海上战线。西班牙王国与法兰西远征军虽已得夏尔·德·洛朗塞将军麾下四千新兵增援,但两军兵力仍不足以进攻墨西哥城。实际上,在1862年2月19日签订的《索莱达公约》中,法西两军将领和墨西哥总统贝尼托·胡亚雷斯已协商同

---

① 拿破仑三世同父异母的弟弟。——原注

意，让联合远征军进驻提瓦坎、奥里萨巴和科尔多瓦。奇怪的是，在商定《索莱达公约》的过程中，法兰西第二帝国和西班牙王国都承认贝尼托·胡亚雷斯政府的合法性，并且承诺尊重"墨西哥的独立、主权与领土完整"。1862年3月5日，查尔斯·德·洛伦斯将军带领四千名法兰西援兵，乘船抵达维拉克鲁兹。此后，墨西哥流亡保守派贵族首领胡安·阿尔蒙特也已从欧洲杀回墨西哥。胡安·阿尔蒙特是神父何塞·玛丽亚·莫雷洛斯的儿子。何塞·玛丽亚·莫雷洛斯，正是墨西哥对抗西班牙殖民首次独立战争的领导人之一。法兰西第二帝国政府希望，胡安·阿尔蒙特能够促使维拉克鲁兹内墨西哥保守派贵族，即反对贝尼托·胡亚雷斯的神职人员展开进一步行动。维拉克鲁兹内却不见一丝风吹草动。然而，胡安·阿尔蒙特已成为法兰西远征军成员。此时，拿破仑三世已准备在墨西哥筹划一场更大的政治活动。对英格兰来说，拿破仑三世的计划没有任何追回债款的可能，只会耗费英格兰巨额的国库财产。因此，对这一计划，英格兰并无好感。胡安·普里姆将军也意识到，西班牙王国远征军本是英法西远征军中实力最强的。如今，法兰西第二帝国强大的兵力、崇高的威望和远大的政治抱负，都已让西班牙王国相形见绌。1862年4月9日，在奥里萨巴，英法西三国的远征军将领与外交代表举行了最后一次会晤。期间，英格兰与西班牙要求将胡安·阿尔蒙特将军遣送回欧洲。此次会议结束后，以追讨墨西哥债务为目的的远征行动告一段落。英格兰与西班牙远征军将领纷纷自行撤兵[①]，从维拉克鲁兹返航途中才接到各自政府批准撤兵的电报。法兰西远征军和胡安·阿尔蒙特将军则留守墨西哥。1862年4月17日，胡安·阿尔蒙特将军宣布成立墨西哥临时政府。1862年5月5日，查尔斯·德·洛伦斯将军率领手下六千精兵，从科尔多瓦行军出发，穿越奥里萨巴，直击贝尼托·胡亚雷斯政府军控制的普埃布拉。仅在几周前，双方才共同签署《索莱达公约》。进攻普埃布拉的过程中，法兰西远征军节节败退，损失惨重。查尔斯·德·洛伦斯将军突破重围，撤至墨西哥高原腹地奥里萨巴。

　　法兰西远征军在普埃布拉战败的消息传到杜伊勒里宫后，拿破仑三世打算放弃在墨西哥的政治计划，也无心展开无休止的冒险活动。放弃墨西哥计划，意味着拿破仑三世必须承担此前的巨额经济损失。而且，法兰西第二帝国必将因此丧失军事威望。如果继续执行墨西哥计划，花费必将无法承受。除了虚名，此举就再无更多收益。同时，法兰西第二帝国人数众多的远征兵——派遣小部队根本发挥不了任何作用，将被困在距法兰西五千英里之遥的墨西哥。当时，拿破仑三世似乎毫不犹豫。他一反常态，开始紧锣密鼓地准备大规模增援墨西哥，其后征询法兰西第二帝国立法团，并且获得社会各界的必要支持。1862年7月月底，埃利·弗雷德里克·福雷将军亲率两万三千名法兰西第二帝国将士，扬帆前往维拉克鲁兹。

---

① 他们拥有自由裁量权。——原注

埃利·弗雷德里克·福雷将军的军事素质过硬，但战功寥寥。由于麾下部队装备精良，他在墨西哥应战时无往不利。他为人谨慎，壮志凌云，运气也不错。其实，埃利·弗雷德里克·福雷将军本可以再急流勇进。遗憾的是，1862年，他从查尔斯·德·洛伦斯将军手中接过法兰西远征军指挥权后，在驻守奥里萨巴的五个月间财政花销巨大，并且折损了部分兵力。然而，1863年3月，埃利·弗雷德里克·福雷将军带领两支只有两万五千人左右的师团出发征战时，意外斩获了辉煌胜绩。经过六十天鏖战，埃利·弗雷德里克·福雷大军攻下普埃布拉。此役功劳最大的，正是埃利·弗雷德里克·福雷将军麾下一名师团元帅，即时年五十二岁的弗朗索瓦·阿希尔·巴赞。1863年5月8日，在圣洛伦索击败贝尼托·胡亚雷斯政府军的，也正是弗朗索瓦·阿希尔·巴赞带领的师团。法兰西远征军在圣洛伦索得胜后，逼得普埃布拉的墨西哥卫戍部队于1863年5月17日缴械投降。这时，埃利·弗雷德里克·福雷将军斗志昂扬，他立即带领两支师团往距普埃布拉六十八英里的墨西哥城推进。见此阵势，墨西哥总统贝尼托·胡亚雷斯率领政府机构匆匆离开墨西哥城，逃往圣路易斯波托西。1863年6月7日，弗朗索瓦·阿希尔·巴赞师团率先抵达墨西哥城。四天后，即1863年6月11日，埃利·弗雷德里克·福雷将军来到墨西哥城，在墨西哥城建立临时政府，又称墨西哥军政府。胡安·阿尔蒙特将军成为临时政府首脑。1863年7月11日，墨西哥临时政府召集众多贵族，组成制宪会议。制宪会议即日颁布法令，决定将墨西哥皇位授予奥地利大公马西米连诺。

如果奥地利大公马西米连诺无法继承皇位，那么将由法兰西第二帝国皇帝拿破仑三世决定墨西哥皇位继承人选。墨西哥制宪会议将这条法令公之于众。由此，墨西哥皇位继承已成定局。奥地利大公马西米连诺并未受太多影响，因为他随时都可以拒绝继承皇位。在眼下这场暗无天日的墨西哥政治纷争中，法兰西第二帝国才是深受其害的一方。埃利·弗雷德里克·福雷将军似乎并未接到任何指令，要将奥地利大公马西米连诺推为墨西哥皇位继承人。实际上，埃利·弗雷德里克·福雷将军也并不打算承认奥地利大公马西米连诺的继承人身份。墨西哥制宪会议受埃利·弗雷德里克·福雷将军保护，因此必须听他之命行事。1863年8月，拿破仑三世立刻命埃利·弗雷德里克·福雷将军撤出墨西哥，并且授其法兰西元帅军衔。此时，弗朗索瓦·阿希尔·巴赞接任为法兰西远征军驻墨西哥的总司令。法兰西远征军规模已扩张至三万四千人。勇猛过人的弗朗索瓦·阿希尔·巴赞确实名不虚传。1864年1月5日，他率军占领墨西哥第二大城市——瓜达拉哈拉。此后，墨西哥总统贝尼托·胡亚雷斯不得不离开圣路易斯波托西，并且将政府机构移至蒙特雷。

1864年5月28日，奥地利大公马西米连诺携妻子卡洛塔乘坐奥地利巡洋舰"诺瓦拉"号抵达维拉克鲁兹。奥地利大公马西米连诺夫妇此后的墨西哥苦旅，可谓各国皇族史上一番十分奇异的经历。奇异程度能与之媲美的，恐怕只有维多利亚女王时代末期小说家幻想中险象环生的巴尔干诸公国，或者是这些小说家笔下天马行空的非洲历险记。奥地利大公马西米连诺是奥地利皇帝弗朗茨·约瑟夫一世的弟弟。抵达维拉克鲁兹时，奥地利大公马西米连诺已年届三十一。与哈布斯堡皇室诸多亲王一样，奥地利大公马西米连诺满怀冒险精神，并且活力四射，口碑极佳。他聪慧、有教养，却缺乏创造力。奥地利大公马西米连诺曾任海军军官。他对海军事务充满热忱，堪称奥地利现代海军开创者。1857年至1859年出任伦巴第-威尼提亚王国总督期间，奥地利大公马西米连诺威名远播，屡建奇功。在1859年第二次意大利独立战争中，奥地利帝国已失去对伦巴地大省和撒丁王国若干邦国的控制权。此后，奥地利大公马西米连诺夫妇一直居住在华丽的米拉马雷城堡里。该城堡是奥地利大公马西米连诺建的，地处美丽的亚德里亚海岸，毗邻意大利城市的里雅斯特。1859年，各国外交群体每每谈及奥地利大公马西米连诺，都已俨然将他视为继承墨西哥皇位的有力人选。拿破仑三世是位不动声色的阴谋家。皇后欧仁妮·德·蒙蒂霍则是崇尚教权主义的西班牙人。当时，这对夫妇似乎一直私下与巴黎的墨西哥流亡保守派人士有来往。1862年至1863年，随着墨西哥远征规模不断扩大，拿破仑三世的墨西哥选君大计也在日益扩张。法兰西远征军占领墨西哥城，并且在城内建立军事势力后，在墨西哥制宪会议上，埃利·弗雷德里克·福雷将军投票支持奥地利大公马西米连诺继承墨西哥皇位。1863年10月3日，法兰西第二帝国政府代表团抵达米拉马雷城堡。面对法兰西第二帝国代表团到访时提出的称帝邀请，奥地利大公马西米连诺并不意外。他虽然曾对继承皇位多番推辞，并且要求墨西哥人民投票表决，但也许在内心深处，他已决定接受登基一事。而且，法兰西当局已设法，为奥地利大公马西米连诺获得六个被法兰西占领的墨西哥城镇的赞成票。对于奥地利大公马西米连诺来说，这些赞成票已经足够。于是，他与拿破仑三世签订协议，同意在称帝后为法兰西债券持有人偿还墨西哥债款，并且支付法兰西第二帝国政府在墨西哥远征中的所有开销。1864年4月14日，奥地利大公马西米连诺立刻从米拉马雷城堡乘船前往维拉克鲁兹，登基后称马西米连诺一世。

1864年5月28日，拿破仑三世和皇后欧仁妮·德·蒙蒂霍抵达维拉克鲁兹。此时，对拿破仑三世来说，各国总体局势仍算缓和。弗朗索瓦·阿希尔·巴赞将军麾下三万四千兵马所向披靡，逼得墨西哥总统贝尼托·胡亚雷斯及其党羽在城镇间连连逃窜。最终，弗朗索瓦·阿希尔·巴赞将军率兵攻下蒙特雷。他认为，贝尼托·胡亚雷斯总统定会逃往美国避难。然而，贝尼托·胡亚雷斯总统不屈不挠，仍坚持留在墨西哥某处。当时，法兰西远征军已占领墨西哥多数人口密集的中心城市。1864年6月12日，马西米连诺一世携皇后卡洛塔进入墨西哥城，受到城内人民的热烈欢迎。

毫无疑问，当时，墨西哥百姓为了重获和平，愿意接受任何能够带来和平的统治政府。马西米连诺一世也只愿为墨西哥百姓开创和平局面，制定精良律法。被法兰西远征军占领的一个个墨西哥城镇，都开始变得井然有序。然而，仍有少数顽固分子不愿服从马西米连诺一世的统治，深陷于对抗马西米连诺一世的活动之中。墨西哥保守派和马西米连诺一世仅凭目前的资源，尚不足以战胜这帮顽固分子，也无法保证整个墨西哥的长治久安。墨西哥国土面积达七十五万平方英里。在没有汽车和飞机的年代，墨西哥大部分国土都荒无人烟。因此，墨西哥成了完美的游击战场。游击战免不了残忍厮杀和屠戮罪犯的血腥事件。期间，几乎无人会退让。仁慈、宽容的马西米连诺一世十分清楚现状。因此，1865年10月3日，马西米连诺一世颁布法令，将所有反对他的武装分子视作乱党，并且对乱党处以死刑。

马西米连诺一世之所以掌权无望，原因有三。其一，他过分依赖法兰西远征军，但法兰西远征军在墨西哥的势力并无法长久维系。因为考虑到当时法兰西的经济状况及欧洲政治局势，拿破仑三世根本不可能让墨西哥远征拖延到1867年以后。其二，墨西哥总统贝尼托·胡亚雷斯及其麾下将士都对墨西哥的独特社会状况和地理条件了如指掌，也完全不承认马西米连诺一世政权。其三，美国政府及人民都极度反对让任何欧洲体制蔓延至美洲大陆。1823年，美国总统詹姆斯·门罗发表著名的"门罗主义"，坚决反对法兰西波旁王朝再度插手干预南美洲事务。1865年美国内战结束后，美国上下已决意继续秉承门罗主义精神。

1861年4月到1865年4月，南北战争使美国内部分裂出两股势力。如果马西米连诺一世成功建立墨西哥帝国，那么美国南部各州坚持分裂主义的"美利坚联盟国"便多了一位得力盟友。如此一来，美国北部联邦政府与法兰西第二帝国和马西米连诺一世则会更加势不两立。1865年4月9日，在阿波马托克斯法院，"美利坚联盟国"将军罗伯特·李投降。自此，美国南北战争落下帷幕。

实际上，美国南北战争的结束也加剧了墨西哥帝国的消亡。如今，马西米连诺一世的唯一希望，就是赶在美国政府开始严肃处理墨西哥问题前稳固皇位。否则，可以预见，拿破仑三世如果继续支持马西米连诺一世，法兰西必将与美国开战。南北战争后期，众多骁勇善战的美国将领早已历经大规模战争。五十万训练有素的美国士兵枕戈待旦。可见，在无法消灭墨西哥总统贝尼托·胡亚雷斯大军的情况下，拿破仑三世想要与美国强大的军事力量对抗，简直是痴心妄想。拿破仑三世展开墨西哥远征，很大程度上是为了控制激进的美国北部各州，但最终计划落空。拿破仑三世如果控制住墨西哥，那么就无法遏制欧洲激进人士的怒火。普鲁士政府和奥地利政府因日耳曼联邦改革而起的纷争，已逐渐演变为对德意志领导权的争夺。1866年夏，各类大事件一夕间全面爆发。普奥战争、克尼格雷茨战役陆续打响，其后日耳曼联邦解体，普鲁士终获德意志地区的领导权。当时，拿破仑三世自认为墨西哥已摆脱罗马的侵占，急切想从墨西哥的纠纷中脱身。

马西米连诺一世势单力薄，早被旷日持久、毫无结果的墨西哥内战折磨得精疲力竭。法兰西第二帝国立法团也愈发不愿支持墨西哥远征。此时，墨西哥国债价格在巴黎股市中一跌再跌。墨西哥再无更多外债可借。因此，拿破仑三世已做出决定。1866年1月22日，在法兰西立法会开幕式上，拿破仑三世宣布从墨西哥撤军。1866年秋，法兰西从墨西哥撤出三分之一的远征军。余下三分之二的法兰西远征军分别于1867年春与1867年秋撤出。1864年4月10日的《米拉马雷协议》规定，1867年之前，剩余两万法兰西远征军必须全部撤离墨西哥。

一想到马西米连诺一世在墨西哥孤立无援,每个法兰西人都无比恼恨。本来,如果马西米连诺一世能主动放弃墨西哥皇位,结局便皆大欢喜。然而,马西米连诺一世最终还是决定称帝,皇后卡洛塔则动身前往欧洲求助。1866年7月8日,即普鲁士王国军于克尼格雷茨战役中打败奥地利军队五天后,皇后卡洛塔从维拉克鲁兹乘船出发,于1866年8月8日登陆法兰西圣纳泽尔。然而,对于皇后卡洛塔的请求,拿破仑三世和奥地利皇帝弗朗茨·约瑟夫一世都爱莫能助。1866年9月月底,皇后卡洛塔访问梵蒂冈时精神陷入崩溃,此后从未痊愈。1927年,在布鲁塞尔,皇后卡洛塔离世。

1866年,弗朗索瓦·阿希尔·巴赞将军已经在圣路易斯波托西站稳脚跟。趁着还有退路,他也正在着手从墨西哥边远城镇撤兵。此时,马西米连诺一世仍试图在墨西哥寻找盟友。因此,马西米连诺一世决意留守墨西哥,依靠盟友行事。实际上,法兰西并未在原先公布的日期前撤兵。1866年,法兰西远征军依然留在墨西哥,直到1867年2月至1867年3月才开始陆续撤兵。法兰西政府从未官方宣布过法兰西远征军的损失。一位法兰西军方高层曾经向英格兰政客透露,在墨西哥远征中,法兰西远征军的死亡人数已达两万八千人。

弗朗索瓦·阿希尔·巴赞将军和法兰西第二帝国外交使团已使尽浑身解数,劝诱马西米连诺一世放弃皇位,让他随法兰西远征军一起离开墨西哥。然而,马西米连诺一世拒绝了这个建议。显然,他还希望借助同盟的力量取胜,其后再

"自愿"光荣退位。马西米连诺一世手中仍有几支军队,其中约有一千人是欧洲盟军或雇佣兵,其余都是墨西哥人。当时,马西米连诺一世政府已入不敷出,只能偶尔凭借克鲁兹关税维持开支。马西米连诺一世座下军官有权征收军税,保证军队供给到位。然而,征收军税的做法,极大损害了马西米连诺一世在军中的声望。因此,马西米连诺一世军中经常出现逃兵。

1867年3月12日,最后一支法兰西远征军随弗朗索瓦·阿希尔·巴赞将军一同撤出墨西哥。此前,马西米连诺一世已离开墨西哥城。不过,墨西哥将军莱昂纳多·马克斯仍为马西米连诺一世把守着墨西哥城。莱昂纳多·马克斯在距墨西哥城西北一百五十英里处的克雷塔罗定居。从墨西哥城逃到维拉克鲁兹后,马西米连诺一世兵行险招,将逃生船全数烧毁。1867年2月19日,马西米连诺一世进入克雷塔罗,受到约两万名当地居民的热烈欢迎。不久,马西米连诺一世遭到墨西哥总统贝尼托·胡亚雷斯的大军围攻。遭到围攻期间,马西米连诺一世部队曾负隅顽抗两个多月。后来,马西米连诺一世军中陆军上校埃里克·洛佩斯变节,将己方防御部署全数泄密给对手,导致马西米连诺一世部队溃败。兵败后,马西米连诺一世和座下两位忠将米格尔·米拉蒙和托马斯·梅希亚在墨西哥军事法庭受审。1867年6月19日,三人在克雷塔罗接受枪决。此前,欧洲外交人员曾通过所有私人及官方途径,欲劝说贝尼托·胡亚雷斯对马西米连诺一世从轻判决。贝尼托·胡亚雷斯无动于衷,未做分毫退让。从马西米连诺一世的挚友兼私人医生塞缪尔·齐格弗里德·卡尔·冯·巴施的描述中，我们得以窥见马西米连诺一世生命最后几天的状况。那时，这位墨西哥皇帝终于抛却心中一切不安和骄傲。他内心平静、颇为健谈，还处处为同伴着想。马西米连诺一世受刑后，在贝尼托·胡亚雷斯总统的批准下，马西米连诺一世的遗体经由奥地利巡洋舰"诺瓦拉"号运回欧洲。经过塞缪尔·齐格弗里德·卡尔·冯·巴施医生防腐处理后，马西米连诺一世的遗体被葬于维也纳嘉布遣会教堂。

巧合的是，马西米连诺一世于克雷塔罗接受枪决四十七年后，即1914年6月28日，另一位奥地利大公弗朗茨·斐迪南也在萨拉热窝遭到枪杀。奥地利大公弗朗茨·斐迪南遇刺身亡，让命运多舛的奥地利皇帝弗朗茨·约瑟夫一世家族终以悲剧收场，也直接导致奥地利帝国的迅速崩塌。1867年，马西米连诺一世受刑并不是引发政治危机的原因，但仍是政治危机的其中一环。马西米连诺一世倒台，是法兰西皇帝拿破仑三世决定开展墨西哥远征时注定要吞下的苦果，也是导致法兰西第二帝国衰落的重要动因。

第 12 章

幽默文学

哲学家和科学家一直在探究人与动物相互区别的种种特征。有人提出,人不同于动物的其中一种明显特征就是笑容。这种说法可能会遭到质疑。然而,没有人会否认,人确实有种特有能力,可以领会某种境况或想法中的幽默之处,并为之发笑。这种能力并非人人有之,也不由最有教养的人所独享。种植园时代早期,美国黑人就不乏幽默感。显然,美国黑人的幽默感并不来自他们的白种主人,因为部分白人其实十分欠缺幽默感。在世界某些历史时期,幽默几近消失无踪。

17世纪,幽默感被称作"由体液比例决定的心理倾向或气质"。在剧作《个性互异》中,英格兰剧作家本·琼森曾表示,伊丽莎白一世时期,人们认为幽默感是异想天开、变幻莫测、稀奇古怪的东西。18世纪前,幽默开始被定义为"赏识或表达诙谐有趣之事的能力",具有更深厚、持久的内涵。《牛津词典》进一步解释说,幽默并不纯粹仰赖学识,它更需要智慧。而且,幽默感还常与怜悯心有关。幽默

《皆大欢喜》里的人物贾奎斯·德·博伊斯

与快乐不同,因为幽默的人并不一定快乐。例如,威廉·莎士比亚的戏剧《皆大欢喜》里的人物贾奎斯·德·博伊斯虽然幽默风趣,但并不快乐。喜剧《欢乐英格兰》并没有说明英格兰人幽默风趣。相反,法兰西人虽然从未被视为欢乐的民族,但极具幽默感。幽默感不为任何人所独有,然而,有些人的幽默感可以远胜他人。"幽默感受力",即感知滑稽有趣之事的能力,在人们身上很常见。不过,有些人甚至连幽默感受力也缺失了。此外,具有幽默表达能力的人又比较罕见。19世纪,幽默感最强的也许是英格兰人和美国人,其次便是法兰西人。

1790年至1840年大约可被视为思想和文学的浪漫主义时

代。总的来说，浪漫主义者比较严肃，缺少幽默感，虽然当中也有例外。1840年后的四五十年，是幽默主义者大放异彩的时代。这非同寻常的四五十年中：著名讽刺杂志《笨拙》诞生；查尔斯·狄更斯、威廉·梅克皮斯·萨克雷、安东尼·特罗洛普、马克·吐温、埃德蒙·弗朗索瓦·瓦伦丁·阿布、阿尔封斯·都德等文豪各领风骚；托马斯·特奥多尔·海涅的画作《单线畸胎》备受赞誉；弗里茨·罗伊特也是备受追捧的幽默小说家。当上述伟人纷纷离世后，幽默文风并未随之而逝，只是流传不广，风格稚嫩，未受青睐。因此，在人们对文学的包容度低于19世纪末的时代，幽默文风渐渐淡出文坛。

幽默是谎言和伪饰的大敌，是一种善意、无法抗拒的特质。它将虚情假意的外壳通通剥离，让人们无法欺瞒自己、迷惑他人。它揭露层层诡计与谎言，让狂热、虚名和贪欲暴露无遗。常识与智慧的明灯将照射出虚伪、传言和各种思想的真面目，让理智、宽容和判断力影响人类思维。对社会而言，幽默感就像是一位友善、中肯的评论家，也是一位温和、宽厚的指引者。马修·阿诺德曾说，文化会使人生变得甘甜、明亮，幽默感同样如此。

虽然17、18世纪幽默作家为数不多，但当时，莫里哀、乔纳森·斯威夫特、约瑟夫·艾迪生、亨利·菲尔丁和劳伦斯·斯特恩都是大名鼎鼎的幽默大师。威廉·梅克皮斯·萨克雷曾做过一系列主题为"18世纪英格兰幽默作家"的有趣演说。演说中，威廉·梅克皮斯·萨克雷不仅谈了"幽默"，还谈到了"18世纪英格兰文学生活"。

简·奥斯汀

19世纪初,简·奥斯汀写了六部描写英格兰生活的小说,这些小说体现了完美的艺术感和微妙的幽默气息,其中,《理智与情感》(1811年)、《傲慢与偏见》(1813年)、《曼斯菲尔德庄园》(1814年)、《埃玛》(1816年)四部作品均于简·奥斯汀在世时出版。《诺桑觉寺》和《劝导》则出版于她去世后的1818年。凭借1814年出版的作品《威弗利》,沃尔特·司各特开启了他光辉的喜剧写作生涯。《威弗利》中描述社会，特别是18世纪苏格兰社会的文字饱含怜悯与深情，让人不由会心一笑，却不会引人潸然泪下。然而，树立英式幽默标准的作品，是查尔斯·狄更斯的《匹克威克外传》。该作品既呈现了英格兰社会生活，也体现了幽默大师的语言功底。《匹克威克外传》一书，有菲尔丁·埃德洛作品的宏大场面和喧闹场景，也有简·奥斯汀文字里的妙语连珠，还带着沃尔特·司各特的俏皮笔风。此书内容纯粹自然，滑稽又富有智慧。书中对英格兰生活的描述和评论，无不让读者增长见识、心有戚戚焉，令英格兰人更能理解同胞。1841年7月1日，查尔斯·狄更斯创办的幽默杂志《笨拙》登出首刊。此事绝非偶然，因为这本伦敦著名讽刺杂志首期虽然并不由查尔斯·狄更斯本人发表，但它就像是一本周刊式《匹克威克外传》。《笨拙》纯朴自然、逗趣巧智的内容，继承了《匹克威克外传》的文字传统，同时保持着这一人间喜剧标杆作品的标准。

总体来说，19世纪中后期的英式幽默风格比较理性，让人易于接受。不过，在此期间，英式幽默曾一度走偏为恶作剧。所幸，恶作剧式的幽默如今已销声匿迹，为世人遗忘。恶作剧如果也算是幽默，那么一定是最低级的幽默。恶作剧以奇袭与荒谬为笑料，只能制造残酷无情的"笑果"。在恶作剧中，人们通常都是因不幸之人的狼狈难堪而发笑。因此，恶作剧可以算是轻度虐待行为。《腹语大师瓦伦丁·沃克斯》的作者亨利·科克顿，就格外推崇恶作剧式幽默。这本书的人气曾一度十分高涨，但现在早已无人阅读。看过这本书的人也只会一笑置之。

《匹克威克外传》虽然1837年才正式出版发行，但在1836年就已开始在媒体上连载。因此，它不属于19世纪中期作品。查尔斯·狄更斯声名鹊起后，《匹克威克外传》的成功为他后续的写作事业发展奠定了基础，也成了他写作生涯的标杆。查尔斯·狄更斯虽然到1870年之前一直笔耕不辍，却一直未能再创《匹克威克外传》的辉煌。事实上，查尔斯·狄更斯没有尝试复制《匹克威克外传》的成就，是非常明智的决定。《匹克威克外传》并非小说，而是一部引人入胜的喜剧，一部浪漫主义时代末尾的风尚喜剧。查尔斯·狄更斯后来的作品主要以小说为体裁。可以说，这些作品都是严肃正经的故事，也是充满想象力的历史。在这些小说中，查尔斯·狄更斯充分展露了他的才智和幽默细胞，但这并不是他写作的初衷。他笔下的《尼古拉·尼克贝》（1839年）、《美国纪行》（1842年）、《马丁·乔兹维特》（1843年）和《大卫·科波菲尔》（1850年），都多多少少延续了《匹克威克外传》的文风。描述美好爱情的《荒凉山庄》（1853年）、《双城记》（1859年）和《远大前程》（1861年）中，查尔斯·狄更斯也保留了些许"匹克威克式"的写作风格。

　　《匹克威克外传》中的讥讽口吻并不明显。维多利亚女王时代的许多文学作品中，滑稽讽刺已蔚然成风。例如，尼古拉·瓦西里耶维奇·果戈理的《死魂灵》（1842年）就被誉为俄罗斯版的《匹克威克外传》。《死魂灵》的主人公奇奇科夫是个满口谎言、不知悔改的骗子。他设计从不同地主手上收购了"死农奴"。俄国死农奴通常在十年内就会死去，但只要他们在下一次十年人口普查之前依旧活着，就仍会被登记在册。因此，地主依旧需要按照死农奴登记结果交税。地主虽然要为死农奴纳税，但可以随意抵押农奴。通过在俄国各处抵押农奴，购买了死农奴的奇奇科夫大赚一笔，从此过上了优渥的生活。尼古拉·瓦西里耶维奇·果戈理创作的《死魂灵》，极有可能受到了《匹克威克外传》的影响。1836年，在俄罗斯帝国皇帝尼古拉一世的铁腕政策下，尼古拉·瓦西里耶维奇·果戈理不胜其烦，于是选择离开俄罗斯，前往罗马。后来，在罗马，尼古拉·瓦西里耶

尼古拉·瓦西里耶维奇·果戈理

维奇·果戈理写下了《死魂灵》的第一部分。相较之下，查尔斯·狄更斯的《匹克威克外传》内容更亲切，更富有人情味。《死魂灵》虽语带苦涩，讽刺意味浓烈，但仍有诙谐欢乐的一面。这两部作品都是1837年后最受欢迎的游记文学。不过，游记文学并非查尔斯·狄更斯或尼古拉·瓦西里耶维奇·果戈理首创。史上第一部游记是《奥德赛》，该作品在文坛中有举足轻重的地位。米格尔·德·塞万提斯、菲尔丁·埃德洛和沃尔特·司各特都曾以旅行为创作主题，但只有查尔斯·狄更斯和尼古拉·瓦西里耶维奇·果戈理曾将全书写成游记。和古希腊人一样，这两位著名的人文主义者认为，生活不是一种心理状态，而是一段旅程。在他们心中，人生的旅程变化多端，时而悲戚乏味，时而妙趣横生，还充满了形形色色的事件和各种各样的人物。1884年出版的《哈克贝利·费恩历险记》是美国幽默特质最明显的作品。此书讲述了主人公乘木筏沿密西西比河航行的故事，堪称新版《奥德赛》。

19世纪中后期，法兰西幽默文学发展迅猛。阿尔封斯·都德就曾以游记形式，在作品中展现了法式幽默的风采。奥诺雷·德·巴尔扎克却让幽默文风在法兰西小说界愈发不受待见。在小说里表现"爱权、爱财、爱己、恐惧与性"等各种关乎人类炽烈情感的主题时，奥诺雷·德·巴尔扎克几乎不使用幽默的写作手法。《图尔的本堂神甫》是其中的极少数例外之一。《图尔的本堂神甫》的主角是一位神甫，好友去世后，他继承了好友的公寓。此后，这位神甫曾真诚地为好友致哀。"也许我无法复活挚友，但我的确为他致哀了"。这句话讽刺意味浓厚。和所有幽默笔触一样，这句话无比现实又出人意料。这句话同样只是对人类本性的粗浅见解。大仲马的人格也许并不比奥诺雷·德·巴尔扎克更加高尚，但他的人生观更加积极向上。大仲马的《三个火枪手》是一部充满活力的小说。该作品描述了人对生活与政治运动的热情，传扬了乐观精神，其中的文字颇有弗朗索瓦·拉伯雷的写作特点。大仲马笔下的人物波尔多斯确实带有福斯塔夫式的滑稽感，但大仲马其他作品的幽默感并不明显。在许多游记中描绘外国社会时，大仲马都采用了弗朗索瓦·拉伯雷式手法。因此，他的文字更具诙谐意味。然而，大仲马的游记如今已无人问津。在大仲马生活的年代，他的游记也并未在幽默文学发展历程中占据崇高的地位。谈到幽默感的运用，埃德蒙·弗朗索瓦·瓦伦丁·阿布1856年成书的《山野之王》更值得一提。该书俨然一部希腊行记。其主角为一群希腊土匪。故事的最后，土匪头目甚至摇身一变，成为司法部部长。书中这出经过精心安排的闹剧，让一代又一代的读者为之捧腹。然而，《山野之王》并非游记小说，书中人物的游历只是故事中的一段小插曲。作者的主要创作目的，是向读者呈现书中土匪的诙谐情节。在阿尔封斯·都德的三部曲小说《达拉斯贡的戴达伦》里，读者也可以体味真正的游记式幽默。阿尔封斯·都德撰写《达拉斯贡的戴达伦》时，常常模仿米格尔·德·塞万提斯和查尔斯·狄更斯的写作风格。这部小说的主人公戴达伦被誉为堂吉诃德及其仆人桑丘·潘萨的结合体。《达拉斯贡的戴达伦》还颇有《匹克威克外传》的韵味。在这部三部曲小说的第一部中，描述阿尔及尔旅程的部分、故事开头及后部出现的江湖医生、主人公荒谬多舛的境遇及其出其不意的情节，无不体现着《匹克威克外传》式的幽默感。

除了《达拉斯贡的戴达伦》的活泼文风，阿尔封斯·都德还在其他作品中呈现了语气比较温和，但依旧灵动有趣的风格。例如，简述普罗旺斯故事的《磨坊书简》及回忆录《巴黎三十年》，就是阿尔封斯·都德温和式幽默文风的最佳体现。《磨坊书简》中的一部分，是阿尔封斯·都德在甘普罗赛同画家欧仁·德拉克洛瓦共同创作的。当时，两人还

欧仁·德拉克洛瓦

曾在法兰西《费加罗报》上刊发《磨坊书简》章节。《磨坊书简》成书于1869年，当年却并未让阿尔封斯·都德和欧仁·德拉克洛瓦名噪一时。随着时日推移，两人逐渐成为法兰西人心中的文坛宠儿。《巴黎三十年》出版于1888年。此书笔调文雅风趣、妙语连珠，但几乎未显露出半点法兰西第二帝国时期风靡文坛的温和式讽刺文风。在《巴黎三十年》最后一页中，阿尔封斯·都德描述了他和俄国作家伊万·谢尔盖耶维奇·屠格涅夫在古斯塔夫·福楼拜家中见面的场景。全书只有这部分的文字，透露出一丝丝苦涩："我的上帝，生活如此怪异，真是将'讽刺'这个单词体现得太到位了！"

许多幽默作品会各自呈现出不同程度的惊喜、荒诞与讽刺元素。在《达拉斯贡的戴达伦》一书中，阿尔封斯·都德将这些元素兼收并蓄。一般来说，法兰西作家或演说家更爱强调讽刺元素。然而，阿尔封斯·都德为人和善，更倾向于强调惊喜、荒诞的元素。在《达拉斯贡的戴达伦》一书中，一群从达拉斯贡码头启航的善良市民在太平洋遇险，以致流落荒岛。后来，这群市民开始齐心协力，在岛上共同生活。他们滞留荒岛一段时间后，终于有艘法兰西炮艇来到该岛。炮艇军官上岛后穿过海滩，与流落岛上的这群白人岛民对话。当然，对这群岛民来说，他们的家乡达拉斯贡是宇宙的中心：

军官问："你们是哪国人？"
岛民答："达拉斯贡人！"

此处的讽刺意味非常强烈，但表现手法仍十分温和、巧妙。后来，法兰西小说家阿纳托尔·弗朗斯几乎将挖苦反讽手法发展成文坛主流文风。法兰西第二帝国时期讽刺官场生活的幽默剧，也是在讽刺文风的基础上逐渐发展成型的。讽刺文风通常直接暴露人类丑态和弱点，同时引人发笑。1881年，在法兰西喜剧院，法兰西剧作家爱德华·佩勒隆的剧作《无聊的世界》进行首演。这部剧作正是运用了讽刺手法，表现出法兰西第二帝国上流社会的枯燥乏味。反讽手法会用看似在赞同或维护的文字，间接抨击人的丑态或弱点。例如，维克多·亨利·罗什福尔就曾在他创办的周报《灯笼》中利用反讽手法，发表抨击法兰西第二帝国的危言。如

法兰西喜剧院

果明目张胆地直接抨击法兰西第二帝国政府，很可能被告上法庭，那么讽刺性的文字，看上去像是在支持、维护法兰西第二帝国，这样更难被抓到把柄。例如，下面这段选自《灯笼》的文字，显然不是在歌颂法兰西第二帝国的威望。法兰西第二帝国皇帝拿破仑三世也不能谴责这番看似在赞颂拿破仑二世的话语："好一个太平盛世，我的朋友，这是多么美妙的太平盛世！我们不需进贡，国家没有战争，政府也不设王室专款！"要知道，在滑铁卢战役后，两岁的拿破仑二世即位，在位时间仅四天。因此，大力歌颂这短暂的"太平盛世"，可谓极尽讽刺之能事。

　　受查尔斯·狄更斯影响，19世纪中叶的德式幽默风行一时。1855年，德意志剧作家古斯塔夫·弗赖塔格出版的《借方和贷方》正是展现德式幽默的经典著作。此书主要讲述家庭生活、生意往来和民间借贷的故事。比起《匹克威克外传》，《借方和贷方》故事风格更接近《大卫·科波菲尔》。在《借方和贷方》的描述中，德意志人民的生活似乎有着十分独特的节奏。在当时的德意志，理性凋敝、道德沦丧的时期，与人民盲目狂热、得意忘形的岁月交替出现。1855年前后，古斯塔夫·弗赖塔格仍在撰写《借方和贷方》时，文化萧条已席卷整个德意志地区。1848年欧洲大革命中，德意志政治、文化运动如火如荼。官僚主义与审查制度卷土重来，导致自由主义运动宣告失败，使德意志革命最终化为泡影。《借方和贷方》的序言中，古斯塔夫·弗赖塔格描述了1853年春，他与萨克森-科堡公爵兼哥达公爵恩斯特二世在卡伦伯格共处的情景。当时，两人站在梯田上，放眼瞭望眼前壮阔的景致。萨克森–科堡公爵兼哥达公爵恩斯特二世身倚石栏，一边看着眼前平静和谐的画面，一边谈论德意志人民精神困顿、学习懈怠的现象及国家当下的道德状况。那时，"一场可怕的战争"，即克里米亚战役，战况正酣。"在德意志人民眼中，他们的祖国未来晦暗不明，前景堪忧"。那时，《借方和贷方》大受德意志人民欢迎，成为一部帮助人们逃离现实的优秀作品。此书用温和的方式体现幽默感，刻画了温馨的家庭氛围，欣然接纳了世上一切生产销售活动与生意买卖，成功为德意志资产阶级重构了心中的和平图景。

传统德式幽默并非脱胎于查尔斯·狄更斯，而是源自劳伦斯·斯特恩。让·保罗是这种离奇、俏皮文风的集大成者。1825年，让·保罗去世后，再没有人能接续他的创作风格。直到后来弗里茨·罗伊特开始执笔写作，让·保罗的文风才得以延续。弗里茨·罗伊特曾在耶拿大学就读。和浪漫主义时代所有耶拿学子一样，他耽于玩乐，醉心论政。1833年至1840年，弗里茨·罗伊特锒铛入狱。这段不堪回首的经历并没有侵蚀弗里茨·罗伊特的心灵，但摧毁了他的身体，让他染上酗酒的恶习。1850年前后，弗里茨·罗伊特开始采用梅克伦堡人常用的旧式低地德语写作。他1860年出版的《法兰西时代》和1864年出版的《我的暴风时代》均是德式幽默杰作。在充满常识和欢声笑语的文字世界里，弗里茨·罗伊特用最平和的剧情设置，将梅克伦堡小镇的古老智慧表现得淋漓尽致。弗里茨·罗伊特个性开朗顽皮，总爱用逗趣恶搞的笔触刻画人物性格。不过，他笔下关于人性的玩笑一向言出友善、蕴涵大爱，绝无半分恶意。和多数幽默作品一样，弗里茨·罗伊特的作品总会带有一丝批判社会的意味。弗里茨·罗伊特从未开创任何文学创作流派，当时运用德式幽默的作家也屈指可数。不过，1844年创刊的讽刺杂志《飞叶》，风格特立独行，批判意味浓厚，不啻为语言十分辛辣的幽默作品集。

19世纪中晚期，幽默式文学风格在美国广为流传。美式幽默大都出现于美国西部地区相关文学作品中。在这些作品里，美国西部生活环境独特，风格怪诞，到处是欢声笑语，人人友爱和睦，言语间还不时穿插着对营地生活的调侃。这些文学因素，营造出一种独一无二、幽默活泼的文字格调。然而，所谓的"美国边境"并非一直位于美国西部。一开始，美国荒野地区位于东部各州。后来，随着人口迁移，边境地区也不断往西部推移。在许多家庭里，同一代人都曾多次迁居。占据新荒地后，移民会修整荒地，建筑木屋，与同胞一起在大自然中探险，还会尝试进行怪诞的宗教行为。安居若干年后，这批移民又会变卖或直接抛弃现有土地，移居他处，使边境地区界限不断随之推移。移民虽已迁走，但仍在荒野区域留下了小镇村落和相对稳定的小型社会。这些小镇村落和小型社会，仍保留着边境地区的特征，亚伯拉罕·林肯正是在这样的边境地区中成长起来的。在如此艰苦的条件下，亚伯拉罕·林肯形成了幽默观，这让他在往后的危难时刻，依然能笑对人生。一位亚伯拉罕·林肯传记作者曾如此描述西荒地区早期景象：

即便西部小镇是穷乡僻壤，房屋寥寥无几，但当地总会有几家杂货店。就目前来看，这些"小商铺"就是塑造美国西部观念的主要因素。在杂货店外，白天总有闲人流连，傍晚则有一群大忙人围聚其旁。店主和客人总会喝上三两杯威士忌，一同闲聊是非，漫谈生意，也会一同议论小镇前景，为镇上、州中甚至整个国家的政事争论不休。此时相互交谈的人，往往会用粗野低劣的玩笑消磨时光。为了吸引听众注意，或者是为了逃避过于残酷的现实，开玩笑时，大家总是极尽嘲弄之能事，满嘴荒谬比喻和夸张词句。正是杂货店里的粗俗笑谈，催生了独树一帜的"美式幽默"。①

英格兰人很快便发现，初露锋芒的美式幽默与英式幽默不无相似之处。毫无疑问，查尔斯·狄更斯与马克·吐温的作品在英格兰传播，对通用英语的发展产生了不少影响。除了语言，英格兰人和美国人还有另一相同或相似的人生态度：他们都习惯着眼于事物有趣的一面。西部风情为美式幽默增添了独特魅力。这种风情，是常居海岛的英格兰人永远无法从自身发掘出来的。英格兰人十分推崇美式幽默文风的另一重要因素，即美式幽默包含有清教主义色彩。美国幽默作家阿尔特默斯·沃德曾写道："美式幽默中许多离奇有趣

---

① 约翰·托里·莫尔斯：《亚伯拉罕·林肯》，1893年，第1卷，第28页。——原注

的表现形式，都是旧时清教徒的语言习惯。旧时清教徒喜欢用严肃的目光看待滑稽之事，又爱用诙谐腔调表现严肃之事。如今，这种独特的文学手法，营造出区别于老清教徒创作本意的效果。"①例如，《哈克贝利·费恩历险记》的幽默元素，多与清教徒野营集会和乡村传教士有关。美式幽默作品常见的"心口不一"，实际上是一种新英格兰清教主义遗风。

马克·吐温是西部幽默的集大成者，但他并非首位西部幽默作家。西部幽默作家先驱是阿尔特默斯·沃德，他本名为查尔斯·法拉尔·布朗。在各类巡演、大小乡镇、野营集会和驿站中，他都能发现创作幽默的可能性。阿尔特默斯·沃德的作品全是插科打诨，甚至连他对摩门教徒的经典评述都不例外——"摩门教信仰独一无二，但摩门教徒是三妻四妾"。阿尔特默斯·沃德作品中的拼写错误俯拾皆是，经常将某些宗教原理描述得牛头不对马嘴，破坏了作品的整体格调。阿尔特默斯·沃德并未来得及迈入写作的成熟阶段，1867年，年仅三十三岁的他就已匆匆谢世。

19世纪下半叶，马克·吐温成为幽默式文风的最大功臣。自相矛盾的清教主义和朴实无华的边境生活，便是他笔下幽默作品的素材。马克·吐温原名塞缪尔·兰霍恩·克莱门斯，1835年出生于美国密苏里州的佛罗里达。美国淘金热时期，马克·吐温大部分时间都在密西西比河谷区的内华达州度过，其后迁至美国东部各州，直至1910年逝世。

---

① 约翰·卡姆登·霍顿：《阿尔特默斯·沃德作品全集》。——原注

马克·吐温

1869年,马克·吐温出版《傻子旅行》,美国传记作家卡尔·范·多伦曾评论:"在《傻子旅行》成书的时代,美国也许再找不出比此书更具代表性的文学作品了。"《傻子旅行》是马克·吐温的游记,如同《坎特伯雷故事集》序言里的人物一样,马克·吐温在《傻子旅行》所述路途中,总是有同伴一路随行。在这部作品里,马克·吐温的旅伴是维多利亚女王时代的一位资产阶级分子。他脾气温和、友善大度、思想开明,虽然受教育程度不高,但求知若渴,对与心灵和精神有关的一切都有浓厚的兴趣。他想法天真,从不矫揉造作。因此,这位旅伴身上的各种奇闻趣事,就是一个好奇、幽默的观察者的最佳创作素材。当然，这个好奇、幽默的观察者，正是马克·吐温本人。

1872年出版的《苦行记》，描述了一位矿工兼记者乘坐马车，从圣路易斯前往内华达卡森城的历程。《苦行记》语言夸张诙谐，表现了马克·吐温横溢而出的幽默文才。全书描绘了19世纪五六十年代美国西部地区淘金采矿的社会生活。《苦行记》出版后，马克·吐温的密西西比"史诗"《汤姆·索亚历险记》于1876年问世。《密西西比河上的生活》《哈克贝利·费恩历险记》分别于1883年、1884年出版。其中，《哈克贝利·费恩历险记》可谓风靡全美乃至全世界的河谷风情之作。《哈克贝利·费恩历险记》的每一页，都呈现着异彩纷呈的奇妙元素。此书描摹了主人公哈克贝利·费恩的童年时光与成年岁月。在哈克贝利·费恩的成长中，他童稚无邪的天性与狡诈欺瞒的行为彼此交织。他曾露宿街头，餐风于树林皮艇，也曾短居小镇农场，或寄于富裕种植园主篱下。此书语言幽默风趣，人物情感饱满。即便故事中意外迭出，也无法抹杀其中的和煦阳光与欢声笑语。哈克贝利·费恩永远以纯朴无邪的目光看待所有人事。他思想纯粹、眼神澄澈，总是乐于接受一切富有幽默色彩的事物。此外，他言笑纯真率直，为人机警仗义、开朗诙谐。这一切都是年轻人的重要精神特质，是无法随年龄增长而产生的智慧。

19世纪中期，幽默文学势头正劲。可以说，从《匹克威克外传》出版（1836年）到杰罗姆·克拉普卡·杰罗姆的《三人同舟》成书（1889年），此间每隔十年都有杰出的幽默作品问世：1841年，讽刺杂志《笨拙》创刊；1857年，小说《巴赛特寺院》面世；1869年，《傻子旅行》出版；1872年与1884年，《达拉斯贡的戴达伦》和《哈克贝利·费恩历险记》相继问世。20世纪初，阿纳托尔·弗朗斯和萧伯纳仍在延续幽默讽刺的创作传统。然而，在到处是钢筋混凝土的20世纪，幽默文风已渐趋消退。

第 13 章
钟情书信的维多利亚女王

20世纪二三十年代，几乎再无人有执笔写信的雅兴。18世纪，书信风潮蓬勃发展。当时，或许没有人能像伏尔泰、俄罗斯帝国女皇叶卡捷琳娜大帝和法兰西思想家让-雅克·卢梭一样，在信中字斟句酌的同时，还能让文字趣味盎然。19世纪，书信风潮依旧欣欣向荣。当时热衷书信、文笔出色的知名人物有很多，其中包括苏格兰文学家沃尔特·司各特与托马斯·卡莱尔、美国作家拉尔夫·沃尔多·爱默生、德意志首相奥托·冯·俾斯麦、意大利首相加富尔伯爵卡米洛·本索、英格兰的维多利亚女王、英格兰首相本杰明·迪斯雷利、兰贝斯的戴维森男爵兰德尔·戴维森、美国作家亨利·詹姆斯、美国总统伍德罗·威尔逊及德意志皇帝威廉二世等。后来，书信这种文体式微的原因并不明确，但大抵与人们开始习惯打字有关。

一个人如果想要成为出色的书信写手，必须要有责任感、勤勉力与同情心，同时具有社交能力和活跃的思维。写信的人如果缺乏责任心，写信时便无从提笔。如果不够勤勉，他笔下的信就不过是潦草的便笺。缺乏共情的信函，对收信人而言毫无吸引力。如果不是为了社交，与人通信就成了一种负担。写信的人如果没有活跃的思维，其书信文字将变得枯燥乏味。因此，维多利亚女王能成为鹤立鸡群的书信作家，全因她向来极具责任心、勤勉不怠，而且充满慈悲心，还能够做到八面玲珑。令人意想不到的是，她的精神世界也丰富多彩。不过，维多利亚女王并非完人，她的幽默感少得可怜。从维多利亚女王的书信内容来看，可以说，她一点也不幽默。她评判人物时不够宽宏大度，总是过于关注自身威仪，书信字里行间常常流露出傲慢的情绪。然而，维多利亚女王书信中的文字，同样散发出她见识广博、深思熟虑、睿智精明、意志坚定、通情达理的女性精神光辉。后世收集整理而成的《维多利亚女王书信集》，是纪念维多利亚女王辉煌统治最具价值的文集。《维多利亚女王书信集》第一卷的编者曾断言："本书收集的所有文书，也许是世上最非同寻常的政府文件。"《维多利亚女王书信集》收录了维多利亚女王寄出的信、他人回信及相关文书。这一书信集内含五百至六百封书信，这些书信均写于1861年以前。

　　写信的人如果能沉下心来，缓缓着笔，那么写信就是他自我表达、自我实现的方式。写信时，执笔者会在纸笺上铺陈、详述自身想法。维多利亚女王仍是公主时，也和19世纪的所有女孩一样循规蹈矩。放在今天，这样的女孩就是众人口中的"抑郁"青年。维多利亚女王曾在回忆录中写道：

　　　　我从小到大都过得非常简单朴素。直到将近成

克勒蒙特公馆

年时,我才有自己的房间。在登基之前,我一直都睡在母亲的房里。住在克勒蒙特公馆时,我总会在女家庭教师卧房旁的狭小房间里坐着听课。

维多利亚女王年纪尚小时,身边簇拥的不是一本正经的德意志皇室成员,就是头戴蓬松假发且谨言慎行的主教。这让幼时仍非常顽皮的维多利亚女王感觉生活无比压抑。一天天长大的维多利亚女王开始觉得,写信和记日记是解放天性、释放自我的最佳途径。因此,从那时起,她便希望和一位能与自己产生共鸣的男性通信,并且在此后的一生中都抱有这种念想。起初,与维多利亚女王通信的是她的舅舅比利

利奥波德一世

时国王利奥波德一世①。三十年后,她的通信对象变成本杰明·迪斯雷利。维多利亚女王会将无法用笔墨向女性吐露的心事,在书信中向男性倾诉。例如,维多利亚女王就曾告诉男性笔友,她对英明的法兰西国王路易十四仰慕已久。

与女性通信时,维多利亚女王从未有只言片语提及这种私人情怀。帝王多是孤独者,女君主尤为如此。因此,维多利亚女王便以书信觅友,与历任英格兰首相之间的书信往来从未断绝。这些以第三人称书写的信带有浓厚的距离感,总

---

① 维多利亚女王的母亲萨克森-科堡-萨尔费尔德的维多利亚郡主,是比利时国王利奥波德一世的姐姐。——译者注

能让人读来肃然起敬，又觉冷意逼人。历任英格兰首相给维多利亚女王写信时总爱使用间接引语，但维多利亚女王回信的语气则更有人情味——虽然这股人情味远远算不上亲昵。不过，维多利亚女王给利奥波德一世写信时，总会笔调一转，用上欢欣温情的第一人称。

1840年，维多利亚女王与阿尔伯特亲王成婚后，有二十年时间未曾与各位笔友通过书信维系情谊。此间，维多利亚女王写的信大部分是公文。当然，其中也有例外：这二十年，维多利亚女王与利奥波德一世通信时热情不减，有时她在信中表现的情绪还会格外高昂。例如，1844年6月13日，沙皇尼古拉一世访问英格兰时，维多利亚女王就在白金汉宫给利奥波德一世写信，高度赞颂尼古拉一世。这二十年，就连维多利亚女王笔下的公函，特别是与教会赞助有关的公

维多利亚女王与阿尔伯特亲王的婚礼

文都内容充实、人情味十足。维多利亚女王的宗教观向来温和、宽厚。1845年3月24日，在写给时任英格兰首相罗伯特·皮尔的信中，她曾提及温彻斯特大教堂的某个圣职，称"希望由坚决反对皮由兹主义的人出任这一圣职"。谈到"教会闲职"任命时，维多利亚女王坦陈，由首相罗伯特·皮尔来"推举这类与政坛相关的职位人选"比较合适。不过，维多利亚女王非常理智地写道："科学成就卓著的教士通常已无意、也无暇继续研究科学。因此，由科学界巨擘来出任教会圣职，对教会和整个英格兰都会大有裨益。"1845年4月3日，维多利亚女王向墨尔本子爵威廉·兰姆致函。在信中，维多利亚女王提及即将买下奥斯本一处宫邸时，字里行间全是诗意：

> 绝不会有任何地方比奥斯本更美了。世间山谷、树林美则美矣，但不及奥斯本毗邻大海的幽幽山谷和向海而生的葱郁树林。此处地理位置完美无缺，还有迷人沙滩任我们独享。那碧蓝海水静谧无波，连阿尔伯特亲王都觉此处极似那不勒斯。

1848年10月26日，向时任英格兰殖民地大臣的亨利·格雷伯爵致信时，维多利亚女王曾谈及布姆普拉兹战役：

> 女王已收到亨利·格雷伯爵的来信。知悉哈利·史密斯爵士伤势并不严重，女王倍感欣慰。女王认为，此战英格兰牺牲了这么多军官，必然是因

为在身穿鲜红军服的英格兰士兵中，一身蓝装的英格兰军官过于显眼。当初，与意大利交战时，奥地利人也曾因为相似的着装而折损大批将士。

实际上，维多利亚女王的说法有误。布姆普拉兹战役中除了某一名参战英格兰军官，其他所有军官都和英军士兵一样，穿着步枪兵制服。然而，维多利亚女王的错误叙述并未让她的观点失去价值。《维多利亚女王书信集》中为人所知的一篇公文，是维多利亚女王在阿尔伯特亲王帮助下起草的英格兰外交部派遣相关规定。这份文书于1850年8月12日成稿，字里行间满是强烈情感与深切思虑。文书接收人是时任英格兰首相约翰·罗素。在这份文书中，维多利亚女王历数时任英格兰外交大臣帕默斯顿子爵亨利·坦普尔刚愎蛮横、桀骜不驯的行为：

> 此前，女王曾与约翰·罗素谈及帕默斯顿子爵亨利·坦普尔其人。帕默斯顿子爵亨利·坦普尔不承认自己曾有意忤逆女王。然而，长期以来，女王遭到帕默斯顿子爵亨利·坦普尔的无视，对此多有怨言。为了防止有人犯下与帕默斯顿子爵亨利·坦普尔同样的错误，女王认为有必要明确一下她期望中的外交大臣职责。女王要求外交大臣做到以下两点：一是在特定情况下要明确陈述自身提议，以使女王知晓是否应批准此提议；二是外交大臣提议的措施一经女王批准，首相不得擅自变更。首相一旦

违反此令，即是对王室不忠。面对此类不忠行为，女王将行使宪法权利，罢黜首相。女王希望，在做出重大决策前，她能够知悉首相与外交大臣共同通过的决议，及时接收外国快信。在各类待批复涉外信稿寄出前，女王希望能有充裕时间了解信稿内容。女王认为，首相约翰·罗素应将此信交由外交大臣帕默斯顿子爵亨利·坦普尔一阅。

帕默斯顿子爵亨利·坦普尔曾遵守维多利亚女王信中规定。但在1851年12月，他向法兰西第二共和国政府寄出重要信时，却未事先将此信呈给维多利亚女王预览。此事一出，帕默斯顿子爵亨利·坦普尔很快便遭革职。然而，到底是谁决定罢免帕默斯顿子爵亨利·坦普尔？有若干官方信明确显示，依照英格兰宪法，英格兰首相有权罢免外交大臣。实际上，如果要问当时到底是谁要求约翰·罗素行使权利罢免帕默斯顿子爵亨利·坦普尔，答案其实已显而易见。

> 1851年12月19日
>
> 约翰·罗素已向维多利亚女王陛下提议，应告知帕默斯顿子爵亨利·坦普尔，称女王陛下已准备收回国玺，将其交由他人掌管……

> 1851年12月20日
>
> [维多利亚女王第一封回信]女王已告知约翰·罗素，打算听他建议，并且允许罢免帕默斯顿

子爵亨利·坦普尔外交大臣之职。

[维多利亚女王同日第二封回信]女王同外交大臣帕默斯顿子爵亨利·坦普尔共处时，曾因为他秉性不良，而倍感艰辛烦躁、危机重重。考虑到这段不幸经历，女王必须声明，在挑选外交大臣继任人选时，她必须保留批准后仍可否决外交大臣人选的权利，并且保证这项权利不受任何约束。

除了与比利时国王利奥波德一世的信，维多利亚女王写给数位外国君主的信函用语，也兼具公文与私人信件的风格。在给法兰西第二帝国皇帝拿破仑三世和普鲁士国王威廉一世写信时，维多利亚女王分别使用法语和英语行文。由于英法两国曾在克里米亚战争中结盟，维多利亚女王自然要与法兰西第二帝国皇帝拿破仑三世维持一定的联系。1855年8月，维多利亚女王与阿尔伯特亲王曾一同出访法兰西圣克卢。当时，巴黎首次举行世界博览会，场面如火如荼。此时，克里米亚战争硝烟正浓。在塞瓦斯托波尔之围中，英格兰军队受到压制。其实，1851年的伦敦世界博览会就曾让维多利亚女王惊艳不已。这场世界博览会是阿尔伯特亲王的用心杰作，曾被维多利亚女王热情洋溢地记录在信中。然而，维多利亚女王在信中对巴黎世界博览会着墨不多。即便在访问巴黎后，维多利亚女王也未曾在写给拿破仑三世的信中提及在巴黎举行的这次世界盛会。

维多利亚女王写的官方信函流露出的个人情绪总是非常强烈，又不乏理性。例如，下面的一段文字，是1853年11月

阿伯丁伯爵乔治·汉密尔顿–戈登

5日维多利亚女王致时任英国首相阿伯丁伯爵乔治·汉密尔顿–戈登的信函节选。这段文字充分说明了维多利亚女王与斯特拉特福德·德·雷德克利夫子爵斯特拉特福德·坎宁的品性才情,也明确体现了维多利亚女王与各位首相通信时的常用口吻:

> 女王今晚也想面见阿伯丁伯爵乔治·汉密尔顿–戈登。然而,昨天,乔治·维利尔斯送来了几封斯特拉特福德·德·雷德克利夫子爵斯特拉特

福德·坎宁生前的最后几封私信，女王今晚还是决定先看看那些信。在所有来信里，斯特拉特福德·德·雷德克利夫子爵斯特拉特福德·坎宁都表明他极欲开战，并且想将英格兰和法兰西拉入克里米亚战争的泥潭。他表示，对于英格兰和法兰西来说，如果要赢下克里米亚战争，两国必须全面合作。从上面的说辞来看，斯特拉特福德·德·雷德克利夫子爵斯特拉特福德·坎宁的好战心已路人皆知。因此，到底是否应该容许他百般抹杀英格兰和法兰西为和平所作出的努力，已成为一个非常严重的问题。雪上加霜的是，考利伯爵亨利·韦尔斯利表示，与法兰西元帅阿希尔·巴拉杰·迪里埃交谈时，他发现阿希尔·巴拉杰·迪里埃也迫不及待，想要采取极端措施应战。

让女王惊讶的是，斯特拉特福德·德·雷德克利夫子爵斯特拉特福德·坎宁竟伙同土耳其外交部部长雷德希德·帕夏公然上书，提议英格兰政府同土耳其政府签订结盟条约，合并英格兰和土耳其两国舰队，并且将英格兰其余战舰派遣至白海。然而，在信函末尾，土耳其外交部部长雷德希德·帕夏提到，土耳其政府希望英格兰政府和法兰西政府能够同意上述提议，并且愿意采取相应行动。也许，女王应该利用这次难得的机会，开诚布公地向土耳其政府表明英方的强烈态度：英格兰不愿成为土耳其政府为达目的的棋子。女王此番宣言或许会传到土耳其政府耳中。未来事态走向也许不会再出差池。

女王至此收笔。希望阿伯丁伯爵乔治·汉密尔顿-戈登能够将此函交由第一代克拉伦登公爵爱德华·海德一阅。①

然而,英格兰政府并没有看到阿伯丁伯爵乔治·汉密尔顿-戈登依维多利亚女王所言行动;英格兰诸位外交大臣也未能下定决心,将斯特拉特福德·坎宁从君士坦丁堡召回。

1854年10月2日,维多利亚女王曾向印度总督达尔豪斯侯爵詹姆斯·布朗-拉姆齐致公函。此函中,维多利亚女王仗义执言,为年轻的锡克帝国王子杜勒普·辛格打抱不平:

这位年轻的锡克王子,最应该获得我们的宽容与怜悯。十岁时,他就因英格兰急欲侵占他的国土的罪名,而遭到强行罢黜。

维多利亚女王出言干预的效果十分明显。此后,英格兰政府便为锡克帝国王子杜勒普·辛格提供了数额不少的拨款,供他筹谋未来。克里米亚战争的最后一年,即1856年,维多利亚女王写给英格兰战争部部长潘穆尔勋爵福克斯·莫尔-拉姆齐的信,同样展现了她仁慈与通情达理的一面。维多利亚女王走访一家军事医院后,不仅在1855年3月5日的信

---

① 《维多利亚女王书信集》,1907年,第2卷,第560页—561页。——原注

中对受伤士兵表示了慰问,还提出了改善医院条件的建设性意见。1855年3月14日,维多利亚女王致信英格兰外交部部长乔治·维利尔斯。这封信让我们注意到了一条外交规则,即如何以最小的牺牲换取对立方的妥协:

> 女王在此回复来自维也纳的信函。这些信函无法改变女王对本国政府需求的意见。所有实质性或口头的让步都可以为俄罗斯挽回尊严,但前提是,所有让步都不能侵害英格兰的物质需求。

1856年11月9日的公函本应是一份荣誉勋章授予名单。即便如此,维多利亚女王还是将这份公函变成了言简意赅的批评文书:

> 看到荣誉勋章授予名单如此之多,女王甚是愕然。她认为,在批准巴斯勋章授予名单前,应要求名单上的官员述职,说明他们获此殊荣的原因。因此,女王将这份名单退回潘穆尔勋爵福克斯·莫尔-拉姆齐手中。也许,潘穆尔勋爵福克斯·莫尔-拉姆齐能够让受册封者附上相应说明。当然,名单上的外国人无需作任何说明。

> 至于克里米亚战争期间获得维多利亚十字勋章的人选,女王虽然曾就此明确表达个人观点,但并未恣意定夺。女王认为,获得这项荣誉的人理应获准在其姓名后加上代表荣誉称号的字母缩写。但他

们姓名后的称号缩写不可以是V.C.。

V.C.代表的意义很多,所以不可作为维多利亚十字勋章的缩写。缩写K.G.代表嘉德骑士,C.B.代表三等勋章,M.P.代表议会成员,M.D.代表药学博士,等等。这些缩写都代表特定人群。不过,没有任何一个称号缩写可代表维多利亚十字勋章得主。此外,V.C.如今还含有大学校长之意。

实际上,维多利亚女王公函的字里行间都表明,她绝不会让自己沦为"无用的签字机器"。

1861年12月14日王夫阿尔伯特亲王逝世后,维多利亚女王的生活轨迹骤然改变。她虽仍是一国之君,但已一心从政坛隐退,只为平复心中悲痛。面对百官的诸多微词,维多利亚女王只能回之以哀伤悲泣。维多利亚女王虽在尽量回避各类仪式性事项,却并未疏忽其他国家义务。她依然坚守岗位,比往日更有拼劲,聊以慰藉哀痛的心情。彼时,书信也是她放松疲惫心神的途径。我们可以想象,维多利亚女王伏案,字斟句酌地给本杰明·迪斯雷利、温莎城堡座堂主教杰拉德·韦尔斯利或海外亲人写信的画面。维多利亚女王是英格兰文学界中出类拔萃的书信写手,她信中的文字向来十分出色。她后期写给历任首相的公函也同从前一样,既带有个人情愫,又含有谆谆忠告。值得注意的是,如果发现某位老臣外交信函文稿中出现过激的言辞,维多利亚女王都会要求他修改行文措辞。1861年,特伦特事件爆发期间,阿尔伯特亲王就曾将一封建议信中过分唐突、直率的用词改得相对温和，还因此阻止了英美两国爆发战争。阿尔伯特亲王信中所言，与约翰·罗素的想法一样坚定，只是措辞稍有不同。美国内战爆发第一年，即1861年，一艘隶属美国北方联邦的巡洋舰截停了一艘叫"特伦特"号的英格兰邮轮，并且从邮轮上抓获两名美国南方邦联特工。之后，英格兰政府要求美国政府道歉并释放两名受拘人员。当时，阿尔伯特亲王建议修改英格兰外交大臣约翰·罗素信中要求美国作出让步的段落，改用更和善的语言表达。经王夫阿尔伯特亲王修改的文字如下：

> 维多利亚女王的政府一直将大不列颠与美国之间源远流长的友好关系铭记于心。因此，维多利亚女王陛下的政府愿意相信，美国海军军官此等冒犯举动并非出自美国政府高层授意。如果该美国官员认为自己的行为得到了美国政府的授权，我们也希望，那只是他误解了自己接收的指令。

1861年12月15日，维多利亚女王曾写下如下内容："这份修改稿是挚爱的阿尔伯特亲王生前绝笔。当时，他已病得很厉害。当他将修改稿拿到女王面前时，他说：'我连笔都快要抓不稳了。'"后来，时任外交大臣约翰·罗素接受了修改后的文段。面对遣词如此婉转的官函，美国政府最终也做出了让步。此后，美国南部两名代表获得释放，特伦特事件就此平息。这次事件对维多利亚女王影响颇深，但她座下众臣似乎并未从这次风波中汲取应有的教训。每当接到呈递上来的外交信稿，维多利亚女王都会要求群臣检查"可能让人觉得言辞过激的文段"。维多利亚女王1864年7月2日写的周记显示，她审批信的眼光似乎已变得更加挑剔。维多利亚女王当初与第一代克拉伦登公爵爱德华·海德讨论普丹战争时，两人都认为帕默斯顿子爵亨利·坦普尔的外交言辞"恶劣不堪，咄咄逼人"。在周记中，维多利亚女王写道："我们都希望，这种恶劣的外交言辞能随着帕默斯顿子爵亨利·坦普尔一同消失。"

1864年，帕默斯顿子爵亨利·坦普尔已八十高龄，但依旧精神矍铄。1864年7月5日，他曾埋怨维多利亚女王起用"不尽责的谏议大臣"。帕默斯顿子爵亨利·坦普尔此番怨言并非针对维多利亚女王的外交政策，而是在批评她的教会官职委任举措。王夫阿尔伯特亲王离世后，维多利亚女王常将公函内容口述于贴身秘书，并且命秘书替她在信上签字。针对帕默斯顿子爵亨利·坦普尔的怨言，维多利亚女王在1864年7月7日亲笔回信：

> 女王已阅帕默斯顿子爵亨利·坦普尔1864年7月5日信中的内容……女王非常惊讶，帕默斯顿子爵亨利·坦普尔竟会用此般语调行文。因为他和其他人一样，从来不会否认，女王有权选择某一受举荐者出任某个职位。

维多利亚女王总会以一以贯之的坚定姿态与诸臣交涉，在谈及政策时也会给众臣提供有效的建议。此时，她还在承受丧夫之恸。这是何等卓越的人格！在性情狂暴的帕默斯顿子爵亨利·坦普尔面前，维多利亚女王无法袒露心声。不过，在面对如德比伯爵爱德华·史密斯-斯坦利一样性情温和的贵族人士时，维多利亚女王大可坦诚相见。下面这段意味深长的文字，就体现了维多利亚女王强烈的悲恸情绪：

> 女王心中的颓靡哀愁，几乎无法用言语描述。她所有情绪似乎都已被无尽的悲痛吞噬。失去那位让她无比眷恋、珍若生命的光明天使后，女王的生命仿佛已随之终结，只余下漫长、黑暗的时日！
>
> 纵使目睹百树抽芽、白日悠长，看见报春花含苞待放，她仍觉自己置身于寒冬腊月！女王日夜操劳，每天只会出两次门，也在家庭医生的帮助下做尽了力所能及的一切，但依旧觉得在荒废人生，日渐憔悴。在她灵魂深处，似乎有什么在吞噬她的活力！否则，这一切又该如何解释？充满和乐、安逸的二十二年婚姻时光已永远消逝。女王一事无成、毫无牵念，因为女王已失去支持她、陪伴她、引导她，并且助她解决大事小情的爱夫。此后，在这百般煎熬的高位上，她已是孑然一身。她将带着支离破碎、血流如注的心，勤勉履职，直至生命最后一刻。她心中唯一的期许，便是百年之后同王夫再于天国聚首，从此永不分离！

很长一段时间里，维多利亚女王都受悲痛欲绝的心绪的痛苦折磨。她当时深居简出，甚至已经到了英格兰人民无法理解的地步。维多利亚女王曾字字哀切地解释其与世隔绝的生活：

> 在一切公众场合，女王总是无比紧张。特别是在议会开幕仪式前，她都会忧惧数日。议会开幕式前后，她总是头痛欲裂。从前，女王还能得到王夫的扶持，他就如她的力量之源，只要在他身边，女王在每场试炼中都能充满安全感，底气十足。
>
> 而今，斯人已逝。每逢需要在众目睽睽之下发言时，女王就如可怜的孩童，畏缩不前、唯唯诺诺。她甚至对各种会议都惧怕不已。
>
> 她是如此心神不宁。任何情绪、讨论和劳顿都会让她不堪其扰、坐立不安。失去丈夫的引导、扶持、抚慰、鼓励，女王身为一国之君、一家之主，过得无比艰苦，丝毫不值得钦羡。这两重身份给她带来无休止的焦虑，让她的神经系统再无力进行自我修复，于是每况愈下。
>
> 在此情况下，约翰·罗素马上意识到，任何阵仗庞大的事务，都会让维多利亚女王受到情感冲击，并且感觉无比疲乏。因此，约翰·罗素认为她必须尽量避免操劳，不可以过度劳神。女王十分感激他考虑得如此周详。
>
> 闷守房中不与子民相见，并非女王本意。只要她没有倦意，或不需要盛装出席大型仪式，女王会

抓住一切机会与民同乐，尽管如今这对她来说仍十分困难。

1866年1月22日，维多利亚女王因要主持议会开幕式而向约翰·罗素致信表示不满：

> 女王完全理解人们希望自己露面的心情，也无意遏制此般心愿。然而，为何心怀此愿的人们会如此不通情理、铁石心肠，竟想要目睹一个肝肠寸断、愁绪万千的寡妇，独自在已失去夫君扶持的政治秀场中紧张瑟缩，忍受众人不带丝毫柔情的目光？女王无法理解这般冷酷的要求，甚至不忍让宿敌体会她这般凄惨的遭遇。

此后，维多利亚女王的哀怨情绪慢慢消弭，心境逐渐平和。1865年，帕默斯顿子爵亨利·坦普尔离世后，约翰·罗素接任英格兰首相，任期至1867年。此后，维多利亚女王与约翰·罗素的笔友关系十分融洽。1867年至1868年，德比伯爵爱德华·史密斯-斯坦利任英格兰首相期间，维多利亚女王与他互通书信时更是畅所欲言。不过，下任首相本杰明·迪斯雷利，才是让公文书信成为维多利亚女王人生乐趣的关键人物。接任首相之位前，身为英格兰财政大臣的本杰明·迪斯雷利就已需要不时与维多利亚女王进行书信沟通。那时，在与维多利亚女王笔谈时，本杰明·迪斯雷利常常妙语连珠。在1867年6月17日给维多利亚女王的信中，本杰

本杰明·迪斯雷利

明·迪斯雷利提及英格兰下议院抨击《1867年改革法案》的说辞时，曾这样说道："这场政坛阴谋已积蓄强大力量。这次改革万事俱备，只欠东风。"接任首相后，本杰明·迪斯雷利写给维多利亚女王的第一封信[①]的文笔可谓无与伦比：

> 本杰明·迪斯雷利谨为女王陛下诚履圣职。
> 他将赴汤蹈火，感谢女王陛下慷慨给予的万般

---

① 即1868年2月26日给维多利亚女王的信。——原注

恩惠与至高荣耀。

他无以为报，只能鞠躬尽瘁。

为女王陛下尽力排解家国大小事务之难，将是他的荣幸，也是他的职责。他相信，在国家大事上，女王陛下定愿屈尊，对他予以指引。

陛下一生常有金玉之交，因而深谙经管国事之道。陛下治世之才虽未得天下公认，但陛下选贤举能、择善而从的独特经历，定能让陛下拥有出色的判断力。因此，全天下鲜有平凡人，甚至鲜有君主能出陛下之右。

本杰明·迪斯雷利幸得陛下信任，不揣冒昧，自当不负陛下之委任。

写完这封毕恭毕敬、字字热血的公函后，本杰明·迪斯雷利在同一天又写了另一封信，他向英格兰政府举荐了几名政务官员人选。他提议让乔治·沃德·亨特出任英格兰财政大臣：

乔治·沃德·亨特先生丰神俊朗，颇受爱戴。他身高超过六英尺，但壮硕的身形让他看上去不会过分高挑。他就像圣彼得大教堂一样，从不会在初见时就让人意识到他体格魁梧。乔治·沃德·亨特不仅有伟岸的身形，还有睿智聪敏的头脑。

即便维多利亚女王从未以同样幽默的口吻回信——她

是否具备幽默感仍不得而知，但可以看出，维多利亚女王十分欣赏本杰明·迪斯雷利的风趣言辞。至少，她回复本杰明·迪斯雷利时，言语中都流露着丝丝愉悦。不过，本杰明·迪斯雷利的首个首相任期仅仅维持了十个月。1869年至1874年这五年，维多利亚女王都在与时任英格兰首相威廉·格莱斯顿通信。不过，维多利亚女王写给威廉·格莱斯顿的信函，从来都只有冷冰冰的语言。

1874年至1880年，本杰明·迪斯雷利二度出任首相。在此期间，维多利亚女王与他的书信往来不断，二人君臣关系无比融洽。他们唯一的分歧在于教会职位的任免事宜。本杰明·迪斯雷利推举的人选非常合适，但他举荐时往往只立足于保守党利益。维多利亚女王对一切极端行为十分抵触，也无比厌烦日渐抬头的形式主义。因此，她认为本杰明·迪斯雷利身为首相，行事理应抛却党派利益。1875年11月9日，在写给本杰明·迪斯雷利的信中，维多利亚女王称：

> 现下迫在眉睫的问题，比党派利益严重得多。
> 　我们要牢记，教会职位的委任事关重大，其结果影响之深远、持续时间之长，远甚于政府机构和谐稳定运行带来的影响。

在生命的最后十五年，维多利亚女王写信频率似有降低，信的篇幅较从前也已大幅缩减。已出版的三卷《维多利亚女王书信集》中，收录了大量他人写给维多利亚女王的函件，其中摘自维多利亚女王周记的内容也不在少数。上了年纪的人通常觉得写信烦琐费神，即便是真要经常动笔写信，老年人也会尽可能将信的篇幅缩短。但维多利亚女王的书信热情却未曾减退。《维多利亚女王书信集》摘录的女王周记内容，充分显示出女王对写信的饱满热忱。维多利亚女王写给后来历任英格兰首相的信，长度已远不及给墨尔本子爵威廉·兰姆、罗伯特·皮尔、德比伯爵爱德华·史密斯–斯坦利及担任首相的本杰明·迪斯雷利致信的时期所作。即便如此，这些篇幅稍短的信函依然不失智趣、锐见。维多利亚女王写给威廉·格莱斯顿的信中，字里行间都明确表现出，她对他的政治手段及他所在的自由党的反感。维多利亚女王也从未对其他臣子掩饰自己对威廉·格莱斯顿的厌恶。她曾向英格兰国会非内阁成员乔治·戈申子爵致信，谈及与威廉·格莱斯顿讨论爱尔兰问题的过程："威廉·格莱斯顿的发言让人非常不满。"索尔兹伯里侯爵罗伯特·加斯科因–塞西尔在大选中失利下台后，维多利亚女王曾致信乔治·戈申子爵称："也许你已料到，昨夜的投票就如晴天霹雳，将我打得措手不及……我从不希望、也不认为威廉·格莱斯顿能够组成以他为首的政府。"她还曾信誓旦旦地给索尔兹伯里侯爵罗伯特·加斯科因–塞西尔写信保证："不消几日，你定会重掌政权。"威廉·格莱斯顿掌权后，维多利亚女王写信的口吻变得异常冰冷：

> 感谢威廉·格莱斯顿先生上报昨夜下议院投票的详情。不得不说，读完这份报告后，女王深感遗憾。威廉·格莱斯顿先生言语中，似乎在支持亨

利·拉布谢尔先生的荒谬观点，但又好像在反对他的无耻决议……

维多利亚女王还写道："女王非常遗憾，威廉·格莱斯顿先生竟屡屡高呼，势要与英格兰富人与受教育阶层对立，此般行径简直荒谬至极。"

实施《爱尔兰自治法案》失败后，威廉·格莱斯顿主动请辞。维多利亚女王二话不说，只用两句话就批准了威廉·格莱斯顿的辞呈，却未曾表达谢意："女王将批准你的辞呈，并且立即把辞呈交由索尔兹伯里侯爵罗伯特·加斯科因-塞西尔处理。不过，索尔兹伯里侯爵罗伯特·加斯科因-塞西尔仍在海外，也许会耽误最终的安排。"

维多利亚女王一直牢牢把控外交事务，她表达个人见解时也一直掷地有声。保加利亚大公亚历山大一世遭挟持时，维多利亚女王向索尔兹伯里侯爵罗伯特·加斯科因-塞西尔致信称："我们非常害怕收到来自保加利亚的消息。究竟为何会发生此事？难道这是俄国所为……"维多利亚女王的态度显而易见。后来，在给索尔兹伯里侯爵罗伯特·加斯科因-塞西尔的信中，维多利亚女王曾写道："女王非常愤怒，竟有人胆敢认为，女王想要同俄国开战，从而换回保加利亚大公亚历山大一世的自由。"维多利亚女王认为，英格兰驻俄大使罗伯特·莫瑞尔在处理俄国事务时出了差错："他[①]在俄国并不安全，应该立刻告假回国。"这句话

---

① 此处指罗伯特·莫瑞尔。——原注

出自维多利亚女王写给索尔兹伯里侯爵罗伯特·加斯科因-塞西尔的信。在另一封信中,她再次谈到罗伯特·莫瑞尔:"他真是惹事不少。"后来,维多利亚女王开始使用电报。当然,维多利亚女王并非为了加快传信速度,才选择使用电报。或许是因为,她觉得电报比手写信更具威力。在给索尔兹伯里侯爵罗伯特·加斯科因-塞西尔的电报中,维多利亚女王称:"你曾说过,在你2月离职时,我应该告诫罗斯伯里伯爵阿奇博尔德·普里姆罗斯尽量不要在内阁过多议论外交事务。我相信,你现在也会依照这个建议行事。"有人建议维多利亚女王将黑尔戈兰岛让与德意志,以此换取非洲领土。针对此事,在发给索尔兹伯里侯爵罗伯特·加斯科因-塞西尔的电报中,维多利亚女王表示:"这个问题非常严重。我并不赞成这个提议。"维多利亚女王还在电报中表示,接下来,德意志也许还会要求英格兰割让直布罗陀。

在教会职务任免的问题上,维多利亚女王的态度依然非常明确:"女王已用心调查过索尔兹伯里侯爵罗伯特·加斯科因-塞西尔举荐的几个主教候选人……女王担心,出任约克大主教的人选并不适合这个职位。他是个高教会派的成员。"后来,在发给亨利·庞森比将军的信中,维多利亚女王表示:"据说,约克大主教候选人非常不适合主教职位……詹姆斯·弗莱明教士似乎并非正人君子……"

如果全盘钻研维多利亚女王在位六十三年所写的全部书信,我们兴许会有十分有趣的发现,也可以在维多利亚女王的治国之才、党派之见及社会经济观等方面,得出出人意料、富有争议的结论。无论如何,维多利亚女王作为当时杰出的书信名家,实至名归。《维多利亚女王书信集》完整呈现了维多利亚女王时代的原本面貌。其中提及的重大政治事务妙趣横生、扣人心弦。此外,书中收录的信还展现了维多利亚女王时代的家庭生活。维多利亚女王十分关心自己见到的人、座下臣子贵族、欧洲君主诸侯及自家亲属的婚姻、生育和生死大事。在《维多利亚女王书信集》中,王室是独立群体,王室成员有自己的世界,他们形成了一个欧洲宗族或社会阶层。王室成员也与本国政府及百姓维系着世俗联系,但如宇宙中的万千星球一般,游离于世俗事务之外。然而,如果一位平民百姓获得殊荣,如得到维多利亚女王致信批准进入王室,那么他会发现,王室子弟大都温情脉脉,团结一心。他们无比享受家庭聚会、拜亲访友与家族旅行,非常关心彼此的洗礼仪式与婚姻大事,也乐于分享彼此阅读、做礼拜和运动时的趣事。维多利亚女王的书信将王室的温情体现得淋漓尽致。她虽无意也无暇运动,但心胸宽广,且富有同情心。书信的字里行间充满了无法对所有人展现的善心、经历与回忆。维多利亚女王身上最大的优点是,她十分关心百姓,却极少关注自己。除了丧夫的悲痛时期,她的思维、心绪和外表均维持在正常水平。她从不会对百姓或自身职责感到厌倦。作为一个庞大家庭的母亲,作为一个家族绵绵血脉的中心,维多利亚女王总是会将目光投向格局更大的事务之上,也发自内心地认为自己是英格兰万民之母。《维多利亚女王书信集》纪念、呈现并佐证了她独一无二的女王地位。

第 14 章

长诗风潮

文人学者尤其偏爱长篇大论的诗歌小说、浓墨重彩的油画和带有神学色彩的文章,对戏剧也有一定的兴趣。维多利亚女王时代,文人钟爱长诗的程度似乎十分惊人。20世纪中期,罗伯特·西摩·布里奇斯的长诗《美丽之约》与斯蒂芬·文森特·贝内特的长诗《约翰·布朗之躯》曾一度脍炙人口。除此之外,当时仍鲜少有人赏读长诗。

自圣经时代即古典时代起,每个时期都有其独有的长诗:公元前10世纪有《雅歌》和《梵文吠陀经》;古希腊有《伊利亚特》和《奥德赛》;罗马帝国则有《埃涅阿斯纪》。黑暗时代①的吟游诗人时常吟诵《贝奥武夫》和《罗兰之歌》。12世纪,《挪威列王纪》及其他传说作品脍炙人口。但丁·阿利吉耶里则为14世纪及其后的各个时代带来了巨著《神曲》。16世纪,正值文艺复兴时期。各派学者文产

---

① 黑暗时代又称"中世纪",是指欧洲公元5世纪到公元15世纪的历史阶段。当时欧洲分裂割据严重,导致欧洲社会混乱无序,文明发展缓慢,教皇统治与世俗权力不断斗争,欧洲全体陷入一片混沌。——译者注

甚丰,其中包括卢多维科·阿里奥斯托的《疯狂的罗兰》、路易·德·贾梅士的《卢济塔尼亚人之歌》、托尔夸托·塔索的《耶路撒冷的解放》。面对众多长诗,当时的淑女、绅士无不如饥似渴,像阅读小说一样细心品鉴。17世纪的长诗作品有《失乐园》。18世纪长诗稀缺,弗里德里希·戈特利布·克洛普施托克的《救世主》是为数不多的佳品。19世纪早期的长诗有沃尔特·司各特的《湖中妖女》、乔治·戈登·拜伦的《恰尔德·哈罗尔德游记》、亚历山大·谢尔盖耶维奇·普希金的《叶甫盖尼·奥涅金》。与19世纪早期相比,19世纪80年代的长诗质量有过之而无不及,当时的优秀作品有阿尔弗雷德·丁尼生的《悼念》、伊丽莎白·巴雷特·勃朗宁的《奥萝拉·莉》以及罗伯特·勃朗宁的《指环与书》。19世纪的长篇小说有1847年问世的《名利场》与1850年出版的《大卫·科波菲尔》。黛娜·克雷克的《约翰·哈利法克斯》《绅士》和安东尼·特罗洛普的《巴赛特寺院》均出版于1857年。1859年,乔治·艾略特写就《亚当·比德》。约瑟夫·亨利·肖特豪斯的作品《约翰·英格森特》在1881年出版前,就已私下发行。那个时代,引发文坛震荡的神学作品有1860年的《散文与评论》、约翰·亨利·纽曼的《为吾生辩》和约翰·罗伯特·西利的《试观此人》。1854年,威廉·霍尔曼·亨特完成了画作《世界之光》。

1840年至1880年的三大长诗,即《悼念》《奥萝拉·莉》和《指环与书》中,其中最让出版界为之震动的要数《奥萝拉·莉》。这部作品是首篇由女性创作的长诗。

伊丽莎白·巴雷特·勃朗宁笔下还有许多轰动一时、充满人文关怀的诗篇。其中,《孩子的哭声》也备受赞誉。众所周知,伊丽莎白·巴雷特·勃朗宁体弱多病。1846年,与罗伯特·勃朗宁成婚时,她虽然未到卧病在床的境地,也已多年行走不便。伊丽莎白·巴雷特·勃朗宁的父亲爱德华·巴雷特,一生"都与那些颓唐、可憎的诗人一样,以女儿愈发窘迫的生活为题材,写着情绪激昂、天马行空的作品"。伊丽莎白·巴雷特·勃朗宁曾以为自己命不久矣。"但她依旧精神百倍,散发出女性独有的沉静气质与无边勇气。比起父亲

罗伯特·勃朗宁

爱德华·巴雷特的人生态度，她看待死亡时更加乐观"。1846年，伊丽莎白·巴雷特·勃朗宁随丈夫罗伯特·勃朗宁潜逃到意大利后，"身体状况竟出乎意料地好转了"。1856年出版《奥萝拉·莉》时，伊丽莎白·巴雷特·勃朗宁已年届五十。当时，勃朗宁夫妇虽住在伦敦，此前十年却在佛罗伦萨生活。《奥萝拉·莉》中，除了开篇的几首诗，书中其他部分描绘意大利的内容极少。《奥萝拉·莉》是一本完整的诗歌型小说，全诗超过一万一千行，共九万余字。作为一首诗歌，《奥萝拉·莉》的篇幅已经非常长。不过，此书的长度仍不能与同时代的长篇小说相比，如《名利场》的字数就超过三十万。《奥萝拉·莉》出版当年即1856年，英格兰诗人阿尔加侬·斯温伯恩年仅十九岁。四十年后，即1896年，阿尔加侬·斯温伯恩表示，《奥萝拉·莉》的面世可谓文坛盛事："任何能读懂《奥萝拉·莉》的诗歌爱好者，都永远无法忘记这部作品横空出世的时刻。"阿尔加侬·斯温伯恩还说，小说主人公奥萝拉·莉思维极度活跃，她每次写作都充满想象力，心思又特别细腻。她会用虚幻、热情的言辞，将脑海中的幻想倾吐而出。阿尔加侬·斯温伯恩此言不虚，但他对奥萝拉·莉的总结稍有不妥：

> 奥萝拉·莉在伦敦的生活太怪异了，连小孩都无法相信：一个在格拉布街[①]独居、仅靠写作谋生

[①] 格拉布街是伦敦的一条老街，是为生计挣扎的独立作家、新闻记者和出版商的传统聚居地，也是英国出版业的一个中心。"格拉布街"一词经常出现在18世纪的作品中。——译者注

格拉布街

获誉的年轻女子，竟能出入伦敦上流社会。这样的人物根本不应出现在严肃的作品中。

如今，过着这种日子的人已不在少数。阿尔加侬·斯温伯恩在1898年尚不敢想象的场景，却被伊丽莎白·巴雷特·勃朗宁在1856年精准预知。要知道，伊丽莎白·巴雷特·勃朗宁的人生经历十分有限，更是从未到过格拉布街。

当今虽然已很少有人品读长诗，但只要能够耐心翻阅《奥萝拉·莉》，人们马上会意识到，这是一部引人入胜的作品。此书以无韵诗形式叙事，与1847年出版的《简·爱》有异曲同工之妙。书中主人公奥萝拉·莉出生于意大利，母亲是佛罗伦萨人，父亲是英格兰人。奥萝拉·莉出生后不久，母亲便撒手人寰。在奥萝拉·莉十三岁时，父亲也离开了人世。后来，奥萝拉·莉的姐姐来到意大利，将她带到英格兰生活。奥萝拉·莉在姨母家的乡村小屋中长大，觉得那里的生活拘谨无趣。即便如此，她还是遵照姨母的嘱咐，踏踏实实地学习历史、地理和缝纫手工，做个举止娴雅的淑女。然而，饱读诗书的奥萝拉·莉内心一直有着与表面不同的挣扎：

> 能够引导人类
> 摆脱憧憧围壁上的虚影，
> 看清自我真实高度的良师，
> 才会拥有伟岸庄严的姿态——这是人的高度，
> 亦是天使的身姿——

传道先驱如是说。是啊，天下民众
发电报，铺铁轨，统天下，收庄稼，用三餐，
为充满浮华的俗世之毯拂尘，
只为让君主、将领漫步其上，
见此情形，诗人皆会高呼：
"你我有灵魂，
你我有生命。生命与灵魂皆受诸众神，
神的恩泽已惠及众生！
诸君为何仍操劳至此？"
忙于劳作的劳动者
仰头四顾，幡然醒悟道：
为俗世拂尘的工作虽收入颇丰，
却远非必要。

  奥萝拉·莉的表哥罗姆尼·利在他的母亲，即奥萝拉·莉的姨母家附近拥有一处大宅。他向奥萝拉·莉求婚，却遭到拒绝。罗姆尼·利热衷慈善，捐助了不少孤儿院，还着手推行《工厂法案》。因此，奥萝拉·莉认为，慈善活动才是他唯一的真爱。奥萝拉·莉的姨母猝逝后，房产由罗姆尼·利继承。罗姆尼·利十分慷慨，想劝奥萝拉·莉收下姨母余下的所有私人财产——这笔财产原应由罗姆尼·利继承。然而，奥萝拉·莉回绝了他的好意，只身前往伦敦。奥萝拉·莉在伦敦靠编写百科全书和通俗期刊为生。闲暇时，她也会赋诗几首，当然她知道："英格兰根本没有人能以写诗为生。"

奥萝拉·莉住在肯辛顿一栋小屋三楼的房间里,在那里生活工作达三年之久。她房中抽屉里放有一只常春藤花环。当年,罗姆尼·利在田野间向奥萝拉·莉求婚时,她头上就戴着这只花环。在伦敦的三年,奥萝拉·莉在文学方面稍有成绩。对她而言,文学成果就如奥运的常春藤花环般,叫人心驰神往:

  为了那庄严的桂冠,
  我们不断奔跑,直到明媚阳光
  被疾行战车扬起的尘土完全遮盖!

某天,有位女士上楼邀约奥萝拉·莉。诗中场景如下:

  有位女士某日到访。
  她有着英格兰女性独有的低沉嗓音,
  似乎不必提高半分音调,
  就能引人注意……
  "瓦尔德马小姐"
  她就这么轻易地道出自己名讳,仿佛这称谓
  不值一提,又耐人寻味……

瓦尔德马小姐性格并不讨喜。她想嫁给罗姆尼·利,奈何罗姆尼·利已对他一直帮扶的穷女孩玛丽安·伊利郎心暗许。瓦尔德马小姐想让奥萝拉·莉破坏罗姆尼·利与玛丽安·伊利之间的感情和婚约,但奥萝拉·莉马上表态说,只会竭尽所能帮助罗姆尼·利获得幸福。后来，奥萝拉·莉曾到贫民窟探望玛丽安·伊利。伊丽莎白·巴雷特·勃朗宁将这部分情节写得叫人格外难受，又十分真实。玛丽安·伊利和罗姆尼·利的婚礼上，受邀观礼的宾客身份贵贱不一。出席婚礼的穷人粗俗丑陋、野蛮不堪，与在场衣着光鲜的男男女女形成强烈对比。如此真实的描述，充分体现了贫富间的天壤之别。在《奥萝拉·莉》中，伊丽莎白·巴雷特·勃朗宁将穷人和富人比喻为"两个民族"。这一描述，甚至比本杰明·迪斯雷利在小说《西比尔》里下的定义更加尖锐。婚礼上，新郎罗姆尼·利早已到场。然而，轮到新娘玛丽安·伊利现身时，事态急转直下：新娘已不知去向。这时教堂门外来了一个贫民窟男孩，他捎来了玛丽安·伊利写下的信。她在信里说，再三思量后，她认为自己还是消失为好。在这一故事情节的最后，作者用瓦尔德马小姐平静无波的表情暂作收尾。

一两年后，奥萝拉·莉在巴黎遇见了玛丽安·伊利，发现玛丽安·伊利竟带着一个私生子。玛丽安·伊利这才对奥萝拉·莉道出自己悲惨的遭遇。玛丽安·伊利逃婚后，和另一名女仆一起，被瓦尔德马小姐送到澳大利亚，但那位女仆将玛丽安·伊利带到了法兰西。玛丽安·伊利对奥萝拉·莉说道：

> 如你所说，我从未被诱奸，
> 只是被谋杀了而已。

奥萝拉·莉真心实意地关怀着这个可怜的女孩。后来，她和玛丽安·伊利母子一同前往意大利，在奥萝拉·莉父亲曾生活过的佛罗伦萨附近某地落脚。就这样，他们在意大利快乐地生活着。奥萝拉·莉不再写诗，但她和玛丽安·伊利时常彼此谈天，各自思考。奥萝拉·莉还会收发长篇信函，在信中采用无韵诗的形式写作。然而，有一天夜里，罗姆尼·利出现了。他并没有与瓦尔德马小姐成婚，而是再次请求玛丽安·伊利嫁给他。玛丽安·伊利静静地看着向自己求婚的罗姆尼·利，心里十分清楚，罗姆尼·利向她求婚，是他高尚品格的表现，某种意义上也能让她的儿子拥有合法身份。后来，玛丽安·伊利泪如雨下地伏在罗姆尼·利的脚边，满怀感激，但依旧不愿嫁给他。被玛丽安·伊利拒绝后，罗姆尼·利向奥萝拉·莉倾诉此前遭遇：曾受他帮助的野蛮村民竟不识好歹，把他的宅子烧毁了。意大利夜空璀璨，两人就在屋外夜空下谈话。聊天时，奥萝拉·莉才突然意识到，罗姆尼·利已经双目失明。因为罗姆尼·利在火场里救人时，一阵强光突然朝他射来，灼伤了他的视觉神经。如今，他的双眸虽看似正常，但已经失去了视力。说完，罗姆尼·利转身离开。这时，早已拒绝他求婚的奥萝拉·莉，却突然脱口示爱：

> [罗姆尼·利]"别了，奥萝拉。"
> [奥萝拉·莉]"但我爱您，先生；
> 如果女人对男人开口示爱，
> 这个男人必须听她把话说完……

现在我明白了,

我一直爱着你,罗姆尼。"

这脱口而出的话语……在热情如火的心绪中缓缓融化——

两人心下大为所动,紧紧拥抱彼此,……柔情的吻

如这美丽的夜一般绵长、静默,

两人一呼一吸都带着深深的颤抖。

此中情意无论用任何言语或亲吻,都无法完全表达。

《奥萝拉·莉》和亚历山大·谢尔盖耶维奇·普希金的《尤金·奥涅金》一样,都是描绘社会的标准诗体小说。显然,罗伯特·勃朗宁的《指环与书》并非一部小说。无论放在英文作品还是其他语言作品中,《指环与书》都是篇幅极长的诗歌——这部作品足足有两万一千一百一十六行文字。《指环与书》共十二卷,每卷分述一个不同的故事。不过,每个故事都有着相同的主题,即主人公蓬皮利娅全家遭其丈夫圭多·弗兰切斯基尼伯爵杀害的故事。《指环与书》卷一为引子,描述了一枚伊特鲁里亚式指环的制作过程,但这部分与整个故事毫无关联。罗伯特·勃朗宁把他寻得《旧黄皮书》的过程描述了下来:

我发现了这本书,

> 付了一里拉①买下它，相当于只花了八便士，
> 这就是命中注定！
> 命运之神的手，
> 一直都放在我的肩膀上。
> 这只手向来动作轻柔，
> 但那天它竟猛然
> 把我推到佛罗伦萨广场上星罗棋布的某个书摊那里。

罗伯特·勃朗宁买下《旧黄皮书》，确实是机缘巧合。因为这本书外表看上去与其他千百本书无异，感觉任何人都能在满是废品的露天货摊里随手捡出一本来：

> 破烂零碎的杂货中堆着不少画框，
> 那斑驳的金边下透出白色。货摊里还有碎裂的镜子、
> 曾被用作箱子青铜把手的天使头像②、
> 现代粉笔画、裸体画，
> 以及由石块、黑玉、火山岩、斑岩制成的小石像。
> 有的石像曾被雕琢，有的依然粗糙。还有各式各样精美的半身像

---

① 意大利货币单位。——译者注
② 古时女性装织锦的箱子都有把手。——原注

铺陈在被烤得出现裂痕的地上。
　　残破的挂毯与精心编织的网布,
　　其中的红蓝丝线往日都色泽鲜亮。
　　这些织物如今被人垫在足下
　　毕竟地毯价格异常高昂
　　让人无须赤足踏在床边冰冷的大理石上。
　　一沓沓被蚀的泛黄画作,
　　被压在贝壳下才不会到处翻飞
　　——整个广场上的商品似乎都出自同一位大师手笔,
　　他是个极具想象力的锡耶纳巨匠,生于风景秀丽的地方,
　　从来无人知道他姓甚名谁,
　　也无人知晓他是否命途多舛。
　　满地杂乱不堪……噢,有一幅达芬奇画作便宜卖了!
　　如果这是幅《蒙娜丽莎》,
　　那么即便它是仿品,也够让卢浮宫熠熠生辉!
　　我就是从这堆杂乱里,挑出了《旧黄皮书》。

　　斜靠在广场喷泉的栏杆上,罗伯特·勃朗宁叹道:"时值六月,这里就叫洛伦佐广场。"随后,罗伯特·勃朗宁便开始阅读《旧黄皮书》。《旧黄皮书》为拉丁文作品,标题却是意大利语。此书包含1698年一桩罗马谋杀审判中的各种诉状。刚开始翻读此书时,罗伯特·勃朗宁就已兴致勃勃,

潜心品味书中主旨。徒步回家的路上，罗伯特·勃朗宁仍在读书：

> 我仍在继续阅读，
> 尽管前路障碍重重，
> 堆叠的草织工艺品铺在路边。
> 但在我的眼中，这些不过是翻飞的杂物。
> 摊位上摆着的托斯卡纳盘发颇具喜庆气息；
> 我越过烧红的热铁、堆叠的钳子，以及成扎的铲子，
> 走过路边床架和抽屉大敞的衣橱，
> 穿过缀满挂饰的细高铜灯——
> 还有在阳光下胡乱铺展的布匹。
> 但没有任何东西，能够让我从手中宝书上挪开视线。

《旧黄皮书》现藏于牛津大学贝利奥尔学院图书馆，供有心人阅读，后来亦曾再版。此书部分为印刷稿，另一部分为手稿。对于罗伯特·勃朗宁而言，阅读《旧黄皮书》就如同回到历史与生活中：

> 书中纯粹、未经加工的事实
> 藏于人类生活中惊心动魄的时刻，
> 直叫心思灵活的人梦回两个世纪前的场面。
> 让我回去吧！只有这些事实

才能让我所触所见重回现实。

如果能看到过往岁月栩栩如生地呈现在眼前,罗伯特·勃朗宁必会诗兴大发。其实,罗伯特·勃朗宁最初颇有诗人气质。他极具创造力与想象力,为人热情奔放。不过,多数情况下,他只会在真切看到过去事实时,才会迸发热情,去创作、去歌颂。罗伯特·勃朗宁的大部分作品都与历史相关:《巴劳斯顿历险记》取材自公元前5世纪的伯罗奔尼撒战争;《索德罗》的故事来源于但丁·阿利吉耶里笔下一名外表严肃、行为诡秘的士兵;《帕拉塞尔苏斯》讲述了一名中世纪学者的人生故事;《斯特拉福德》主要探讨王权与议会的斗争;《维克多国王和查尔斯国王》主要讲述1731年至1732年的某一事件。罗伯特·勃朗宁笔下诸多短诗,同样呈现了历史上的某些事件,其中有:《圣普拉西德教堂的主教吩咐后事》《从根特到艾克斯的喜讯》《骑士小调》及《法兰西军营事件》。《法兰西军营事件》中有这样一段文字:

你看,我们法兰西军队已攻入雷根斯堡,
一英里开外,
拿破仑就站在小土丘上,
为我们进攻之日竖起标杆。

1870年的色当会战及法兰西第二帝国的陷落,让罗伯特·勃朗宁开始回顾历史,并且以拿破仑三世本人的口吻,

创作了长诗《社会救星——霍亨斯蒂尔-施旺高亲王》。此诗结尾如下:

> 回忆如梦,理应有终。
> 但黎明到来,一切仍悬而未决,
> 只有雪茄已被燃尽!

印度遭到英格兰控制,让罗伯特·勃朗宁百感交集。他写道:"我英勇却可怜的英雄克莱夫,愿你安宁!"罗伯特·勃朗宁的《海外乡思》写的是一名英格兰海军对圣文森特角海、特拉法尔加海战和直布罗陀海战的感悟:

> "英格兰对我出手相助:我何以为报?"——
> 今夜我颂扬天神、祈求上苍时,是谁在木星升起时,
> 竟开始对非洲的遭遇保持沉默?

在抒写狂热的爱情诗时,罗伯特·勃朗宁也采用记述历史的精准语言,将美国南北战争融入诗中:

> 一年内他们向前线派出一百万名将士,
> 走南闯北,
> 他们为心中诸神修筑铜柱,
> 那铜柱高可参天,
> 但蓄势待发的千百战车仍未出动——

> 当然，那是黄金铸成的战车。
> 噢，我的心！噢，冰冷的血液，燃烧的热血！
> 土地之神归来吧，
> 　只为终结这无尽的愚昧、嘈杂和罪恶！
> 　将他们关起来吧，
> 　与他们的胜利与荣耀一同关起来！
> 　真爱至上！

罗伯特·勃朗宁总是会用历史学家的眼光，带着诗人的生动想象力，去品读《旧黄皮书》。从书里所述的1698年谋杀案审判中，他看到了傲慢、谎言和愚昧酿成悲剧的全过程，也看到了知错能改的品行。罗伯特·勃朗宁抒怀心切，便打算重述整个故事——并非只重述一次，而是十二次。他将重述的引言部分命名为《指环与书》：

> 如今这指环只是一块铸锭，不愿被铸成金石
> 恳求上苍，让它维持原状吧！
> 所以，此书只有绝对的真相，……

《指环与书》的第一卷《一半罗马》和第二卷《另一半罗马》，展现了故事的两个方面；第三卷《第三者》让故事内容更加均衡；第四卷《圭多·弗兰切斯基尼伯爵》呈现了圭多·弗兰切斯基尼伯爵精明的自我辩护；第五卷《朱塞佩·加庞萨基》描述了天主教会修士朱塞佩·加庞萨基帮助圭多·弗兰切斯基尼伯爵的受刑妻子蓬皮利娅逃出伯爵家

中，但仍未能让她逃过圭多·弗兰切斯基尼伯爵的复仇；第六卷《蓬皮利娅》则讲述了蓬皮利娅年仅十七岁就被丈夫杀害，其人生虽短，但不影响讲述她的故事；第七卷《多米讷斯·海辛德思·德·阿钦格里斯》中，朝气蓬勃的"穷人卫士"多米讷斯·海辛德思·德·阿钦格里斯为圭多·弗兰切斯基尼伯爵辩护，却徒劳无功：

> 我认真研读艰涩难懂的辩词，
> 以此为圭多伯爵辩护。

在《法学博士约翰内斯-巴普蒂斯塔·波提纳斯》一卷中，法学博士约翰内斯-巴普蒂斯塔·波提纳斯开始进行审判。在《教皇》一卷里，老教皇因诺森特十二世虽已年老体弱、行将就木，却仍思路清晰、意志坚定地确认判决结果。《圭多·弗兰切斯基尼伯爵》一卷中，圭多·弗兰切斯基尼伯爵行刑前再次发声。《指环与书》一卷中，罗伯特·勃朗宁再度从第一人称视角写作，总结整个案件。

1868年至1869年，《指环与书》出版，成为文坛盛事。这部鸿篇巨制，是典型的罗伯特·勃朗宁式作品。此作篇幅虽长，却并不冗赘啰唆，其内容大多十分精炼。此书处处生机迸发，字里行间充斥着蓬勃能量与昂扬如火的精神。《指环与书》十二卷中，每一卷都是一位角色的演说。首卷与末卷都以罗伯特·勃朗宁本人口吻创作而成，中间十卷都是分别独立的演说，每篇演说内容都不少于五百行。然而，从未有人想过，谁会有如此精力，接连读完将近两万行的十篇诗歌型演讲稿。即便罗伯特·勃朗宁的长诗如急流般涌动，但其故事情节并非毫无波澜，当中还有各种转折，让人难以跟上叙述节奏。当时，人们却依旧尽力阅读《指环与书》。如今亦有人不畏艰涩品读此书，希望参与到这位优秀作者的生活中，领略他的人生况味。这些读者思维严谨，爱对书中的人物品行提出疑惑，并且抱着极大的耐心去寻找答案。他们认为，每个角色都有其价值，也都是罗伯特·勃朗宁人生信条之一。这些读者也颇具史学思维，对当时的意大利历史尤为感兴趣。罗伯特·勃朗宁的著名诗作《指环与书》，为一出激动人心的17世纪意大利戏剧揭开了序幕，让英格兰读者为之神魂颠倒。1881年，约瑟夫·亨利·肖特豪斯也创作了同样引人入胜的作品。此书为约翰·英格森特旅居佛罗伦萨、罗马、那不勒斯和阿布鲁齐时的故事。

叙事长诗《约翰·英格森特》内容十分有趣，当中表现出来的情感也非常浓烈。朱塞佩·加庞萨基修士为蓬皮利娅的善名辩护时，用慷慨激昂的精彩演说，为美丽的蓬皮利娅力证清白。朱塞佩·加庞萨基修士言语之间，不仅表达了对卑劣真凶的蔑视，还有作为修士和凡人应有的正义感。朱塞佩·加庞萨基修士曾有一瞬幻想，如果自己只是一介俗人，能娶蓬皮利娅为妻，那么生活该有多甜蜜如饴：

> 我的确曾经想象过，
> 不必为誓言所缚、
> 不受上帝庇佑的生活——就像诸位一样——
> 如果能与那位女性一生为伴……

但这一切是多么遥远！
那不过是让人愉悦的黄粱一梦！
我就像辛劳学子一样调整灯光，
打开普鲁塔克的著作，走进书中的罗马世界。
书中满是希腊式的语言；那打满了补丁的圣袍
似乎离我越来越近。
我在梦中一次次呼喊：
"我便要拯救或统治世界！"
接着我面带微笑，心满意足，
清醒地回到一无所有的虚无现实中；
经过一番交流后，我终于满足……

满足吗？朱塞佩·加庞萨基修士踌躇了一下，心中因蓬皮利娅即将赴死而充满悲凉。最后，他继续说道：

噢，慈悲的上帝啊！我是多么可悲！

蓬皮利娅身中数刀后，还强撑着活了一两天。她父亲彼得罗和母亲维奥兰特的遗体已送入教堂。不久，蓬皮利娅的遗体也会送入教堂，与父母团聚。罗伯特·勃朗宁将蓬皮利娅的陈述写成了一整册书。书中，蓬皮利娅用非常简洁的语言讲述自己的经历，期间透露的深深哀切，与《奥萝拉·莉》中的玛丽安·伊利如出一辙。然而，蓬皮利娅的悲痛情绪显得更加深刻，因为玛丽安·伊利的遭遇略带戏剧性，但蓬皮利娅的经历真实可信，毫不夸张。

《指环与书》中穷人的检察官代表多米讷斯·海辛德思·德·阿钦格里斯支持圭多·弗兰切斯基尼伯爵,提倡教皇税的法学博士约翰内斯-巴普蒂斯塔·波提纳斯却站在蓬皮利娅和朱塞佩·加庞萨基修士一方。多米讷斯·海辛德思·德·阿钦格里斯和约翰内斯-巴普蒂斯塔·波提纳斯博士的辩词幽默、具有说服力,但如果他们的言辞更加真挚,也许说服力会更强。接下来是描述老教皇因诺森特十二世的一卷。因诺森特十二世有权下达或撤销圭多·弗兰切斯基尼伯爵的死刑判决:

> 以上帝之名!在这诸神之土地上,
> 趁黎明未过,我再度利用服务人间的光阴,
> 以我不才的双手,带领上帝座下幕僚,
> 在八十六岁高龄,
> 仍履职操劳,审视上帝的无数判决,
> 替他思考、发言、行动——
> 我是耶稣的教皇。众人恳求我
> 再度作出判决:我入席后看见
> 另一个孱弱颤抖的可怜人
> 被一群狐假虎威的同伴推挤着
> 来到我凝视着的深渊,
> 在这沟通天人两界的深渊里,他不断退让,
> 退到骇人黑暗的边缘;
> 除了我的双脚,再也没有别的其他东西能够抓住他了……

> 我已战胜这晦暗冬日,
> 灵魂充斥着超脱俗世的寒意,
> 这阴沉可怕的累累案牍
> 在夜幕降临前就已让我的世界漆黑一片……
> 所以我非常清楚
> 此刻应落笔写下哪些字眼,
> 然后,再晃动手铃。

教皇因诺森特十二世的独白是《指环与书》十二卷中最为隐晦的言辞。不过,在思绪分裂、凌乱的煽动性发言过后,教皇因诺森特十二世的结语终于有了逻辑:

> 上帝要让此人活着,我怎敢随意送他去死?
> 把这判决书交给总督吧!

《指环与书》虽未达到妇孺皆知的境地,但已是当时十分知名的作品。个性和善、活跃的罗伯特·勃朗宁对自己精心打造的这部素体诗巨作感到无比自豪。《指环与书》虽然缺少经久不衰的史诗式叙事线,但至少富有历史戏剧的生动性。然而,罗伯特·勃朗宁仍未成功让众多小说家关注《旧黄皮书》的主题与故事情节。因此,他认为自己必须重写这部作品。《指环与书》出版若干年后,两位笔名为迈克尔·菲尔德的女诗人来到伦敦沃里克街,登门拜访罗伯特·勃朗宁:

罗伯特·勃朗宁写诗的房间非常狭小。房间挂着红色的窗帘，两个简易书架上摆满了旧书。壁炉台上挂着一幅意大利画作，还有但丁·阿利吉耶里的塑像、几幅肖像画及农民研究案例……罗伯特·勃朗宁用九便士从佛罗伦萨书摊上买下的《旧黄皮书》——《指环与书》的奠基之作，就躺在某一格抽屉里。《旧黄皮书》用白色牛皮纸包着，里面还夹着一些照片和旧书信。我们手捧《旧黄皮书》，罗伯特·勃朗宁则为我们解说每一处细节。他说，他曾把这本书寄给三位小说家，但他们都无法解读其中的内容。所以，在一个美好的早晨，他决定亲自翻译，并且开始撰写长诗。他说："本来可以让你们来翻译的。"在我们摇头婉拒时，他又说道："你们不需要用我的方式翻译。"

《悼念》是维多利亚女王时代最有名、最受重视的长诗。《悼念》出版于1850年。当时，阿尔弗雷德·丁尼生已年届四十。这部作品的标题有些奇怪，全书为纪念一位十七年前（即1833年）就已去世的人物而作。此人正是著名的辉格党历史学家亨利·哈勒姆的儿子阿瑟·哈勒姆。阿瑟·哈勒姆在剑桥大学三一学院就读时，就已与阿尔弗雷德·丁尼生结缘。两人曾在法兰西莱茵河畔结伴出游，时而互相登门拜访。后来，阿瑟·哈勒姆与阿尔弗雷德·丁尼生的妹妹埃米莉亚·丁尼生订婚。1833年，阿瑟·哈勒姆开始与父亲亨利·哈勒姆一同环游欧洲。在维也纳，阿瑟·哈勒姆突然染病,于1833年9月15日死于中风,年仅二十二岁。阿瑟·哈勒姆的遗体从的里雅斯特①运回英格兰,后被葬在布里斯托尔的塞汶河岸旁的克利夫登庄园。

除了写诗,阿尔弗雷德·丁尼生便再无其他工作。他和母亲伊丽莎白·费希特和妹妹埃米莉亚·丁尼生一同在伦敦生活。他为人喜怒无常又天真烂漫,却能靠偶尔出版几卷诗集大获成功。长着络腮胡的阿尔弗雷德·丁尼生外形俊逸,却曾被托马斯·卡莱尔称作"邋遢卫兵"。1850年威廉·沃兹沃思逝世后,阿尔弗雷德·丁尼生成为桂冠诗人,随后迎娶艾米莉·赛尔伍德。后来,阿尔弗雷德·丁尼生曾说,与

艾米莉·赛尔伍德

① 阿尔弗雷德·丁尼生将的里雅斯特称为"意大利海岸"。——原注

艾米莉·赛尔伍德结婚后，他的生活开始充满天堂般的安详气息。1850年，阿尔弗雷德·丁尼生出版名作《悼念》。阿尔弗雷德·丁尼生花了十六七年的时间，开始创作、润色一系列长篇抒情诗。

阿瑟·哈勒姆富有人格魅力，才能超群，天赋异禀，是一位世间少有的青年才俊。《悼念》中多篇文段都曾提及阿瑟·哈勒姆，描绘了阿瑟·哈勒姆在世时的许多事件。例如，书中第八十七章提及阿瑟·哈勒姆于1831年来到林肯郡的萨默斯比教区，到阿尔弗雷德·丁尼生家中拜访一事。不过，文中的描述并非十分具体明晰。在《悼念》里，阿瑟·哈勒姆是一种看不见的精神，是无形的灵魂，是略带缥缈的人格，而不是具象的躯体。《悼念》一诗的核心，在于让人们相信并理解爱是万物的基础，人类的爱便是基督教徒与上帝的羁绊。

爱是我的神明，亦是我的君主，
只要他显灵，我会全心
倾听友人音信。
那是爱的使臣时刻更新的消息。
爱是我的君主，亦是我的神明，
我未来也定会甘之如饴，
在爱的厅堂里休憩，
被他坚定不移地守护包围，
我时而听见这名卫兵
来回踱步，

他在那深邃的夜里
　　对宇宙万界悄声说，一切安好。
　　……
　　这位过去、现在和未来的陌生朋友；
　　他在众人心中总是深沉隐秘；
　　看啊，我的梦是多么美妙，
　　你就融在世界万物里。
　　……
　　我的爱囊括往昔柔情，
　　我的爱如今更是炽烈；
　　尽管神与自然仍在列，
　　但我仍对卿愈发钟情。

　　《悼念》虽然篇幅极长、主题严肃悲伤，但竟能立刻大受欢迎，并且在维多利亚女王统治时期一直热度不减。这样的成绩实在引人注目。《悼念》出版九年后，即1859年，查尔斯·达尔文的《物种起源》面世。此后，进化论与自然选择论立刻开始支配科学与哲学两界，使当时的人们备感不安。然而，《悼念》中祥和、坚定的信义，又似乎给人们吃下了一枚定心丸。

　　维多利亚女王时代的人们大都感性，但这并非病态的感性。《悼念》中只有隐约的不寻常气息，书中语言并未明确宣扬死亡，但仍透出一丝异样。阿尔弗雷德·丁尼生的人生观健康向上，他虔信上帝，积极进取，是维多利亚女王时代颇具代表性的正面人物。诗歌《悼念》（实际上该作品是诗集），表现了"悲伤的进步"。全诗最后阶段反复强调永生论及与逝者沟通的可能性。《悼念》的序言文字让人难以忘怀，开篇就说了"不朽的爱是上帝实力强大的孩子"。这正是阿尔弗雷德·丁尼生信念的缩影，让无数读者刻骨铭心。不过，这篇序言诞生于1849年整部诗集完成后，并非写于作品创作之初。在《悼念》中，作者的悲伤情绪渐趋平静，最后化为对未来的信心。事实上，《悼念》的结语是全作最有愉悦色彩、可以让人舒心的部分，因为这部著名挽歌正文中，几乎并没有能让人心情愉悦的情节。结语部分创作时间比序言还要早七年。1842年，阿尔弗雷德·丁尼生为《悼念》写结语，在其中祝贺妹妹塞西莉亚·丁尼生与格拉斯哥大学希腊语教授埃德蒙·鲁辛顿成婚。阿尔弗雷德·丁尼生如此对妹妹塞西莉亚·丁尼生说道：

噢，如今你终于嫁作人妇
只愿你的婚姻真挚坚牢、长久美好；
如今你出阁离巢
喜庆之音早已胜过万千音符。

随后，阿尔弗雷德·丁尼生还提到阿瑟·哈勒姆曾与埃米莉亚·丁尼生订婚。1833年，阿瑟·哈勒姆离世。这让阿尔弗雷德·丁尼生悲从中来：

我从未如此欣喜若狂，
只因他说他已爱上舍妹。

我也从未如此悲伤，
只因他离去这一天如此黑暗。
此去经年，
外人来了又去，
我家筋骨血肉早已更迭重续，
但爱仍有增无减；
……
憾意消散，
但我心中对友人的情谊，
比早已逝去的个个夏日还要热烈。
因为我已与爱一同茁壮成长，
比往昔更加坚强。

诗中最后一节写于1842年，也是全作中最后一次提及阿瑟·哈勒姆。这段诗文体现出，阿尔弗雷德·丁尼生对这位"神明一般的朋友"抱持着分外坚定的信仰：

我那神明一般的友人，
是永生不灭、仁爱天下的神明。
他是神明，是法度，是万物之基，
亦是遥不可及的圣灵；
万物皆随他的心念而运转。

有一位评论家曾将《悼念》与另外两部著名的挽歌，即约翰·弥尔顿的《黎西达斯》和珀西·比希·雪莱的《阿

珀西·比希·雪莱

多尼》做对比。这位评论家指出,"这三部作品开头的悲伤情绪,都在结尾的欢庆气氛中消散了",但《黎西达斯》和《阿多尼》的情绪过渡更为迅速。这位评论家表示:"阅读这两部作品时,读者的情绪强烈,但只能集中在几个小时内。"而阿尔弗雷德·丁尼生的《悼念》,却能让读者在若干年内仍为之魂牵梦萦。《悼念》中有三首圣诞节诗歌。第一首出现在第三十章:

> 我们挥舞颤抖的手指,
> 在圣诞壁炉上缠绕冬青树枝……
> 我们纵情歌唱,人人眼中却都黯淡无光,

> 我们仍与他同唱这欢乐之曲,
> 这是我们欢欣高歌的最后一年。

诗中说的"最后一年",即阿瑟·哈勒姆逝世当年。因此,《悼念》中第一首圣诞诗作于1833年。第二首出现在第七十六章:

> 我们又在圣诞节挥舞双手
> 在圣诞壁炉上缠绕冬青树枝……
> 无声落雪覆于泥土,
> 雪花在圣诞前夜静默飘坠。

阿尔弗雷德·丁尼生心中的伤悲更显平静。第三首、第四首圣诞诗写于《悼念》序言成文后,出现在诗中第一百零二至第一百零四节。这两首圣诞诗兴许是《悼念》中最负盛名,同时也是维多利亚女王时代的人们最熟悉的诗歌。第三首圣诞诗呈现了十分静谧的氛围:

> 耶稣诞辰渐临近,
> 月隐清辉夜幽静;
> 山麓教堂影伶仃,
> 钟鸣藏廊薄雾冥。
> ……

全诗结尾的每一句都以喜庆的"钟鸣"开头,展示世间万物的善与美，同时表达对救世主的崇敬：

> 钟鸣铮铮，送旧迎新，
> 钟铃喜气，扬越雪地；
> 旧年已去，逝者已矣；
> 钟鸣铮铮，除谬留真。
> 钟鸣切切，免人烦忧，
> 纵已死别，劝君莫愁；
> 钟鸣嘈嘈，除尽贫富宿怨，
> 为人类洗尽冤屈。
> ……
> 钟鸣切切，延揽勇毅之辈，
> 招徕豁达、善意之人，
> 钟鸣泠泠，驱散大地幽冥，
> 预示耶稣即将降临。

《悼念》第一百一十三节和第一百一十四节记录了1837年春的事件。这部分不包含1842年写于埃德蒙·鲁辛顿与塞西莉亚·丁尼生婚礼上的结语。在这一段诗中，作者再次用短短十五句抒情话语结束全诗。除了结语与精彩的序言，《悼念》全诗主要描绘了作者在三年间，从忧郁过渡到欣喜的情感历程。阅读此诗时，读者不仅可以鉴赏诗歌、获得精神安慰，还会对积极向上的社会发展与不朽的人类精神产生坚定的信念。

也许，维多利亚女王时代的人们的"进步"观念，正是他们区别于其他时期人们的主要原因。18世纪的人们都认为自己处在人类文明的金字塔尖。然而，维多利亚女王时代的人们并没有这种倨傲的心态，尽管他们的文明程度可能确实高人一等。维多利亚女王时代的人们各方面硕果累累。他们有丰厚的文学成果、无数科学发现和科技发明，在传教与慈善方面也表现不俗。他们为这一切成就欣喜不已，但仍认为自己还能更上一层楼，也相信子孙后代会青出于蓝。维多利亚女王时代的人们坚信，不仅要在某个方向上取得进步，还要让社会整体获得进步。虽然人们都十分乐于看到某个领域取得长足进步，但"进步"并非指代社会单个方面取得的发展，而是指社会全体为臻于完美而做出的巨大跨越。

维多利亚女王时代的文学作品文风大都乐观积极。当时，虽然许多脍炙人口的小说都以悲伤的故事为主题，其中包括查尔斯·狄更斯的多部作品；另有一些著名小说以讽刺故事为主题，威廉·梅克皮斯·萨克雷的作品便是其中一例。实际上，这些作品的内容都充满希望。维多利亚女王时代，神学著作广为流传。不过，当时，诗歌的受欢迎程度可谓史无前例。19世纪末，约翰·弥尔顿的诗作仍是文学市场的宠儿。维多利亚女王时代，人们看待长诗的眼光，或多或少与当今无异——大家都认为，长诗是会一路相随的人生伴侣。因此，感情表达丰沛的长诗《奥萝拉·莉》便成为维多利亚女王时代读者的心头所好。《指环与书》是以诗歌为形式的历史小说，其内容正面积极、生机盎然，同样颇受读者喜爱。《悼念》则彰显了人心善恶，阐述了友谊的理想境界，并且揭示了天人沟通的过程，同样广为流传。

第 15 章

维多利亚女王时代的英杰

总体而言，18世纪是一个全球化时代，19世纪则不然。18世纪，世界各族人民更加具有政治头脑，更信奉民族主义。尽管朱塞佩·马志尼曾宣称，人民一旦获得自由，便会认识到人与人之间存在手足情谊。事实上，与世界上其他国家的人民一样，英格兰人从不觉得自己与外国人有任何情谊可言。"同法兰西的多次作战让英格兰人变得日益狭隘。英格兰政府也已意识到本国体制僵化。这种僵化程度甚至达到了自诺曼征服英格兰以来最令人担忧的地步"。在福音主义影响下，英格兰"上流社会"和"中产阶级"变得十分严肃，从不会给人一种放荡不羁的感觉——身处国外的英格兰人除外。19世纪中期，各国杂志、漫画总会出现行色匆匆的英格兰人形象：他们身着宽大格子西装，留着络腮胡的脸上满是惶惑。然而，在英格兰戏剧和小说中，有着如此形象的多是法兰西人或德意志人。虽然身在英格兰的托马斯·卡莱尔一直在维护德意志人的形象，依波利特·阿道尔夫·丹纳也不断为英格兰人说好话，但英格兰人与其他欧洲国家人民仍旧很难互相理解。

显然，欧洲与英格兰某些领域的发展轨道彼此分离。除了这些彼此分离的领域，英格兰与欧洲虽然节奏不一致，但两者总体发展趋势仍十分相似。绘画、建筑和文学三大领域在英格兰有着不同的成长路线，在欧洲其他国家的发展趋势也大不相同。此外，欧洲和英格兰的工业、科学、教育和政治发展态势相差无几，但发展速度与阶段稍有差异。英格兰与欧洲的发展不平衡，在工业革命中表现得尤为明显。

到维多利亚女王时代结束时，英格兰完全是一个工业国家。不过，1750年至1850年，英格兰以手工业、水力与骡马运输为基础的工业经济，已逐步转型为以工厂系统、蒸汽动力和铁路运输为核心的经济模式。由于各种原因，英格兰人开始成为欧洲各民族的执牛耳者。拿破仑战争迅速削弱了法兰西的欧洲中心地位。因此，英格兰的领先地位愈发突出。19世纪中期，工业史上赫赫有名的人物大多是英格兰人。其中名震四海的人物，要数发明蒸汽机与火车的乔治·史蒂芬

乔治·史蒂芬生发明的火车

生。乔治·史蒂芬生的儿子罗伯特·史蒂芬生是他的得力助手与最佳继承人。1859年离世前，罗伯特·史蒂芬生在欧洲与英格兰都十分活跃。同样有名的，还有1833年至1859年建设英格兰大西部铁路的工程师伊桑巴德·金德姆·布鲁内尔。伊桑巴德·金德姆·布鲁内尔所处的历史时期，是非常特殊的历史时期。这段历史放在今天或许已显得平平无奇。在这个历史时期，英格兰在自由体制下，培养了欧洲大国所必备的实力。伊桑巴德·金德姆·布鲁内尔的父亲马克·伊桑巴德·布鲁内尔是生于诺曼底的法兰西人，曾于法兰西海军部队服役。由于不赞同法国大革命，马克·伊桑巴德·布鲁内尔只好前往美国。最终，马克·伊桑巴德·布鲁内尔来到英格兰，在英格兰政府海军工厂担任工程师，并且在英格兰结婚生子。因此，伊桑巴德·金德姆·布鲁内尔生来便是英格兰人，也在英格兰接受劳动培训。不过，在接任父亲马克·伊桑巴德·布鲁内尔之位前，伊桑巴德·金德姆·布鲁内尔曾在巴黎上过几年学。

欧洲各国曾为英格兰工业与金融业输送了许多杰出人才。乔治·戈申子爵是19世纪外汇界的领军人物。1861年，他的著作《外汇论》首次出版。乔治·戈申子爵的祖父格奥尔格·约阿希姆·戈申是莱比锡商人。格奥尔格·约阿希姆·戈申在伦敦定居，并且不断培养家人在英格兰谋职的能力。索尔兹伯里侯爵罗伯特·加斯科因-塞西尔担任英格兰首相时，乔治·戈申子爵为英格兰财政大臣。当时，乔治·戈申子爵1888年转换国债的举措，成功让英格兰财政扭亏为盈。

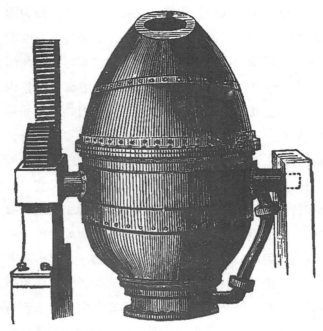

亨利·贝塞麦发明的炼钢炉

19世纪中期,来自英格兰赫特福德郡的亨利·贝塞麦无疑是钢铁行业首屈一指的人物。亨利·贝塞麦几乎全靠自学成才。1856年,他凭借自学的制钢技术大获成功。毅然决然投身于制钢业的美国匹兹堡的安德鲁·卡内基,曾将亨利·贝塞麦称为最了不起的人。因为在安德鲁·卡内基出生前的年代,生产一吨钢需要花费五十英镑,价格之高让人望而却步。然而,亨利·贝塞麦的制钢技术,竟可让一吨钢的生产成本降至十英镑。

19世纪中期后,原由各国政府或公用事业公司承担的大型公共工程,已由被称为"承包商"的新型商人接手。其实,商业管理领域很少有新事物诞生。罗马时代早已出现近似现代承包商的人群。不过,在中世纪,承包商并不为人所知。18世纪,承包商的主要身份仍是金融家。直到19世纪中期,能够基本承担所有公共工程——包括铁路、公路、桥梁、房屋、水利工程建设——的大承包商才出现。这些大承包商能够雇佣人数众多的专家、执行人员、技术性与非技术性劳工,以此保障工程实施。维多利亚女王时代,成就卓著的承包商是托马斯·布拉西。1834年,托马斯·布拉西承包了大章克申运河高架桥的修筑工程。直到1870年逝世,托马斯·布拉西的伟名仍深深镌刻在英格兰、法兰西、意大利、加拿大、澳大利亚和印度国土上。可见,托马斯·布拉西无疑是一位出类拔萃的铁路承包商。

欧洲大陆所有工业发展虽然稍有落后,但其追随先驱的脚步从不缓慢。阿尔弗雷德·克虏伯来自德意志的埃森。1848年,他接管了一家小铁铺。据他后来回忆,当时铁铺里只有三个工人。三年后,即1851年,首届世界博览会在伦敦开幕,全场洋溢着19世纪的积极氛围与蓬勃能量。在博览会上,阿尔弗雷德·克虏伯展示了一柄似乎颇具危险性的六磅重钢枪。1867年,气数将尽的法兰西第二帝国仍酷爱浮华盛事,一心要举办巴黎世界博览会。这一次,阿尔弗雷德·克虏伯只展出了一块重达五十二吨的钢块。

此时在工业领域,欧洲大陆已遥遥领先于英格兰。如果英格兰扩大工厂规模,那么欧洲大陆就会给工人提供更好的福利保障条件。1842年,英格兰政府发布《劳动人口卫生条件综合报告》。报告指出,欧洲大陆工厂的卫生条件总体优

罗伯特·欧文

于英格兰工厂。因此,英格兰的罗伯特·欧文和理查德·奥斯特勒孜孜以求,着手提高英格兰工厂及工人的住房卫生水平。然而,如果要让英格兰工厂卫生条件得到总体改善,必须花费很长时间。这个问题或许在1874年至1880年本杰明·迪斯雷利第二次任英格兰首相时便已存在。1845年,本杰明·迪斯雷利出版小说《西比尔》。在书中,他用尖刻笔触描绘了英格兰工厂内污浊不堪的生活与工作环境。三十年后,即1874年,本杰明·迪斯雷利当选首相,终于可以实施必要的工厂变革,但无奈为时已晚。19世纪,欧洲大陆工厂的规模总体比英格兰工厂要小,而且欧洲大陆多数工厂由各个欧洲大陆大家族控制。工厂规模缩小,并且交由各个大家族控制,将对欧洲大陆工厂内部运作甚至外部社会条件产生积极的影响。

此时,英格兰工业化水平已独占鳌头、硕果累累。在这样瞩目的成绩和新教福音主义的影响下,英格兰人愈发团结、节俭、强大。由此看来,塞谬尔·斯迈尔斯可以成为当时英格兰颇负盛名的作家,也就不足为奇了。塞谬尔·斯迈尔斯有十个兄弟姐妹,他们年幼时便已丧父。这位著名作家早年曾在英格兰东南铁路任秘书,并且因勤勉正直、聪慧过人而为人熟知。他受人赞誉的人气作品是《自助》。19世纪40年代,在利兹大学,塞缪尔·斯迈尔斯与一群志同道合的年轻人组成了"互助会"。《自助》一书便是互助会经过多次讨论得到的成果。该作品于1859年出版。不过,数年前,塞缪尔·斯迈尔斯在利兹大学就已完成了作品的大部分内容。《自助》出版后,第一年就已售出两千本。此书内容朴实无华,充满实践智慧。塞缪尔·斯迈尔斯还用多个通过自助战胜困境的实例,展现人物凭借勤勉、正直、节俭、远见、谨慎、勇气和能力获得成功的过程,以此佐证书中饱满充实的观点。在那个时代,工业与市场迅速扩张,自由放任的政策大行其道,各行各业因自由竞争而蓬勃兴旺,人们都在最大程度地利用个人天赋与能力,造就程度更高、范围更广的社会繁荣。塞缪尔·斯迈尔斯在《自助》中给出的建议、观点和例子,恰恰适用于这样一个时代。1857年至1884年,塞谬尔·斯迈尔斯写就了另一系列丛书《工程师的生活》。这系列作品对经济史的贡献颇大。在自由放任的政策与日益扩大的国际市场中，19世纪的工业环境十分宽松。当时，《工程师的生活》和《自助》系列作品堪称传记性史诗巨作。

19世纪50年代，冠达邮轮、铁行轮船公司、法国邮船公司及其他船运巨擘如雨后春笋般涌现，方便、快捷的货轮与客轮也应运而生。各类船满载货物，为国际市场供运货品。1851年，由阿尔伯特亲王亲自操持的世界博览会，不仅是当时国际市场的标志，还是国际市场繁荣盛景的最佳体现和佐证。这次盛会，生动再现了欧洲列强在19世纪前半叶的光辉作品。

1848年，约翰·斯图尔特·穆勒的《政治经济学原理》出版。两年前，即1846年，罗伯特·皮尔废除《谷物进口限制法》，使科布登主义大获成功。约翰·斯图尔特·穆勒的《政治经济学原理》，比1817年大卫·李嘉图的《政治经济学原理》更加全面、系统。约翰·斯图尔特·穆勒的《政治经济学原理》解释、补充、肯定了大卫·李嘉图的观点。约翰·斯图尔特·穆勒认为，人人都了解自身的经济利益，也知道只有自由追求利益，才是获得共同利益的最佳方式。亚当·斯密也曾在《国富论》中推崇这种观点。不过，《国富论》以18世纪重商主义的治国措施为立足点，理论性稍弱，更具有实践性。经济学家认为，国家行为不仅会为经济带来高昂的负担、代价，容易导致资源浪费，还会让贸易和工业转而依赖人为调控，使贸易与工业无法在依靠个人能力的领域自由运作，间接造成更多的浪费。每个人的经济利益与集体经济利益是基本一致的。换言之，个人与集体都希望以最低价格购买商品，以最高价格出售货物。在非自由市场上，上述原则将有损共同利益，因为在这些原则的影响下，价格会被人为降低或抬高。然而，在一国或整个世界的自由市场中，自由竞争可以在各种情况下保证交易最惠，从而使买卖双方利益最大化。这就能保证，每个人、每个国家都会集中力量，生产最适合自己的物品，同时保证个人与国家劳动分工最优化，以最低的成本取得最大产量，也可在自由交换的体制下，使物品得到最大程度的分配，让社会达到总体的繁荣。在保护妇孺的问题上，国家干预必不可少，但国家干预的力度必须尽可能小，因为所有国家行为都会制约贸易。总而言之，一种体制的效用大小关键要看它是否能让人民获得幸福。即要确保某一政策的效用，就是要保证让"最多的人享受到最大的利益"。由此可以知道，约翰·斯图尔特·穆勒是最有名的实用主义者，他可以从普遍到特殊的角度进行清晰的论述，帮助每家每户及每个中产阶级思考者形成哲学思维。

约翰·斯图尔特·穆勒坚信，欧洲人太容易接受政府规章，但英格兰人爱质疑、反对政府规章。在《政治经济学原理》"自由放任主义或不干涉原则的依据和限制"一章中，约翰·斯图尔特·穆勒曾如此总结自己的政治经济思想：

> 我不认为有必要坚守所谓不可或缺的政府功能，即对个人自由行使权利时伤害他人的行为——不管是强迫、欺诈或者是玩忽职守，进行制止或惩罚。如果要投入巨大的努力、动用多种能力，才可

勉强调和彼此关系，这非常可悲。政府应该达到的合理目标，就是要尽可能减少精力与能力损耗。为此，政府须将人类用于彼此伤害或保护自身免受伤害的力量，合理转化为人类才能，即以强制手段，使人的本能愈发服从于物质与道德利益。

约翰·斯图尔特·穆勒认为，总体而言，英格兰政府干预措施不足。从人道主义方面考虑，英格兰对自由放任原则的运用应该有所改良。巧合的是，英格兰有一群慈善家，他们大部分是信奉福音主义的英格兰教士，一心遏止极端的自由放任倾向。这群慈善家中最受人赞誉的是沙夫茨伯里伯爵安东尼·阿什利·库珀。他出身贵族，家财万贯，生来便具有贵族气质。此外，他还是个严谨负责、大公无私的清教徒。19世纪80年代，有位作家曾说："沙夫茨伯里伯爵安东尼·阿什利·库珀感兴趣的一切宗教与慈善团体，都是当时最负盛名且对人民利益最有帮助的团体。"沙夫茨伯里伯爵安东尼·阿什利·库珀曾连任精神病委员会主席长达五十七年之久。主要由他负责制定的法规大致内容如下：1840年英格兰议会法案禁止雇佣男童清扫烟囱；1844年，《工厂法案》将女性工时限制在一天十二个小时；儿童如果未满十三岁，其工时一天不得超过六个半小时。此外，1845年《疯人院管理法案》、1847年《十小时法案》和1867年《车间管理法案》均出自沙夫茨伯里伯爵安东尼·阿什利·库珀之手。他极力支持进行贫民儿童免费学校运动和主日学校运动。沙夫茨伯里伯爵安东尼·阿什利·库珀宅心仁厚及长期以来为慈善的真心付出，让不列颠群岛全体上流人士无比钦佩。他的仁义品德，在英格兰垂范百世。

维多利亚女王时代，众多擅长烘托感情的浪漫主义作家也曾为人道主义广开言路。1838年，查尔斯·狄更斯出版了他笔下宣传色彩最鲜明的小说《雾都孤儿》。伊丽莎白·盖斯凯尔1855年出版的《北与南》主要描绘了磨坊生活的悲惨景象。不过，英格兰最致力于揭露社会问题的小说家是查尔斯·金斯莱。当时，英格兰教会不乏性格如此激进的人物，因为当时牛津运动①风头正劲，过程中洋溢的热忱与历史精神，已成为英格兰社会的万世遗风。查尔斯·金斯莱是个精力充沛的传教者与牧民，有充足的时间做学问、讲课，也有闲暇创作短篇著作、小说和剧本。查尔斯·金斯莱笔下的三本社会小说都颇具名气，这三部作品都具有"基督教社会主义"与"强身派基督教"的性质。除了向弗雷德里克·丹尼森·莫里斯与托马斯·休斯取经，查尔斯·金斯莱还向美国商人乔治·皮博迪求助。乔治·皮博迪来自马萨诸塞州南丹弗斯，1837年定居伦敦，直至1869年逝世都从未离开。除了曾在美国建立许多慈善与教育机构，乔治·皮博迪还为伦敦捐献了累计五十万英镑的巨款，用做伦敦工人的房屋修建。乔治·皮博迪离世后，伦敦工人住房修筑工作由皮博迪信托公司继续主持。后来，英格兰19世纪80年代许多租赁房屋，成了两万伦敦人的居所。维多利亚女王即位当年（即1837

---

① 牛津运动又称"书册运动"，发生于19世纪中期，由任教于牛津大学的神职人员发起。运动旨在复兴天主教，运动的主张有恢复教会往日荣光与传统、保留罗马天主教礼仪等。——译者注

年），她的好友兼仰慕者安杰拉·伯德特–库茨男爵夫人便继承了银行世家库茨家族的全部财产。安杰拉·伯德特–库茨男爵夫人对富人非常尽责，总会经过细致调查后，才将富人的大笔捐款用在所选目标之上。安杰拉·伯德特–库茨男爵夫人的举措，让英格兰富裕的"中上层阶级"和贵族阶级逐渐形成慈悲为怀、乐善好施的风尚。然而，家境殷实、教养良好的年轻女性即便曾付出劳动，也几乎不为人所知。直到1854年克里米亚战争时期，英格兰军务大臣西德尼·赫伯特要求弗洛伦斯·南丁格尔走出家门，到斯库台湖军事医院任职，人们才得见世家小姐的风采。被称为"提灯女士"的弗洛伦斯·南丁格尔一度成为英格兰家喻户晓的女性。在各类课本的歌颂下，她也成为除维多利亚女王之外最受瞩目的英格兰女性。

1833年牛津运动开始前，英格兰国教曾一度失却其诚恳的道德特质与历史传统。当时，卫斯理公会教徒在工业革命中占据主导地位，在人口暴增的工人阶级中也占据多数。牛津运动中，布道活动盛行，各派学者唇枪舌剑，传单四处飞扬，各类论著层出不穷。当时，英格兰还涌现了大批极具个性的牛津运动倡导者，其中包括约翰·亨利·纽曼、约翰·基布尔、赫里尔·弗劳德、爱德华·布维莱·普西、亨利·爱德华·曼宁和威廉·乔治·沃德。因此，英格兰国教再度焕发出炽热的精神光辉，重拾昔日生机勃发的民族传统，恢复过往的威严礼制，并且再次开始重视建筑之美。牛津运动部分著名倡导者本来笃信英国国教的普世原则，后来却开始效仿罗马天主教，再度推崇宗教至上论，致使牛津运动脱离正轨。1843年2月2日，在牛津大学圣母玛利亚大学教堂，约翰·亨利·纽曼进行主题为"基督教教义的发展"的最后一次大学布道。可以说，这是他一生中最成功的一次布道。1845年10月9日，约翰·亨利·纽曼加入罗马天主教。亨利·爱德华·曼宁一度在牛津大学墨顿学院任教，也曾担任奇切斯特副主教。经过多年努力后，他终于在1851年4月6日成为罗马天主教教会会士。此外，威廉·乔治·沃德也于1845年9月5日加入罗马天主教。罗马天主教复兴势头之劲，让教皇庇护九世产生了恢复罗马天主教在英格兰统治地位的念头。于是，1850年，庇护九世将英格兰分为数个主教辖区，并且指派尼古拉·怀斯曼担任威斯敏斯特大主教。备受爱戴的尼古拉·怀斯曼天性善良、机警圆滑。无论是作为学生、作家、演说家，还是作为教会政客，他都孜孜不倦、勤勉有加。1865年，尼古拉·怀斯曼逝世后，亨利·爱德华·曼宁接任威斯敏斯特大主教。后来，亨利·爱德华·曼宁逐渐成为现代英格兰社会中数一数二的人物。在枢机主教托马斯·沃尔西之后，还从未出现过比亨利·爱德华·曼宁更有名的教士。担任威斯敏斯特大主教后，亨利·爱德华·曼宁已成为其辖区最具权威的领导者和教义提倡者：

> 他逐渐在劳务、扶贫和教育公共事务问题中扮演重要角色，在皇家委员会占据一席之地，还常与英格兰各大臣交流往来。后来，伦敦市政厅举行的任何慈善会议，如果没有枢机主教亨利·爱德华·曼宁参与，都不会被视为一次完整的会议。当

时，亨利·爱德华·曼宁获得了特殊优待。虽然英格兰官方并没有"枢机大主教"这一职位，但在英格兰公共档案之中，亨利·爱德华·曼宁的名字仍排在众多主教同侪之前，仅居于威尔士亲王之后。

极具艺术素养和社会洞察力的本杰明·迪斯雷利，将亨利·爱德华·曼宁的光辉事迹写入了《洛泰尔》一书中。

维多利亚女王时代，可以说是宗教事件频仍的一个时代。牛津运动、福音主义和罗马天主教复兴，都是那个时代的佐证。戴维·利文斯通极具传教士精神。在传教路上，他并非孤身一人。当时，英格兰和美国的传教群体都在非基督徒中积极传教；罗马天主教徒的布道热情同样高涨。戴维·利文斯通来自英格兰拉纳克郡布兰太尔，原先只是一名纺织厂工人。1841年，他随伦敦传道会去往南非贝专纳的库鲁曼。任何一生孤立无援、独自奋斗的人，也许都无法达到比戴维·利文斯通更高的成就。戴维·利文斯通一生从未止步，不断布道讲学，传播信义，救助染疾病人，不遗余力地揭露奴隶贸易的丑恶面目。他的努力成果也得到广泛传播。也许，戴维·利文斯通为传教而艰辛跋涉的历程，比约翰·卫斯理还要漫长。戴维·利文斯通在非洲来回穿梭，在赞比西和中非各个湖区留下了辉煌的足迹。他的事迹让所有英格兰人心潮澎湃，引得无数人纷纷走上传教的道路。戴维·利文斯通曾在非洲部落开展传教工作，也对部落居民产生了特殊的影响。在艰辛卓绝的环境中，戴维·利文斯通的非洲仆从仍无比忠诚地跟随着他。1873年5月1日，传教队伍抵达班韦乌卢湖附近时,仆从发现戴维·利文斯通已双腿跪地,离开了人世。于是,各位仆从对戴维·利文斯通的遗体进行防腐处理后,便以惊人的毅力与勇气,带着遗体,一路穿越丛林沼泽,来到海岸边,寻找返回英格兰的船。

传教队伍有不少资质稍逊于戴维·利文斯通的教士,英格兰军队同样有大批稍逊于查理·乔治·戈登的将士。英格兰军官都读《圣经》,秉承17世纪清教徒的精神,力图引导麾下士兵敬畏上帝。当然,当时的英格兰军队规模很小。因为克里米亚战争结束四十年来,英格兰从未面临大战。那时,没有人知道欧洲大陆将爆发战争。因此,英格兰军队当时的职责就是保障大英帝国的和平。那个时代,在无数小规模战争中,英格兰军队都积极出征。英格兰远征部队仅有数百士兵,人数最多也不超过数千。应对小打小斗,英格兰军官已驾轻就熟。在小规模战争中,英格兰军队行动非常高效,又能从始至终保持绅士风度。战斗过程中,英格兰军队不设总参谋部,不打算入侵邻国,也未在人口密集区进行大规模屠杀。英格兰军队从不会将作战国打入万劫不复的境地,也不会让作战国的子孙后代落入朝不保夕的境况。通常,在英格兰军队中,身任军职并不意味着必须严苛刻板、冷酷无情。除了军旅生活,英格兰军官有充足的时间、精力经营其他兴趣爱好,有的英格兰军官还酷爱探险、狩猎。许多军官退休后会从政或从文,还有的人会转而传教或写诗。在以往的英格兰军队里,一名军官可能会名扬天下。然而,在查理·乔治·戈登之后,当代英格兰军队中家喻户晓的人物,也许就是曾在1876年出版著作《希瓦之行》

的弗雷德里克·伯纳比了。英格兰皇家海军中或许也曾出现过像查理·乔治·戈登和弗雷德里克·伯纳比一样的文坛名人，但这样的海军作家早已被历史遗忘。英格兰皇家海军公务繁多，要一刻不停地在各个海域巡逻。然而，能让英格兰皇家海军获得大众关注的事件少之又少。英格兰皇家海军中最出色的作家是弗雷德里克·马里亚特，他于1830年退役，时年三十八岁。此后，他曾在维多利亚女王即位前出版《米德希普曼·易斯先生》。维多利亚女王统治时期，弗雷德里克·马里亚特陆续创作了《准备好主人》《加拿大殖民者》和《新森林的孩子》。

  维多利亚女王执政的前四五十年里，唯物主义在英格兰和欧洲大陆并不盛行。当时，意大利统一运动算得上是风头正劲的思想运动，德意志统一运动也曾展开思想活动。1862年，奥托·冯·俾斯麦成为普鲁士王国宰相后，开始全权把控思想运动，并且以铁血手段拉开统一进程。1861年，沙皇亚历山大二世解放农奴后，俄罗斯上层阶级也经历了一场精神觉醒运动。一时之间，俄罗斯贵族与年轻军官的兄弟姐妹都加入农民的队伍中，为农民改善教育与社会条件。1862年结束克里米亚战争兵役后，列夫·托尔斯泰开始四处游历，并成家立室。婚后，列夫·托尔斯泰一家定居于莫斯科附近的宅邸。此后，他也全心投入文学与社会事业。列夫·托尔斯泰最具传奇色彩的作品，是描绘拿破仑·波拿巴时期俄罗斯社会的小说《战争与和平》和描绘俄罗斯高官生活的《安娜·卡列尼娜》。费奥多尔·米哈伊洛维奇·陀思妥耶夫斯基则用压抑、真实的笔触，勾勒了俄罗斯底层社会的景象。此外，法兰西出现了感情基调更加阴郁的现实主义作品。其中，维克多·雨果描绘暴动与流浪者生活的《悲惨世界》是法兰西第一部著名的现实主义作品。谈到当时英格兰文坛，乔治·艾略特的小说也出现了不少关于起义的文字。古斯塔夫·福楼拜在《包法利夫人》中呈现了一名资产阶级分子在小乡镇的悲惨生活。在《包法利夫人》中，现实主义或称"自然主义"的艺术表现形式被体现得淋漓尽致。埃米尔·左拉的《小酒店》则将现实主义的阴郁特色发挥到了极致。埃米尔·左拉的《萌芽》讲述了北方矿工的故事。"左拉先生凭其写作天赋，以无情的笔调呈现两本小说的主题，让它们比其他作品更真实、更细致、更准确"。[①]埃米尔·左拉还创作了许多作品，其中包括一部自然主义喜剧。坊间将这一系列作品称为"野兽喜剧"。

约翰·罗斯金的作品，为暗无天日、物欲横流的工业革命注入了人性与艺术之美。对于维多利亚女王时代的人们而言，约翰·罗斯金是比托马斯·卡莱尔还要出色的预言家。因为托马斯·卡莱尔对民主制度的评价大都负面，还对现代政治、社会与经济发展嗤之以鼻。辉格党文学巨匠托马斯·巴宾顿·麦考利男爵在1848年的作品中，描绘了英格兰工业革命辉煌壮阔的历史。即便如此，看到工业革命最终建立起完全民主化的政治局面，托马斯·巴宾顿·麦考利男爵依旧满怀失望。

约翰·罗斯金对社会发展的预期更加积极向上。他相

[①] 古斯塔夫·朗松：《法国文学史》，第1062页。——原注

信英格兰会保持怡人的景致，觉得工厂应有自己的楼宇，认为如果必须进行大规模生产，那么生产方式必须具有艺术性。约翰·罗斯金还认为，如果能正确理解政治经济，人们就会意识到政治与经济不只是空洞的学科，还理应具有伦理脉络。约翰·罗斯金是伦敦著名酒商约翰·詹姆斯·罗斯金的儿子，他从小受到私人教育，并且经常随父母一同出国。他们一家搭乘自家马车，游遍了法兰西、瑞士和意大利。他们从不会马不停蹄，每天只走五六十英里，到下午四点便停下歇脚。因此，吃过晚餐后，他们还有充足的时间，游览停驻处的教堂、市政厅和周遭景致。约翰·罗斯金一家还曾在威尼斯、佛罗伦萨或罗马停留数周，在当地闲逛、写生、阅读。这让心思细腻的约翰·罗斯金充分发挥了文学才能。无数英格兰经典著作滋养了约翰·罗斯金的文学思维，健康积极的中产阶层家庭生活为他营造了和谐的成长氛围。如果没有这样良好的成长环境，约翰·罗斯金一定会形成过度敏感的脾性。

1843年，二十四岁的约翰·罗斯金出版《现代画家》第一卷，让世界文坛为之一震。约翰·罗斯金本想以《现代画家》回应《布莱克伍德杂志》抨击约瑟夫·玛罗德·威廉·特纳的文章。然而，写着写着，约翰·罗斯金便把《现代画家》变成展现绘画审美的作品。书中绘画实例大都出自过去的绘画大师之手，其中也有约瑟夫·玛罗德·威廉·特纳和其他现代画家的作品。《现代画家》语句较长，但其中蕴含的思想从不含糊。作品语言充满活力，文字风格和谐、不突兀，观点明确，论据充分。文中华丽的辞藻显示了作者深厚的知识储备。从约翰·罗斯金的作品可见，他是当代最具辩才的教师，也是能让世人通晓其文的著名艺术倡导者。他言简意赅、引人入胜的阐述，让公众对美有了新的理解："严格来说，一个人只有做到勾勒句子精准有力，才能被称为了不起的语言画家。只有做到运用词语掷地有声，才能被称为了不起的诗人。"看过这番解释说明后，大众更能理解约翰·罗斯金的如下文字：

> 例如，除了彼得·保罗·鲁本斯、安东尼·范戴克和伦勃朗，荷兰派画作不过是作画者在炫耀自己的话语权，在清晰、卖力地朗诵毫无用处与意义的字眼。从前，契马布埃和乔托·迪·邦多纳的激昂预言，仿佛是出自婴孩之口的模糊言语。

继《现代画家》之后，约翰·罗斯金又出版了《建筑的七盏明灯》和《威尼斯的石头》。这两部作品不仅分别阐释了各自的主题——史上最佳的建筑工艺与威尼斯的艺术作品，还顺带讨论了美学、伦理甚至社会现状。1860年，在《康希尔杂志》上，约翰·罗斯金发表文章《直到最后》，并且于1862年将此文收录于文集《政治经济散文》中。约翰·罗斯金在《直到最后》一文中解释了自己的政治经济观。他认为，政治经济学是公认的严肃学科——虽然他并不认为世上存在任何严肃学科。在他看来，正是政治经济学的条条框框，让世人冷漠无情地彼此竞争，追求物质财富。这些都是政治经济学中的误解。真正的政治经济学，理应是国

约翰·罗斯金

家与社会的行为习惯规范。政治经济学应与家庭经济保障家庭温饱一样，能够作用于友好开化的群体，保障人民的衣食住行。因此，政治经济学的目标是努力将人类的生活提高至最高水平，将天下男女的美感、智力与个性发展至最佳状态。实际上，约翰·罗斯金的观点曾引导社会修正古典经济学家论调，并且大力推动了社会福利事业。约翰·罗斯金提高了人们的审美。他提出城市规划方针，修筑园林，永久展出名下藏画。他美化大小城镇的举措，都是毋庸置疑的。此外，约翰·罗斯金提高了画界、出版界、学界和手工界的审美情趣与艺术触觉。他虽然在这些领域的成就并不高，但仍颇有影响力。著名手工艺家威廉·莫里斯也是有名的画家、诗人兼作家。在创作壁纸、陶瓷、画作、装订书册其至撰写社会经济学巨著《乌有乡消息》时，威廉·莫里斯都有意无意地遵从约翰·罗斯金的美学戒律。可以说，如果没有约翰·罗斯金，威廉·莫里斯绝不会有如此成就。

约翰·罗斯金在审美艺术领域的地位，就好比马修·阿诺德在文学界的地位。马修·阿诺德是一名文学评论家。他坚决反对工业时代的物质主义、陈词滥调和平庸标准。马修·阿诺德是拉格比公学校长托马斯·阿诺德的儿子。马修·阿诺德生于教育氛围浓厚的家庭，因此在教育方面颇有天赋。1851年，马修·阿诺德出任英格兰皇家督学时，是一名尽职、开明的官员。如此看来，纵观各位历史名家的人生，政务工作与文学创作并不冲突。小说家安东尼·特罗洛普曾在英格兰邮局任职，诗人托马斯·拉夫·皮科克和约翰·斯图尔特·穆勒都曾在不列颠东印度公司为官。我们不应该认为，马修·阿诺德只有醉心文学创作更多的作品，才可能成为文坛巨匠。他的诗作在现代文学领域首屈一指，在岁月洗礼下依旧不失光彩。然而，他直接影响整个时代的作品是散文《论批评》（1865年）和《文化与无序》（1869年）。

马修·阿诺德素有"英格兰文学批评界的沙尔-奥古斯丁·圣伯夫"之称。沙尔-奥古斯丁·圣伯夫和马修·阿诺德一样，都坚定不移地坚持自身文学准则。除此以外，博学好动、广纳百家之言的沙尔-奥古斯丁·圣伯夫与一丝不苟的马修·阿诺德便没有丝毫相似之处了。马修·阿诺德的批评作品虽只有寥寥三卷，但意义深远。然而，沙尔–奥古斯丁·圣伯夫的名篇《周一漫谈》和《新周一漫谈》，都是讨论今昔著名作家的长篇文章。整整二十年里，沙尔–奥古斯丁·圣伯夫每周一都会为法兰西报纸《宪法》《监控者》和《时代》供稿。沙尔–奥古斯丁·圣伯夫每周都会用六天时间，反复细读与自己写作主题相关的内容，下笔时也十分谨慎。他的每篇文章，都是经过仔细斟酌后的思想结晶。到了周日，沙尔–奥古斯丁·圣伯夫开始休假，周一又开始着手准备下一篇漫谈文章。不过，无论写作多么谨慎，在每周交稿的压力下，沙尔–奥古斯丁·圣伯夫也无法将文笔锤炼到古斯塔夫·福楼拜、马修·阿诺德的艺术水平。

马修·阿诺德将其评论文章收录于文集《论批评》中。这些评论文章皆为散文，语言明晰优美，其优秀的内容与题材让读者爱不释手。如果马修·阿诺德文字表达没有魅力，那么他的评论文章必然无法享誉世界。人们认为，传播文化，并且维持最高文学创作标准，是马修·阿诺德一生的使命——尽管他本人未曾宣称肩负这项使命。马修·阿诺德性格开朗、外向，从不自视甚高。他总是默默精进自身文学才华。每当心有所悟，他定会公之于众。马修·阿诺德认为，文学不过是小众精英的创造物——事实的确如此，那就难怪众人都对文学如此向往了。一直以来，马修·阿诺德都以温和的形式批评未受教育的资产阶级"庸俗者"。这些庸俗者拉低了整个资产阶级的文化水准，让资产阶级无法强大。因此，在普通读者眼中，马修·阿诺德是个对社会抱持着些许怀疑态度的人。即便在马修·阿诺德1888年逝世后的几年中，人们对他的看法也未曾改变。不过，在今天的人眼中，马修·阿诺德已被正名。他是浩瀚文坛的鉴赏者、引导者，也是其中楷模。如果没有马修·阿诺德，文学界将失去形式工整、行文和谐、口吻克制的语言风格。

当时，英格兰各阶层的教育都取得了长足进步。1828年，即将出任牛津大学奥利尔学院教务长的爱德华·霍金斯曾说，托马斯·阿诺德如果被任命为拉格比公学校长，他将使公学教育焕然一新。接到出任拉格比公学校长的委任时，托马斯·阿诺德早已不在牛津大学奥利尔学院任职。当时，他只是一位家庭教师，在泰晤士河边小村拉勒姆的家中辅导孩童读书。果然，爱德华·霍金斯的判断无比正确。托马斯·阿诺德上任后，拉格比公学变得纪律严明，开始奉行克己诚信的规约。托马斯·阿诺德以身作则，其行为举措也垂范于英格兰其他公学。托马斯·阿诺德某次开除学生时曾说："这所学校并不一定非要招够三百名学生，甚至也不必招一百名或五十名学生。然而，这里所有学生都应该是基督徒中的绅士。"1842年，托马斯·阿诺德与世长辞，当时他还未满四十七岁。

当时，英格兰许多一流大学的学生都能获得奖学金——按照当时的校规，获取奖学金并非难事。彼时，英格兰不乏如牛津大学与剑桥大学等历史悠久的学府，也涌现了如杜伦大学和伦敦大学等新式大学。相比之下，英格兰的小学教育稍显不足。1780年，罗伯特·雷克斯就已提出创办主日学校的建议。主日学校主要教授孩童阅读与写作技能，以让学生能够研读经文，日后进一步接受通识教育。19世纪初，英格兰全国教育促进协会和不列颠与海外学校协会开始创办平日学校。然而，在英格兰首相威廉·格莱斯顿颁布1870年法案之前，英格兰并无任何与小学教育相关的总则。提供中等教育的只有私立学校、旧式文法学校与某些"公立学校"。这些所谓的"公立学校"大部分都是由常任理事会管理的寄宿学校。后来，英格兰各个城镇与乡村的教育委员会点燃了一场自1870年后影响最大的英格兰教育改革火苗。不过，直到1906年，这次全国性的教育改革才正式拉开序幕。

维多利亚女王时代，英格兰以外的世界各国政治运动——1848年欧洲大革命、意大利统一运动、德意志统一运动、美国南北战争——此起彼伏。然而，在英格兰国内，物质与精神发展都呈现出稳定、有序的局面。在这平和的岁月里，曾有人想当然地认为，全世界都与英格兰一样，形势一片大好。然而，在今天的历史学家看来，这样的臆断多少有些令人无法苟同。虽然1851年伦敦世界博览会呈现出的国际和平与合作前景并未成真，但各国并未极力抵制国际贸易自由。1878年至1879年，法兰西与德意志通过筑起贸易壁垒开启了新一轮贸易保护，世界贸易自由遭到重创。后来，卡尔·马克思出版《共产党宣言》，建立工人国际，并且发表《资本论》。这一系列举措，都标志着阶级意识发展的不同阶段，也是人类迈向世界性阶级斗争的重要一步。然而，世界性阶级斗争从未爆发。1844年，二十八名罗奇代尔纺织工人组织了一场比阶级斗争更加温和有序、更有建设性的变革运动。与这些纺织工人合作的一家商店，原来只有二十八英镑资产，店内存货仅有面粉、黄油、糖和燕麦。在纺织工人变革运动五年后，即1849年，这家商店却摇身一变，成为年销售额达八万英镑的大型杂货店。商店所有合伙人都将资产投入店铺，并且从中获利。此后，类似罗奇代尔公平先锋社的团体在全英格兰不断涌现。1864年，合作批发协会在曼彻斯特成立，专为零售店铺团体供货。全体工人与消费者有望通过合作批发协会彼此联合，逐渐转型为经营者。

英格兰人对本国社会政治体制有着坚定的信念。《1867年改革法案》与确保投票保密性的《1872年投票法案》，都让英格兰人民更加积极地参与到国家大事中来。两党制平稳运行，民众政治参与度节节攀升。英格兰只有两大政党。英格兰人认为自己有责任、也乐于成为任何一个政党的成员。因为在1886年《爱尔兰自治法案》掀起纷争之前，英格兰政治鲜少出现内乱。比起关心外国政治，英格兰人更关心本国内政。像意大利统一、加富尔伯爵卡米洛·本索参政与朱塞佩·加里波第远征这样颇具历史意义的政治运动，在当代英格兰人眼中不过是一场场浮华盛会，根本无法影响英格兰国家安全，也无法让英格兰人平静心湖泛起任何涟漪。就连日不落帝国的美誉，都无法让英格兰人心生震撼。的确，即便有1839年《英属北美殖民地政务报告》，即便活跃于文坛的爱德华·吉本·韦克菲尔德写就了许多关于英格兰殖民的作品，英格兰人也仍丝毫未觉：原来英格兰已发展壮大为日不落帝国。他们不知道日不落帝国形成的过程，对帝国的前景也一概不知。直到1883年约翰·罗伯特·西利出版《英格兰的扩张》和1886年即维多利亚女王禧年庆典前一年，詹姆斯·安东尼·弗劳德出版《英格兰与她的殖民地》后，英格兰人民才对日不落帝国稍有了解。

1875年，在小说《比尤坎普的职业》开篇中，乔治·梅瑞狄斯曾写道：

> 重启人口普查一事让人舒心宽慰，又稍有压迫感。如今英格兰的年轻人也一样叫人有喜有忧。我们的人民可以划船、骑马、钓鱼、射击，可以大量生育。英格兰人是拥有长久历史、收入颇丰的运动健将。我们有一流的猎枪、矫健无双的驯马和猎人。我们的孩童前途无量，他们终会将英格兰的威名流传至下一代，将英格兰出版业发扬光大。然而，我们的军人何时才能成长起来？

英格兰人从未考虑过，除了小批英格兰精悍部队和英格兰皇家海军，其他部队对英格兰到底有何用。后来，众多强国不仅默许英格兰皇家海军掌握世界海上通讯的控制权，还承认英格兰皇家海军是维护国际秩序与稳定的强大力量。

第 16 章

维多利亚女王时代的欧洲海军、陆军及外交政策

15世纪，欧洲封建制度土崩瓦解。此后，军人不再是土地所有者的附庸，开始成为一种职业。16世纪至19世纪，普通欧洲人从不参战，投身行伍的都是受雇参军之人。这类军人通常会在军队里度过一生。18世纪，军人几乎都要长期服役。当时，军人如果出于经济原因被一国军队解雇，便会毫不犹豫地到另一个国家参军。在战争时期，如果参战某一方的军队战败，战争就会宣告结束。1792年，被欧洲封建国家的武装军队围困的法兰西革命政府制定全民动员政策，号召全体法兰西公民参军。1870年以前，这种大规模强制性兵役制从未在欧洲形成系统制度，也未得到普及，因为它绝对无法在任何国家得到全面贯彻。

1815年至1914年，欧洲呈现一派风平浪静的景象。虽然这期间偶有小规模战争爆发，但战争持续时间普遍较短，而且战事也完全被控制在某一地区或某一国家内。欧洲人民从未感受过紧张的国际局势。直到1920年及往后的二十年，第二次世界大战对国际社会造成冲击。在第二次世界大战余波的影响下，欧洲才大范围出现持续性的国际紧张局势。

与第二次世界大战相比，拿破仑战争对欧洲冲击较小，战后也并未给欧洲带来持续性的国际压力。拿破仑战争持续了十二年之久。除了法兰西，其他参战国在1813年以前都曾派遣职业军人参与拿破仑战争。直到1813年，普鲁士王国才采用了类似全民动员政策的征兵手段。法国大革命与拿破仑战争爆发的二十二年里，战场之外的社会生活基本正常。1814年至1815年，世界局势总体平稳，社会恢复正常运行，震荡的局势与紧张的氛围已基本消散。

　　因此，1814年后的整整一百年，人民坚信社会正在发展，社会各项设施都在改善，政治、法律、道德、贸易与工业正在进步，并且必将继续进步。对维多利亚女王时代的英格兰及其他欧洲国家来说，人民对社会发展的信任感是19世纪文明的基础，也是维多利亚女王时代实施欧洲军事与外交政策的基础。欧洲人民坚定地认为，他们应该在社会总体发展的前提下，以战争或协商的形式取得一定的成果。他们从未想过，政治或军事上的冒险政策会破坏社会文明，也可能导致社会崩溃，进而让社会退回黑暗时代。欧洲人民冒险开战时，从未有过这种恐惧感，也从未预想过这样可怕的场景。维多利亚女王时代，战争需要由职业军人参与，受人控制，也被局限在某些地区。因此，当时的战争不过是偶然出现的政治行为，只会短暂、局部地影响势不可当的发展进程。人们所处的社会，仍有着稳如泰山的根基。

　　当然，我们有可能夸大了维多利亚女王时代欧洲各国政府与人民的理性程度。例如，在运用战争施行政策的问题上，欧洲各国政府与人民并不理智。欧洲各国政府未将海陆两军称为"防御部队"。相反,欧洲各国政府不仅将海陆两军用于国防,还会利用海陆两军追求、维护自身利益。与他国产生冲突时,欧洲各国政府虽极不愿诉诸战争,但不会放弃战争这种手段。这不仅是出于防御的目的,还是为了在争端中向冲突方施加压力。在统一国家的政治运动中,意大利人就曾利用战争防御、施压。建立德意志帝国时,奥托·冯·俾斯麦也曾利用战争制造优势,但他通常能使对手先行宣战。此外,美国在日本开设通商口岸及英格兰和法兰西两国在中国开设通商口岸时,也曾利用战争达成目的。战争可被限制在局部地区。因此,战争即便并不频发,也已自然而然地成为政治工具。一场战争只有耗尽了国家所有资源,才会被视为"全面战争"。直到交战任何一方的职业军被打败,战争才会停止,即便是1870年至1871年的普法战争也不例外。1871年后,欧洲各国政府要求本国身强体健的公民参军。然而,其中仍有大量公民可免服兵役。因此,欧洲国家的大部分公民从未参军,有参军经历的人也只服过一年兵役。英格兰与美国的海军与陆军都是小规模职业志愿军。除了英格兰与美国,其他强国,即便海军可能强制征兵,但实际上征召的也是长期服役的职业军人。有一位维多利亚女王时代的英格兰人表示,他从未想过,除了职业军人,还会有谁必须替国家打仗。在和平的维多利亚女王时代,即便在欧洲大陆也不存在"武装国家"的说法。"武装国家"的概念,不过是沙文主义者的奢望。

英格兰海军是19世纪最强的防御力量之一。英格兰海军主要负责国防、通信、奴隶贸易及其他辅助事务。当然,国防是英格兰海军的首要任务。英格兰海军必须保证不列颠群岛和英格兰殖民地免受海外入侵。当时，英格兰殖民地中只有加拿大、英属洪都拉斯和英属圭亚那有陆地边界。不过，这三地的邻国，似乎都没有产生过从陆地入侵这三块殖民地的想法。英格兰人从不认为英格兰会遭到入侵。也许，这就是英格兰社会总体平静、和谐的真正原因。然而，英格兰仍有遭受"空中威胁"之忧。英格兰独占一岛的地理条件，还不能保证英格兰社会的和平前景。英格兰人还必须对国家所在岛屿产生安全感。无疑，英格兰人十分担心，英格兰海军是否有能力为不列颠群岛抵御入侵。这种担忧并非杞人忧天。1814年至1914年，英格兰海军的防御能力受到前所未有的考验。1914年至1918年，英格兰海军力量无比强大。欧洲大陆的国家即便只是想向英格兰发动军事突袭，也无从下手。普丹战争（1864年）、普奥战争（1866年）及普法战争（1870年）的德军总指挥赫尔穆特·卡尔·贝恩哈特·冯·毛奇曾被问及是否能够向英格兰发动入侵。他回答说，他曾制定多个进军英格兰的计划，但没有一个计划能保证德军从英格兰全身而退。这番话来自坊间轶闻，真实性有待考究。实际上，进军英格兰并不现实。1805年，拿破仑·波拿巴的布洛涅大军攻打英格兰海军失利，便是最好的例证。

英格兰海军保障海上交通的职责，与抵御入侵的任务一样重要。地理课本和教室墙上常出现的大英帝国地图上，纵横交错的交通线路从世界各地出发，最终全数交汇于英格兰。然而，没有一条线路穿越陆地。这些线路以美国、澳大利亚、新西兰、远东地区、印度、非洲和欧洲大陆的整个海岸为起点，穿过大西洋、太平洋、印度洋、地中海及北海。当时，与世隔绝的英格兰几乎全靠海上交通，在全球各处建立星罗棋布的殖民地。可以说，当时的英格兰王国是一个海上帝国。大英帝国遍布全球的交通网只有一条陆上线路，即地中海塞得港至临近红海的苏伊士之间的土地。这块土地位于埃及，由土耳其管辖。18世纪50年代，铁行轮船公司曾负责伦敦与塞得港及苏伊士到孟买的轮船服务。此外，在塞得港和苏伊士之间百余英里的路线上，铁行轮船公司也会提供陆上驴运服务。正是通过铁行轮船公司的航路，英格兰著名军事家弗雷德里克·罗伯茨才得以首次进入印度。从前，英

弗雷德里克·罗伯茨

格兰与印度之间的常规航线并不经过地中海，而是从大西洋出发，沿圣赫勒拿和好望角一线进入印度洋。1869年苏伊士运河开通之前，这条常规航线一直是除地中海航线外，沟通英格兰与印度的另一常用航线。

1845年至1875年，不列颠群岛成为世界工厂。在此期间，英格兰人口迅猛增长，英格兰本土生产的农作物与其他各类食品逐渐供不应求。进出英格兰的船都载满了货物。装着国产商品与煤炭的英格兰船驶往国外，回来时则装满了原材料和食物。当时只有英格兰生产煤炭，因此，无论是英格兰船还是其他国家的船，都用英格兰煤炭做能源供给。各大洋周围几乎所有港口都储存着大量英格兰煤炭。在里斯本、加的斯、马赛、塞得港、苏伊士、孟买及印度其他地区，英格兰各个公司在英属海峡殖民地、中国通商口岸、太平洋诸多岛屿及美国与加拿大各个港口等地售卖煤炭，并且从中赚取了大笔钱财。同时，英格兰的商船公司也因运载货物而赚得盆满钵满。然而，煤炭这种沉甸甸的财源，只是英格兰庞大运输业负责运送的一种货物。后来，石油的出现改变了英格兰运输业的货运重心。如今，英格兰船运商已不再出口煤炭，而是从国外购买石油运回。

除了仅允许周边国家战舰航行的黑海和里海，英格兰海军捍卫着英格兰在全球每个海域的海上贸易。英格兰海军不仅要保护本国船运不受战火威胁，还必须时刻警惕海盗，帮助受困的英格兰船，并且在外国维护英格兰船的利益。英格兰海军行事效率高，巡航范围广，是当时英格兰航运业的精神支柱，也是其他国家航船的定心丸。不管是发生动乱、革命还是战争，英格兰海军船舰都能马上出现，或者是在极短的时间内迅速赶到现场。当时，英格兰海军的白色军旗随处可见，成为全球海域最常见的旗帜。英格兰海军不必将战舰力量集中在北海、地中海或任何海域，只需派遣巡逻舰队，不停地在各处海域巡逻。英格兰海军上尉弗雷德里克·马里亚特、英格兰作家威廉·亨利·吉尔斯·金斯顿及19世纪末的约瑟夫·康拉德，都曾提及英格兰海军的强盛。约瑟夫·康拉德曾多次在作品中提及英格兰海军。人们能够感觉到英格兰海军的存在，但英格兰海军的作为并未被广泛宣扬。英格兰海军行事低调，总是以平淡无奇的方式对需要帮助的船只施以援手。因此，与英格兰海军相关的英雄事迹逐渐湮没在历史中。

维多利亚女王登基时，海盗横行的现象早已不复存在。航海人员不必再担心会有海盗逼迫他们离开船只。不过，海盗仍随时有可能卷土重来；被全球禁止的奴隶贸易也有所抬头。维多利亚女王登基后的19世纪，英格兰海军都在全力打击海盗劫掠，也逐渐遏制了奴隶贸易的反扑势头。事实上，骇人听闻的海盗现象和奴隶贸易在公海销声匿迹，并不完全是因为法兰西海军和美国海军曾出手干预。很大程度上，这得益于英格兰海军的不懈努力，因为他们，世界海上安全问题才得到改善。

在促成世界政治局势总体稳定的过程中，英格兰海军也功不可没。维多利亚女王统治时期，世界政局总体稳定。然而，在欧洲，重大革命事件仍时有发生。例如，当时西班牙和美国分别爆发内战。1854年至1878年，欧洲接连发生大规模战事：克里米亚战争、第二次意大利独立战争、普丹战争、普奥战争、普法战争、俄土战争等。此外，法兰西第二帝国也曾大举进军墨西哥。加富尔伯爵卡米洛·本索和奥托·冯·俾斯麦撕毁了1814年至1815年签订的约束欧洲法律的著名条约。世界各地的无政府主义者、泛斯拉夫主义者和泛日耳曼人到处煽风点火。巴尔干半岛总是不时发生骚动与小规模战斗。不过，全球仍保持着总体和平的趋势，也没有人担心世界会出现全球性问题。法兰西小说家儒勒·凡尔纳

儒勒·凡尔纳

甚至从未想象过世界大乱的局面。在他的构想中,未来只会有越来越多的实用发明,让人类能够更好地控制自然,增进合作。整个社会都能感受到政治局势总体平稳的发展。人们不禁要问,这种和平局面的形成,到底关键何在?

维多利亚女王时代未爆发世界性战争,正是因为每场冲突都局限在特定地点。只要英格兰海军掌握"制海权",冲突范围就不会扩大。"制海权"这个笼统的说法,实际上是指英格兰海军对全球海上交通线的掌控。因为英格兰可以通过手中的"制海权",断开隔海国家之间的海上联系。正因如此,19世纪,全球各国才能在不受世界性动乱影响的情况下,全身心地投入各类革命运动,完成统一意大利与统一德意志等震惊世界的举措。

对世界海域而言,英格兰海军掌握的"制海权",助益颇多。因为海军无法登陆作战,所以,一国海军几乎不可能构成一股侵略力量。在维多利亚女王时代的军备条件下,各国海军如果从海上开火,甚至无法对陆上的人员或财产造成重大损伤。英格兰海军身负维护安全的职能,负责对所有乘船出海的人员提供保护。世界上从未有过像英格兰海军一样手段温和的控制者。不过,英格兰海军的"控制权",仅仅局限在海上。没有人能够掌握所有陆地的控制权。各海域中蓄势待发的潜水艇,时刻威胁着英格兰海军的制海权。英格兰海军已扫清海面上所有海盗劫掠,并且将继续制止各航道发生的侵略行径。然而,潜水艇的存在让水下海盗行为不断滋长。1937年,地中海就曾发生过水下海盗劫掠事件。在维多利亚女王时代,这类事件从未发生,因为当时英格兰海军对世界海域有着绝对的控制权。

全世界都对英格兰海军掌握制海权的局面赞誉有加，也无人对此心怀嫉妒。欧洲国家的权欲在陆地上，而且聚焦于欧洲大陆本身。当时几乎连殖民问题都不复存在。1879年以前，德意志人还未开始认真物色殖民地。殖民竞争现象出现时，1885年的柏林西非会议便通过和平的方式，制定了各欧洲强国瓜分非洲的规则。当时，民族主义、关税主义、泛斯拉夫主义和泛日耳曼主义情绪不甚强烈，也未表现出强烈的侵略性。德意志和意大利仍集中政治力量团结本国民族。1870年至1871年的普法战争后，法兰西人也专注于统一国家，随后成立了法兰西第三共和国。克里米亚战争后，俄罗斯进军君士坦丁堡的步伐受阻，开始把注意力转向中亚。1877年至1878年爆发了俄土战争，最终战果实际上对俄罗斯十分不利。尽管如此，俄罗斯也未曾停下入侵奥斯曼帝国的步伐。当时，梅尔夫仍被俄罗斯控制。对英格兰人来说，地图上英格兰的版图仍旧狭小。因此，梅尔夫相当于英格兰踏足印度的前哨站。对进军梅尔夫的计划，英格兰人感到非常不满。直到索尔兹伯里侯爵罗伯特·加斯科因–塞西尔建议英格兰人转变思维，将目光放到更广阔的世界后，英格兰人的不满情绪才有所缓解。事实上，俄罗斯入侵中亚时并未与英格兰海军发生冲突，也并未对英格兰海军的制海权产生威胁。1898年德意志帝国议会通过《德意志帝国海军法》以前，从未有国家挑战英格兰海军的权威，扰乱国际关系。直到1914年第一次世界大战爆发，事态才发生了巨大的变化。

英格兰人对英格兰海军无可争议的地位十分满足。19

世纪，在英格兰，各类航海故事风靡一时。著名英格兰作家弗雷德里克·马里亚特是英格兰文坛公认的航海故事巨匠。相较之下，威廉·亨利·吉尔斯·金斯顿则稍显逊色。不过，他的系列小说《三个海军候补少尉》曾是当时万千英格兰少年的枕边书，也是少年长大后仍旧难忘的青涩回忆。威廉·克拉克·罗素是一位鲜为人知的作家。他的作品《格罗夫纳号的残骸》虽已被今人遗忘，但曾长久风靡于维多利亚女王时代晚期。与英格兰人一样，美国人也热衷于阅读航海故事。美国杰出航海故事作家有赫尔曼·梅尔维尔、詹姆斯·菲尼莫尔·库珀和查尔斯·安德森·达纳。英格兰海军与美国海军时有交集，并且使用同种语言，彼此间更易产生关联。如今，英格兰海军与美国海军的联系可能更加密切。英格兰海军与美国海军逐渐成为情感共同体，与"海军至上主义"截然不同的盎格鲁-撒克逊海上霸权军国主义开始悄然滋长。具有军事头脑的人难免都有侵略的想法，也都希望先发制人。在交通便利的欧洲大陆，一支实力强劲的军队极易变成国家的"政治工具"。1832年，拿破仑战争中的普鲁士将领卡尔·冯·克劳塞维茨曾出版一本谈论战争的书。在书中，卡尔·冯·克劳塞维茨认为"战争就是延续政治政策的另类方式"。加富尔伯爵卡米洛·本索对这种观点理解得十分透彻，但这一观点最出色的践行者是奥托·冯·俾斯麦。奥托·冯·俾斯麦总能通过恰如其分的政治行动实现自己的目标。每次走到计划中的最后一步，他都会迅速果断地利用战争达成目的。1864年，在德意志联邦与丹麦就公国主权不断磋商的过程中，丹麦做出了错误的外交抉择，导致普丹战争爆发。最终，丹麦失去石勒苏益格和荷尔斯泰因两大公国的主权。1866年，就德意志邦联改革一事，奥地利与普鲁士曾进行了多番谈判。后来，奥托·冯·俾斯麦仍策划、实施了普奥战争。最终，奥地利战败，德意志邦联解体。1870年，德意志与法兰西商议西班牙王位的"霍亨索伦家族候选人"时，双方失和，导致普法战争爆发。最终，法兰西痛失阿尔萨斯与洛林，德意志帝国宣告建立。上述三场战争，都是奥托·冯·俾斯麦"延续政治政策的另类方式"。

当时，欧洲强国的军国主义风气极盛，且有愈演愈烈之势。除了军装，在公众场合，各欧洲国家君主一般不会身着其他服饰。19世纪70年代早期，弗里德里希·斐迪南德·冯·贝斯特曾任奥匈帝国首相。他曾要求当时的奥地利皇帝弗朗茨·约瑟夫一世穿上平民服装进入维也纳。弗朗茨·约瑟夫一世当下默然，最后非常果断地无视了弗里德里希·斐迪南德·冯·贝斯特的请求。在政坛，奥地利军人具有很大的影响力。据说，1866年，弗朗茨·约瑟夫一世几乎要同意，让意大利政府买下奥地利控制下的最后一块意大利领土——威尼提亚。然而，最后一刻，有几位军人力劝弗朗茨·约瑟夫一世放弃这一打算，他们表示用这种方式转让领土，将有损弗朗茨·约瑟夫一世的名誉。因此，弗朗茨·约瑟夫一世还是参与了1866年的普奥战争。最终在毫无赔偿的情况下失去威尼提亚，奥地利也因此生灵涂炭。执政末期，弗朗茨·约瑟夫一世仍要被迫接受奥地利陆军元帅约瑟夫·康拉德提出的政治建议。约瑟夫·康拉德的多数建议，都带有明显的军国主义色彩。

从拿破仑·波拿巴失败到拿破仑二世倒台期间，法兰西军人一直严格听从民选政府指挥，在后来的许多年里也一直如此。唯独1887年至1900年，军国主义才深刻影响法兰西的政治局势。军国主义对法兰西政治的影响，起初出现在乔治·布朗热权柄在握时期。后来，在德雷福斯事件险些导致法兰西被一分为二时，法兰西的军国主义气氛也十分浓厚。德雷福斯事件的起因是，法兰西犹太裔军官阿尔弗雷德·德雷福斯被军事法庭误判为叛国。当时，法兰西的高级军官都认为，如果要重审阿尔弗雷德·德雷福斯一案，无异于羞辱法兰西军队。实际上，这次风波无非是民选政府与军方政权为争夺国家控制权而彼此争斗。1899年，皮埃尔·瓦尔德克-卢梭政府决定不惜一切代价，重审德雷福斯一案。此时，法兰西民选政府已宣告胜利。很快，法兰西便完全清除了法兰西军方对国内政治的影响。

普鲁士军方向来不问政事。不幸的是，普鲁士政府本身就略带军国主义色彩。奥托·冯·俾斯麦十分清楚，有必要维持民选政府的优越地位。即便如此，奥托·冯·俾斯麦后来处理一个政治事件时，还是被军方劝服，放弃了心中更好的决断。这一事件是普法战争即将结束时，奥托·冯·俾斯麦从法兰西手中夺取梅斯。不久，奥托·冯·俾斯麦对加布里亚克侯爵约瑟夫·德·卡多因说，这是一次政治失误。然而，普鲁士军方依旧坚称，夺取梅斯是正确之举。依照规定，普鲁士政府既要保持普鲁士军人的独立权，又必须严格把控普鲁士军队。

俄罗斯即便有庞大的军队和无数大将，其政府也从未被军方控制。统治俄罗斯的并非沙皇、贵族或军人,而是俄罗斯的官僚制度。俄罗斯行政部门影响极广,无人能避免行政部门的管控。在俄罗斯行政部门的管治下,所有公共措施都必须得到执行。真正被军中大将主宰的国家是西班牙,半岛战争时期,众多西班牙将军似乎都变得极具政治头脑。当时,西班牙所有革命活动与政变事件,几乎都是由西班牙军官一手策划的。胡安·普里姆、拉蒙·玛丽亚·纳尔瓦兹、莱奥波尔多·奥唐纳三位西班牙大将,曾先后成为一人之下、万人之上的西班牙政府首脑。此外,米格尔·普里莫·德里维拉、达马索·贝伦格尔和弗朗西斯科·佛朗哥三位将领,则书写了1922年至1939年的西班牙政治史。不过,他们三位也仅仅是在遵照古代将领治国的传统行事。20世纪,无论是在西班牙本土还是在南美大地,西班牙人在各个共和国发起革命、发动政变时,一直都在遵照将领治国的传统。

英格兰陆军规模很小,陆军军官人数屈指可数。在大不列颠,很少有人使用"军官团队"和"军官阶层"这两种说法。这种说法很难被理解。英格兰陆军军官内部并不团结,因此缺乏政治影响力。英格兰陆军军官即便大都是贵族或富庶家庭出身,也很少会成为家族之首。即便是统领家族的陆军军官,也很难在部队长期服役。然而,印度的兵役制度打破了陆军军官必须来自富庶家庭的惯例。印度陆军军官代代子承父业。他们出身寒门,但依旧能够进入部队服役。因为印度陆军军官完全可以靠军薪过活,退伍后还能获得比英格兰陆军军官更高的退休金。印度政府政策不受印度军队影响，而是受英格兰内阁的印度事务大臣严格把控。印度事务大臣统管的印度事务部成员均拥有大学学历，但其中无人具有军事经验或对军人职业感兴趣。

英格兰陆军军官尽管没有政治影响力，但通常是英格兰议会成员。这也成了英格兰公众生活中诸多奇怪的悖论之一。在英格兰，不仅退伍陆军军官可以成为议会成员候选人，而且在任陆军军官同样可以成为议会成员。在任陆军军官可以告假，暂缓军职，转而去履行议会成员的职责。这一惯例起源于18世纪。当时，许多英格兰陆军军官都会借此惯例钻空子。然而，在任陆军军官暂缓军职转而从政的例子，在维多利亚女王时代并不常见。当时，英格兰众议院中的大多数陆军军官都已退伍。不过，在维多利亚女王时代，有爵衔的陆军军官通常是英格兰上议院的正式立法委员。当时，没有人认为军人会对政治造成任何影响。维多利亚女王曾给沃斯利夫人西摩·弗莱明写信，要求她利用丈夫理查德·沃斯利的势力，对英格兰内阁成员施加压力。

比起英格兰陆军军官，美国陆军军官离政坛更加遥远，也更加具备军事专业性。美国陆军军官要在西点军校度过四年军校学员时光，而英格兰陆军军校学员只需在桑德赫斯特或伍利奇的皇家军事学院就读两年。经过四年漫长、专业、严格的训练后，美国陆军军官将前往环境恶劣的移民与原住民分界地区，担任各种军职。美国陆军军官还会不断面临与印第安人对抗的军事行动。这些军事行动虽规模不大，但仍十分艰险。从军事角度看，美国陆军军事行动的关键地区不在政治环境稳定的加拿大，也不在政局动荡的墨西哥，而是在美国国内移民与原住民分界地区。西进运动促使美国人口大迁移，导致美国出现了一条自北向南延伸、长数千英里且不断变化的锯齿状移民分界线。美国移民区分界线一直缓慢移动，直到1890年固定于加利福尼亚现存移民地区，此后再未变动。那一年，美国人口普查员发现，他们已经无法找到移民地区的"最前线"了。移民分界线早已消失。在移民分界区任职的美国军人开始意识到，他们周围已全是移民同胞，再无印第安人。此前，这些军人总是过着兵荒马乱的日子，与印第安人对峙时常常落于下风。1876年，乔治·阿姆斯特朗·卡斯特将军带领麾下骑兵团与美印第安人部落首领坐牛①及苏族印第安人作战。在蒙大拿州小比格霍恩河附近与对手交战后，乔治·阿姆斯特朗·卡斯特的整支骑兵团几乎被全歼。

  1846年至1848年的美墨战争证明，美国陆军战斗力非常强。1861年至1865年的美国南北战争中，参战双方部队都并非职业陆军，但双方的高级将领几乎全是西点军校出身。北方联邦政府招募平民士兵入伍，正规陆军只是这支庞大平民部队中的一小部分。南方部队成员则全由南部平民临时组成。与"武装民族"进行大规模斗争的噩梦，仍长久笼罩在美国人民心头。1865年，美国人民的生活终于回归正常。此时，少数旧式职业部队重新出现。不过，1865年至1914年及1920年至1939年，在美国，很少有人能够见到士兵。

  维多利亚女王时代，保证世界人民生活稳定的因素很

---

① 坐牛，美国印第安人拉科塔族胡克帕帕领袖。——译者注

多，其中三个因素值得特别关注，即前文提到的英格兰海军制海权、门罗主义和"欧洲国家体系"。除了美国南北战争的五年，门罗主义一直保护美国人民免受外国干预，不受帝国主义侵扰。欧洲国家体系使得欧洲各国国境局势趋于稳定。如果欧洲国家国境有变，欧洲国家体系也能尽量缩小冲突范围。所有政治家都非常清楚，欧洲国家体系包含三部分：国际法、欧洲协调及权力平衡。

国际法包括相互约束的各类条约、惯例及专业法学家的观点。国际法的内容可被修订，也可不断发展，但其基本原则保持不变，并且得到广泛认可。换言之，各主权国家之间的关系都受到某种规则制约。即便是主权国家或其最高统治者，都无法制定约束本国的最终规则。欧洲政治家彼此信任，从不怀疑有人会破坏规则。例如，欧洲政治家理所当然地认为，各国必定会遵守已签订的条约或其他形式的约定。

欧洲协调体现在，面对不断升级的严重危机或其他涉及多国利益的重大事件时，欧洲强国政客都会举行会议进行商议。自1814年至1815年维也纳会议召开以来，欧洲政客便保持了共同开会商讨大事的良好习惯。欧洲强国政府即便十分不愿参会，也很少会拒绝出席会议。1866年，奥托·冯·俾斯麦忙于重整德意志政坛时，虽曾缺席某次重大会议，但他并未拒绝参加1878年夏的柏林会议，还负责主持该次会议，以求重绘巴尔干半岛的政治地图。

权力平衡是欧洲国家体系的第三大要素。这种权力平衡，并不是指某一联盟成员国的权力平衡，也不是指若干欧洲强国组成的联盟与另一同等级别联盟之间的权力平衡。

1904年，英格兰和法兰西签订《英法协约》之后，开始与法俄同盟合作。此前，世界上还不存在相似的权力平衡局面。维多利亚女王时代，权力平衡一般是指各个独立国家之间相互制约。人们认为，英格兰、奥地利、俄罗斯、法兰西和普鲁士五大强国[①]已有足够实力维持自身独立。四五个强国联合对抗另一国家，很可能给被针对的国家造成致命打击。然而，当时强国之间彼此制衡，并不存在多国联合打击一国的趋势。即便是1879年成立的德奥同盟和1882年的三国同盟，也未曾打破欧洲各国权力平衡的局面。欧洲国家体系的核心在奥地利，或者说，欧洲权力平衡体系的关键在于奥地利哈布斯堡皇室、匈牙利和波希米亚的君主统治。波希米亚历史学家弗兰基谢克·帕拉茨基曾说："如果世界上没有奥地利，那么欧洲可能需要凭空创造出这样一个国家。"哈布斯堡君主制度保证了中欧大部分地区的政治稳定。如果缺乏这一君主制度，中欧势必动荡不安。奥地利即便已与德意志联盟，依然能够有效制衡德意志。奥地利的统治阶级和普通人，都为本国威望与独立地位自豪不已。然而，1918年哈布斯堡君主制的崩溃，直接破坏了欧洲的权力平衡。此后，欧洲各国为维护世界权力平衡，成立了国际联盟。

  19世纪拥有着在20世纪已杳无踪迹的若干有利政治条件，其中就包括欧洲协调和权力平衡。此外，19世纪也是"君主遍布全球"的时代。1870年后，除了法兰西，每个欧洲强国都是君主国。君主国的君主处于本国社会最高等级，

---

① 意大利统一后成为第六大强国。——原注

凌驾于其他所有贵族阶层之上。不同国家的君主可能抱有彼此对立的观念。不过，为维护自身利益，他们仍可在某些方面团结一致。19世纪早期，法兰西第一帝国瓦解后，欧洲各君主国建立神圣同盟。1849年，俄罗斯帝国皇帝尼古拉一世派兵协助奥地利皇帝弗朗茨·约瑟夫一世，抗击掀起暴乱的匈牙利马扎尔人。维多利亚女王的夫家萨克森-科堡-哥达家族有着十分庞大的王族关系网。维多利亚女王的长子爱德华七世迎娶丹麦的亚历山德拉公主后，萨克森-科堡-哥达家族便又多了一层王室关系。因为丹麦的格吕克斯堡家族的王室关系网同样绵延甚广，与俄罗斯罗曼诺夫家族更是有千丝万缕的关系。在哥本哈根、奥斯本、柏林、达姆施塔特探亲时，各国王室成员都会彼此会面。我们很难想象，在欧洲冲

爱德华七世迎娶丹麦的亚历山德拉公主

突频发的时代，这种欧洲君主的"国际关系网"，对各国维护世界和平、维持彼此和谐的关系有着多么大的助益。

实际上，欧洲君主只是维护欧洲稳定的诸多因素之一。欧洲地位崇高的不仅有各国君主，还有各国的诸多大臣。各国外交大臣也是保障欧洲和平的中流砥柱。所有外交大臣都属于同一社会阶层，他们家境优渥，接受过类似的优质教育，几乎都曾在知名学府求学。欧洲各国政府皆由身份尊贵的贵族把控。这些贵族大臣彼此之间大多熟识，了解对方的思维方式、目的和行为底线。他们并不是绝对正直的老好人，也不是不择手段的狠角色。相反，这些大臣都有着辅政阶层特有的深思熟虑，遵守着特定原则，能够洞悉彼此的行为底线。拥有相似社会背景的欧洲大臣，就有克莱门斯·梅特涅、奥托·冯·俾斯麦、亚历山大·戈尔恰科夫、亚历山大·科隆纳-瓦莱夫斯基、第一代克拉伦登公爵爱德华·海德及索尔兹伯里侯爵罗伯特·加斯科因-塞西尔等。这几位大臣如果能够齐聚一堂、互相交流，那么一定容易理解彼此的想法。

上述各位大臣来自壁垒森严的统治阶级，有着各自的行为底线。正是因为把持着自身的行为底线，他们才成为赫赫有名的大人物。他们都十分了解自身的职责，知道自己必须维护国家利益，并且要将本国利益置于首位，其后再考虑整个欧洲的利益。无论利己意识如何增长、勃勃野心如何膨胀，他们永远不会像他们的后辈那样，让欧洲陷入1914年那样的世界大战。这群大臣会把握战争的火候，始终控制着战火蔓延的范围。当己方部队战败，他们就会与作战方握手言和。他们都认为，强国即便战败，在战后仍能有足够资源储备，也能保持战前威望。这群贵族出身的大臣，对世界性战争中骇人听闻的残暴行为毫无概念。他们从未想过、也没有权力将本国国民的所有资源投入战争中。也许，这群大臣未必都会和克莱门斯·梅特涅一样，说出"欧洲就是我的国家"这样的话。不过，他们大部分人即便以本国利益为先，也还是会被人们称为品行良好的欧洲人。这群贵族大臣并不是高傲的理想主义者。人们谈论他们的品德时，总容易言过其实。毕竟，当时各国政府都在这些绅士大臣的控制下。因此，人们对他们推崇有加，也无可厚非。

维多利亚女王时代，各类冒险活动数不胜数。和现代人一样，当时的百姓也认为，人生就是一次奋斗。维多利亚女王时代，人们面对探索活动时的热情与勇气，可谓前无古人后无来者。维多利亚女王时代的各国社会，都存在着许多"危险分子"。不过，社会仍在慢慢恢复平静，人民生活水平日渐向好的方向发展。在整个欧洲社会里，人民日趋向善，政治制度利多于弊。当时，最能体现维多利亚女王时代平和局面的便是各国的开放政策。世界多国开放游览，各国人民可到他国永久定居，无须排队，也不必考虑名额限制。在关于大英帝国的著作中，安德烈·西格弗里德曾写道："1900年，我前往世界各国时，根本不需要出示护照。"世界自由贸易区范围也十分广阔，其中包括：不列颠群岛、英属殖民地、印度、荷兰、葡萄牙、德意志殖民地、比利时、刚果自由邦、挪威、瑞士。在上述国家或地区以外，各类商品关税与20世纪相比也非常低。第一次世界大战和第二次世界大战期间，各国政府难免要关闭国门。之后，各国开始缺乏重新开放世界市场的有利条件。因此，自1815年以后贯穿19世纪的持续性进程，即迈向开放世界的进程，却在20世纪前半叶步步倒退。

某些伦理学家认为，人的天性不会随时代的变化而出现太大的改变。维多利亚女王时代与20世纪的巨大差异，兴许并非源于人性的改变，而只是由某些客观事实导致的。维多利亚女王时代，世界各国总体十分开放。20世纪前半叶，整个世界却十分封闭。维多利亚女王时代，仍有许多土地不是殖民地。美国和英格兰各个殖民地——尤其是美国的殖民地正在向千千万万有移民意愿的人发出召唤。由于"20世纪大变革"，通讯速度大幅提升。与维多利亚女王时代相比，如今的世界已小了许多。维多利亚女王时代，人们必须学会处理开放世界中的国家关系。20世纪，人们则需要调整封闭世界中的国家关系。